大乘起信論 海東疏 血脈記 1

元曉思想・一心觀　　大乘起信論 海東疏 血脈記

대승기신론 해동소 ___혈맥기
1

공파 스님 역해

운주사

역해자의 변

이 **대승기신론**은 그냥 하나의 보통 논서가 아니다. 이것은 중생의 혁명이론이다. 그러므로 중생의 삶을 도와주기 위해 쓰여 진 논서가 아니라 중생의 삶을 철저히 부숴버리기 위해 설해진, 창조를 위한 파괴적 가르침을 제시한 책이라는 사실을 먼저 알아야 한다.

그러므로 도교의 방편과 조사선의 수행을 내세우는 현재의 한국불교에서 보면 대단히 껄끄럽고 수용하기 곤란한 이론이라 아니할 수 있다. 그 이유는 지금의 불교에서 가르치는 교리와 수행 목적과 좌표 모두가 다 이 논서와 현저히 차이가 나기 때문이다.

그래서 이 논서는 기존 불교계에 적지 않은 충격과 동요를 줄 것이다. 욕설과 성토는 물론 더 나아가 외도로 이단화시키며 강하게 저항할 것이다. 그러면서 한편으로는 대단한 딜레마에 빠질 것이다. 이 논서를 부정하려니 대승불교 자체가 부정되어야 하고, 인정하려니 현재의 한국불교 전체가 뒤집어져야 하기 때문이다.

하지만 현재 빠르게 쇠퇴하고 있는 한국불교의 교리와 수행에 총체적인 문제가 있다고 생각한다면, 한시바삐 지금의 조사불교를 미련 없이 버리고 순수 대승불교인 이 **대승기신론** 교리를 과감히 수용하는 용단을 내려야 한다. 그러면 불교도 살고 중생도 살 수가 있다. 그 위대한 행업을 이 **혈맥기**가 앞뒤에서 거침없이 도와줄 것이다.

설령 기득권자들의 온갖 욕설과 핍박이 뒤따른다고 해도 이 **혈맥기**는 고군분투하며 그 길로 중생들을 고고하게 이끌어 갈 것이다.

  이 시점에서 그 누구든, 삼세제불과 십지보살의 가르침을 진심으로 받들고 그분들의 크나큰 은혜를 호리만큼이라도 갚아야 되겠다고 고민하는 신심어린 제자가 있다면, 이 거룩한 혁명적 불사에 주저없이 동참해 함께 나아가기를 간절히 바라는 마음 어찌 다 말로 표현할 수가 있겠는가.

대승기신론의 저자와 해동소 저자에 대하여

　대승기신론의 저자 마명Asvaghosa 보살은 부처님으로부터 12대 법맥을 이어 받은 최초의 대승보살이다. 그 전 11대까지는 소승성문의 아라한들이 부처님의 법맥을 면면히 이어 오다가 12대 때 드디어 대승보살인 마명보살이 나타나고, 그 보살에 의해 대승불교가 정식으로 선포되기 시작하였다. 이때가 부처님 열반하신 지 600년 정도 뒤였다.

　그분이 대승불교의 이론과 수행을 체계화시킨 표준 교과서로 제일 먼저 세상에 내어놓은 교본이 있는데, 그게 바로 **대승기신론**이라는 논서였다. 그것을 진제대사라고 널리 알려진 인도의 삼장법사 담마다타Dhammadatha 스님이 한자로 번역하였다. 이 번역에 힘입어 대승불교는 인도 북부와 동북아시아를 거쳐 대륙의 끝 지점인 신라에까지 폭풍 같은 교세로 빠르게 전파될 수가 있었다.

　마명보살이 대승불교를 일으킨 후 다시 600여 년이 지나 대승보살의 표상이라는 원효성사가 신라에 나타나셨다. 그분은 600년 동안 수많은 지역과 사람들을 거쳐 오면서 탈색되고 왜곡되어진 **대승기신론**의 교리를 다시 재정립하기 시작하였다.

　그래서 탄생된 저술이 바로 오늘날 인류에게 남겨진 최고의 유산인 **대승기신론해동소별기**이다. 그러고 보면 마명보살이 일부러 신라의 원효로 환생하여 대승불교의 교리를 **기신론해동소별기**로 마무리하고자 하신 것 같아 보인다.

중국에 많은 한자 번역본이 있었지만 성사가 특별히 진제삼장이 번역한 교본을 선택해서 **해동소**를 쓰신 이유는, 그 스님의 번역이 타의 추종을 불허할 정도로 어휘선택이 탁월하고 글귀가 더없이 매끄러웠다는 것을 인정하셨기 때문이다.

그러니까 마명보살이 생사에 빠진 중생들을 건지기 위해 거대한 배 한 척을 만드셨는데 그것이 **대승기신론**이고, 그것을 진제삼장법사가 동북쪽으로까지 무사히 끌고 오는 작업을 한 것이다.

신라에서 그것을 보신 원효성사께서 이 배는 굉장히 크고 더 없이 안전하여 중생들을 열반으로 싣고 갈 최적의 선박이 될 것이라고 판단하셨다.

그래서 이 배에다 중생을 구한다는 구명의 깃대를 높이 세우고 기능성 인테리어를 아름답게 꾸며 생사에 자맥질하는 중생을 구하러 흑암의 바다로 진수시켰는데 그것이 바로 **대승기신론해동소별기**라는 것이다.

책머리에

대승불교의 어젠다는 일심이고 그 사상은 환원에 있다. 이것을 가장 논리적으로 체계화시킨 논서가 바로 **대승기신론**이다.
그러므로 **대승기신론**은 대승불교의 요점이고 핵심이며 정통 교과서라서 대승불교의 생명은 이 **기신론**에 의해 그 존망이 극명하게 갈라지게 되어 있다.
그래서 자고이래로 수많은 사람들이 이 **대승기신론**을 연구하면서 보급해 왔다. 하지만 그 내용이 호락호락하게 아무에게나 그리 쉽게 잡혀지는 논서가 아니다.
그것은 이 한 권의 책이 부처님의 45년 설법을 종횡무진으로 모두 다 꿰차고 있기에 그 깊이가 대단히 심오하고 그 넓이가 실로 광탕하기 때문이다. 그래서 예로부터 **기신론**을 지칭해 천하의 대론이라고 명명해 왔던 것이다.
비중이 이렇게 대단한 논서다 보니 많고 많은 번역본들이 시절을 가리지 않고 시중으로 쏟아져 나왔다. 거기다가 **해동소**까지 쉴새없이 서점가를 도배해 왔다.
그런 교재들을 잡고 시류에 뒤질세라 비전문가들이 도처에서 횡설수설하면서 제멋대로 이것을 강의해 왔다. 그 폐해로 **기신론**이 말하고자 하는 대의는 학문으로 변질되었고, 그 내용은 공중에 뜬 희론이 되어 버렸다.

그로 인해 불교교세는 지금 눈에 띄게 점점 쇠퇴하여지고 법륜은 전륜의 탄력을 상실하면서 신행자가 배워야 할 교리는 학자들의 연구과제로 책상에 올라가 있고 수행에 필요한 산속 사찰은 일반인들의 문화장소인 휴식공간으로 그 기능이 탈바꿈되어 버렸다.

이런 문제를 더 두고 볼 수가 없어 **기신론**만이 갖고 있는 지고한 가치와 심오한 내용을 정확히 해설하여 곳곳에서 비법으로 자행되는 그 왜곡과 폄훼의 문제를 교정시켜 탈색되어 가는 대승불교의 정수를 여실히 드러내고자 원효센터에서 30번 이상을 강의해 온 강본을 기준으로 감히 **대승기신론혈맥기**를 내놓게 된 것이다.

그러므로 부디 당신이 갖고 있는 작은 소견의 잣대로 이 **기신론 해동소의 혈맥기**를 재단하려 하지 마시기 바란다. 그것은 마치 피라미를 잡는 막대낚시로 고래를 잡으려는 것과 같이 쓸데없는 망상을 일으키는 것이고 분수를 넘어가는 무모한 도전이 될 것이기에 그렇다.

이정표가 없고 중심추가 없으면 그 종교의 도그마는 그저 말장난에 불과해질 수 있다. 이 **혈맥기**는 한국불교가 근본적으로 안고 있는 교리와 신행의 문제를 정확히 짚어줌으로 해서 위축되어 가는 불교의 교세를 반드시 중흥하게 할 것이다.

그러면 자연적으로 부처님은 태양처럼 나날이 빛나고 부처님의 말씀은 천지에 고루 스며들게 되는 것이다.

반딧불은 어두운 밤에 나타나 근기가 유약한 아이들의 마음을 한없이 설레게 하다가 빛 중의 빛인 태양이 뜨면 조용히 사라져 버린다. 그처럼 많고 많은 **기신론** 번역본들과 해석본들은 그 나름대로 반딧불의 역할을 다 해 주었다. 그것은 바로 이 **혈맥기**를 맞이하기 위해 각자 조그마한 등불이 되어준 셈이다.

그 덕택으로 이제 **혈맥기**가 태양처럼 웅휘하게 나타나 삶의 방향을 잃고 헤매는 일체 중생들을 일심의 근원으로 거룩하게 회향시킬 수 있게 된 것이다.

구도의 첫걸음은 수용의 자세에 있다. 쓸데없는 편견과 언어의 희론을 떠나 이 글의 내용을 담백하게 그대로만 수용한다면 이 **혈맥기**가 당신의 혈통을 범부로부터 부처로 바꾸어 줄 것이다.

그래서 마명보살의 혈통과 원효대사의 맥박을 고스란히 그대에게 수혈해 준다는 뜻으로 이 역해서를 **대승기신론해동소별기 혈맥기**라고 하고, 줄여서 **기신론 혈맥기**, 또는 **해동소 혈맥기**라고 이름 붙인 것이다.

그러므로 누구든 이 **혈맥기**의 위덕으로 삼계도탈을 시도한다면 천지가 개벽되는 변혁과 동시에 일심으로의 환원이 일어나는 기적을 맛볼 수 있을 것이다.

부처님 가신 지 2562년 맹하지절에
원효센터에서
공파 識.

역해자의 변 • 5

대승기신론의 저자와 해동소 저자에 대하여 • 7

책머리에 • 9

I. 기신론의 핵심을 밝힘　　　　　　17

II. 기신론이라는 책 제목을 풀이함　　119

III. 기신론의 내용을 해설함　　　　　237

  1. 서론　　　　　　　　　　　　　237

    1) 귀경삼보 게송　　　　　　　237

      (1) 불보에 대하여　　　　　237

      (2) 법보에 대하여　　　　　328

      (3) 승보에 대하여　　　　　358

인간에게
수많은 언어가 주어진 것은 이 혈맥기를 말하라는 것이고

인간에게
끝없는 문자가 주어진 것은 이 혈맥기를 읽으라는 것이며

인간에게
가없는 생각이 주어진 것은 이 혈맥기를 생각하라는 것이다.

大乘起信論 海東疏 別記 血脈記

I. 기신론의 핵심을 밝힘

海東疏 將釋此論 略有三門 初標宗體 次釋題名 其第三者 依文顯義

기신론을 받들어서 풀이할 것 같으면 간략히 세 부분으로 나눌 수 있다. 첫째는 기신론의 핵심을 드러내고, 둘째는 제목을 풀이하고, 셋째는 기신론의 원문을 따라가면서 그 뜻을 드러내는 것이다.

성사가 **대승기신론**을 어떻게 손에 넣으셨는지는 알 수가 없다. 하지만 그분이 이 논서와 처음 마주했을 때 상당히 고무되신 것 같은 느낌을 지울 수 없다. 그 이유는 **해동소** 첫 번째 글자인 將장자에서 어렴풋이나마 그 기분을 짐작해 볼 수가 있기 때문이다.

대개 將자는 저자가 내용을 전개해 내려가는 첫머리에 시작의 글자로 많이 둔다. 그러다보니 사람들은 여기서의 이 將 역시 여느 다른 문장들처럼 그렇게 단순히 장차로 해석해 버린다.

하지만 이 글자는 꼭 그런 뜻만을 가진 것은 아니다. 이 속에는 받들어 모신다는 공경의 뜻도 함께 들어 있다는 것을 간과해서는 안 된다. 성사가 이 **기신론**을 보시고 크게 감명 받은 내용은 **해동소** 앞부분에 아주 잘 나타나 있는데, 거기서 이 논서의 저자 마명보살의 자비와 지혜는 물론 그분의 글재주까지 두루 격찬해 마지않으시고 있기 때문이다.

이런 벅찬 기분을 가지고 그분은 이 **기신론**을 풀이하고자 하셨을 것이다. 그래서 그 첫머리에 공경의 뜻인 이 將장자를 두고 시작하셨을 것 같다고 유추해 보는 것이다.

그러므로 '장차 이 기신론을 풀이하고자 하면'보다도 '이 기신론을 받들어 풀이하고자 하면'으로 이 將자의 해석방향을 바꾸어 준다면 독자에게 이 기신론은 한 권의 이론서에 그치는 것이 아니라 신심을 일으키는 고귀한 신행의 교과서로 승화될 수 있는 것이다.

사실 대승기신론은 중국에서 크게 반향을 얻지 못하였다. 인도에서 신라로 오는 과정에 잠시 통로의 길을 빌려 주었을 정도이다. 그런데 이것이 신라의 원효 손에 들어가 아름답기 그지없는 절대무비의 보물로 태어나게 된다. 이렇게 품격있고 화려하게 리모델링된 기신론은 다시 중국으로 역수출이 되었다.

이 해동소를 본 중국의 불교종장들은 하나같이 원효의 탁월한 식견과 거침없는 필치에 놀라움을 감추지 못하였다.

신라 유학승들이 천신만고를 겪으며 대륙으로 올 때마다 그들은 신라에 원효가 있는데 중국까지 뭣하러 왔느냐며 염장을 질렀다. 더더구나 당대 최고의 고승인 현수대사가 원효를 들먹이며 그분은 틀림없는 십지보살이라고 칭탄할 때 그 말을 애써 외면하고 싶을 수밖에 없어야 했다.

중국을 상국으로 모시고 정통 불법을 거기서 배우고자 했던 유학승들의 입장은 중국유학을 하지 않은 원효가 어떻게 부처님의 법을 정확히 이해할 수 있느냐는 것이었다.

그런데도 자꾸 그를 언급하니 자기들도 모르게 내심 원효에 대한 반감이 일어날 수밖에 없었다. 그들은 원효를 어떻게든 부정해야만 자기들의 유학에 당위성을 얻을 수 있기 때문이었다.

    결국 이런 속 좁은 유학파들이 고국으로 돌아와서는 자기들만의 새로운 파벌을 조성하고 계보를 공고히 해 서로를 적대시하고 배타하면서 수많은 문제를 야기시켰다. 그 교만에 찬 횡포와 보이지 않은 반목에 성사는 **십문화쟁론**을 지어 그들을 화해시키려고 동분서주하시기도 했다.

    태산 같은 방패막이 역할을 해 주셨던 성사가 70살의 세수로 조용히 행방을 감추자 그의 제자들은 그들의 괄시와 위세에 자멸할 수밖에 없었고 적손들은 도망가듯이 일본으로 도일해야만 했다.

    바다 건너에 있던 일본열도는 원효성사의 후손에 의해 그 가르침이 마지막으로 전해졌다. 그로 인해 미개화로 남아 있던 외딴 섬나라 일본도 그때부터 역사상 가장 안정되고 최고로 풍요한 정신시대를 열어갈 수 있게 되었다.

    어쨌거나 **대승기신론**을 크게 세 등분으로 나누어 풀이한다고 성사는 말씀하시고 있다. 첫째는 핵심이 되는 대승의 뜻을 먼저 풀이하고, 둘째는 왜 하필 이 책 이름을 **대승기신론**이라고 했는가에 대한 이유를 설명하고, 세 번째는 **대승기신론**의 논문을 따라가면서 그 숨은 뜻을 풀이하겠다고 하신 것이다.

[海東疏] 第一標宗體者 然夫大乘之爲體也

첫 번째로 핵심을 나타내는 부분을 풀이한다. 핵심은 대승으로 기신론의 뼈대를 삼는다는 것이다.

지금부터 역해하는 **해동소**의 교본은 고려대장경 속에 들어 있는 6권짜리 **대승기신론해동소기회본**이고 띄움도 동일하다. 기회본이라는 말은 **해동소**에다 **별기**를 합친 교본이라는 뜻이다.

대승기신론 해동소 중에서 가장 심오하고 웅숭깊은 부분이 바로 이 첫 장에 있다. 이것만 제대로 이해하면 **기신론** 전체를 다 보지 않아도 그 속에 전개되는 일심의 심오한 뜻을 그대로 통달해 버린다. 그만큼 이 첫 장은 원효성사의 일심사상이 아주 적나라하게 드러난 천금 같은 문장이라 아니할 수 없다.

성사는 대승의 핵심을 본격적으로 풀이하기에 앞서 붓을 들고 여기서 한참을 고심하고 계셨다는 것을 어렴풋이 느낄 수 있다.

그것은 이 문장에서 특별하게 뜻을 가지지 않은 어조사격인 두 글자 **然**과 **夫**가 한꺼번에 이어져 있기 때문이다. 어떻게 하면 말세 중생들에게 이 **기신론**을 보다 더 쉽고 더 명쾌하게 이해시킬 수 있을까를 골똘히 생각하는 성사의 모습이 눈앞에 아련히 그려지게 하는 부분이다.

우선 **기신론**을 이해하려면 무엇보다도 먼저 불교의 실상과 연기의 가르침을 알아야 한다. 이것을 알지 못하면 불교 전체를 꿰뚫어볼 수가 없다.

불교는 궁극적으로 一心을 二門으로 설명하고 있기 때문이다. 그래서 참고로 먼저 이것에 대해 설명한다.

우리의 마음은 두 분야에 걸쳐 있다. 하나는 본질이고 다른 하나는 현상이다. 본질을 실상이라 하고 현상을 연기라고 한다. 이렇게 보는 관점을 실상관과 연기관이라고 하고, 이것을 이론화한 것을 실상론이라 하고 또 연기론이라고 한다.

물로 예를 들면, 물의 본성은 축축함이고 상태는 정지이다. 이것이 물의 본질이다. 그런데 여기에 어떤 인연의 힘이 가해지면 구름이나 얼음으로 변화한다. 수평의 액체가 졸지에 수직의 기체 운동을 하거나 이를 데 없이 단단한 고체의 모습으로 바뀌어져 버린다.

하지만 그렇게 바뀌었다고 해서 그 본성인 축축함이 완전히 달라진 것은 아니다. 그러기에 언제든지 본래의 자리로 환원할 수 있는 가능성을 가지고 있다.

그처럼 우리 마음은 원래 정지다. 그것을 열반이라고 한다. 그런데 지금은 움직이고 있다. 정지하면 부처고 움직이면 중생이다. 정지하면 실상에 계합하고 움직이면 현상에 난무한다.

정지하면 부처가 되어 즐거움이 일어나고 움직이면 중생이 되어 고통을 일으킨다. 정지의 상태를 우리 마음의 본질인 실상이라고 하고, 움직임의 상태를 연기의 현상이라고 한다.

부처님은 이렇게 한 마음속에 두 가지의 양면적 길이 있다는 것을 45년간 수많은 방법으로 종횡과 자재로 가르치셨다.

실상을 설한 경전으로는 **금강경 대품경 반야심경** 등의 반야부 경전들이 있고, 연기를 설한 경전으로는 **화엄경 열반경 원각경** 등 점진적 수행을 설한 경전들이 수도 없이 많이 있다.

"경전 중에서는 **화엄경**이 최고 아닌가요?"
"무슨 소리?! **금강경**이 최고라니깐."

다시 말하자면 우리 마음을 공간적인 시각으로 찾아보는 경전들을 실상경전이라고 하고, 시간적인 측면으로 살펴보는 경전들을 연기경전이라고 한다.

이 두 부분의 경전들은 상호간에 우열이 없고 상하도 없다. 보는 사람들이 이 경전이 좋다 저 경전이 좋다고 말하지마는 모두 다 중생들의 마음을 알기 쉽게 그때그때 적절히 설명하여 시설해 놓으신 말씀들이다.

그래서 불자들은 어느 스님과 처음으로 인연이 되느냐에 따라 그 수행방법이 달라지고 수행장소가 갈라진다. **화엄경**이 최고라는 스님을 만나면 그때부터 **화엄경** 예찬불자가 되는 것이고, **금강경**이 최고라고 하는 스님을 만나면 **금강경**이 최상의 경전이라고 말하게 된다.

이것은 꼭 지리산을 중앙에 두고 하동에서 보는 지리산이 최고라고 하는 사람이 있는가 하면 구례에서 보는 지리산이 최고라고 하는 사람이 있는 것과 같다.

5조 홍인대사 밑에 두 거목이 있었다. 사람들이 너무나 잘 알고 있는 신수대사와 혜능대사이다. 이때 사람들은 말한다. 이 이야기는 지겨울 정도로 많이 들어본 이야기인데 또 여기서 언급해야만 하나 라고 말할 것이다.

그렇다면 지겨울 정도로 많이들은 결과가 무엇인가 라고 되묻고 싶다. 이 게송이 지겹다면 자신이 이 게송에 의해 아직도 변하지 않고 있다는 반증이 되기 때문이다.

법문을 듣는 데 있어서 가장 조심해야 할 마음자세 두 가지가 있다. 하나는 관문상慣聞想이다. 즉 흔하게 들어온 말씀이라고 대수롭지 않게 여겨 버리는 가벼운 태도를 말한다. 그러면 백 번의 법문을 들어도 결코 내면에 반향이 일어나지 않는다.

지성스런 마음으로 의미를 깊이 새기고 듣는다면 평소 느끼지 못한 새로운 감동이 일어날 수 있다. 어차피 종교교육은 반복학습이다. 계속해서 귀를 즐겁게 할 특별한 이야깃거리는 없다. 반복되는 그 법문 속에서 새로운 감동이 순간순간 일어나는 것이다.

인생을 노래한 대중가요도 그냥 들으면 별 느낌이 없다. 하지만 똑같은 가사라 하더라도 거기에 의미를 두고 듣는다면 아주 심쿵하게 다가올 수 있다.

그처럼 흔히 듣던 법문도 가볍게 흘리지 않고 새롭게 받아들인다면 분명 또 다른 느낌이 일어날 수 있다. 어떤 법문이건 내가 이미 알고 있는 내용이라고 교만심에 빠져 그것을 가치 없게 취급해 버린다면 구도자의 순수한 마음자세라 보기 어렵다.

또 하나는 현애상懸崖想이다. 무슨 내용인지 보지도 않고 지레 겁부터 먹는 마음을 말한다. 그냥 말도 못 붙이게 한다. 어렵다는 말이 입에 달려 있다. 한 줄을 읽고 얼굴을 찌푸리고 두 줄을 읽고 손을 내젓는다. 남들은 다 보고 배우고 하는데 자기 혼자만 어렵다고 야단이다. 무식이 자랑도 아닌데 입술로 그저 어렵다는 말로 도배를 한다.

어렵기로 말할 것 같으면 애 낳고 살림 사는 것만큼 난해한 문제가 세상천지에 없다. 그런데도 군말 없이 그것은 다 하고 있지 않는가.

자기에게 얼마나 이것이 가치가 있는가 없는가에 따라 어렵고 쉬운 것이 나누어지지 난이도의 보편성은 없다. 죽기 살기로 이것에 가치를 두고 본다면 까짓것 뭐 어려울 게 하나도 없다. 다 자기 진짜마음 살리자고 하는 이야기인데 뭐가 그리 어렵다고 까탈스런 어리광을 부리는지 참, 기가 막히는 엄살이다. 자기가 하기 싫어서 억지투정으로 어렵다는 것이지 뭐 진짜 어려워서 어렵다는 것은 결코 아닌 것이기에 그렇다.

어렵게 느끼도록 만드는 것은 가짜인 죄업의 마음이다. 그것이 자신과 **기신론**을 갈라놓는다. 그래야만이 진짜의 자기 마음을 내면에 깊이 가둬 놓을 수가 있다.

기신론은 그렇게 하는 자기의 가짜마음을 몰아내고 갇혀 있는 진짜마음을 회복시키도록 도와주는 가르침이기에 그렇다. 이 말을 듣고도 계속 어렵다고 하는가. 그렇다면 텔레비전의 오락프로를 보면서 박장대소로 희희낙락하는 수밖에 없다. 어쨌거나 두 거목의 게송을 소개한다. 먼저 신수대사의 게송이다.

The body is a Bodhi tree
The soul is a shining mirror:
Polish it with study
Or dust will dull the image.

몸은 바로 깨달음의 나무다
마음은 마치 거치대 위에 놓인 밝은 거울과 같다.
시간 나는 대로 부지런히 털고 닦아서

번뇌와 죄업이 달라붙지 못하게 하라.

이 게송은 연기 쪽에서 본 게송이다. 우리의 마음은 원래 깨끗하였는데 온갖 죄업에 오염되어져 있다. 그러므로 시간 나는 대로 털고 닦아서 원래의 마음을 찾도록 노력하라는 메시지다. 천여 명의 대중을 거느리며 수행을 독려해야 했던 5조의 상수제자로서는 이 게송이 아주 당연할 수밖에 없다. 다음은 혜능대사의 게송이다.

Bodhi is not tree
There is no shining mirror,
Since all beings with Nothing
Where can dust collect?

깨달음이란 나무는 본래부터 없다.
밝은 거울도 없고
그것을 받치는 거치대도 없다.
본래가 한 물건도 없는데 어디에 번뇌와 죄업이 달라붙을 수 있겠는가.

이 게송은 실상 쪽에서 본 게송이다. 마음의 본질을 직파한 것이다. 이 실상의 자리에는 원래 중생이라는 것이 없다. 아예 오염조차 없기 때문에 무엇을 닦고 안 닦고가 없다.
이 실상 게송을 읊은 자는 새파랗게 젊다. 겨우 23살짜리다. 누구 밑에서 수행한 이력도 없다. 스승도 없다. 적집되어 온 선입관도 없다. 아예 글을 모른다고 했다. 그러다보니 언어와 문자에 휘둘림도 없다. 절에는 들어왔지만 머리는 깎지 않은 중간신분이다. 그러므로 승속의 분별로부터 벗어나 있다.

누굴 가르쳐야 할 책무도 없다. 살림을 야무지게 살아야 할 책임도 없다. 누굴 먹여 살려야 할 대중도 없다. 그래서 까짓것 그냥 그대로 여실한 마음을 실상대로 直指해 버린 것이다.

사람들은 이 당돌함에 찬사를 보냈다. 저돌적이다, 파격적이다, 참신하다, 대단하다 라는 경탄을 아끼지 않았다.

한국불교의 법맥이 이 스님에게서 내려오다 보니 그분의 게송이 특출하고 경이롭다며 끝없이 자랑하기에 이르렀다. 우리도 그렇게 배웠다. 우리 쪽으로 내려온 법맥이 신수대사 쪽으로 내려간 법맥보다 훨씬 우위고 월등하다고 귀가 따갑도록 들었다.

가만히 생각해 보면 정말 웃기는 소리다. 선 수행은 상대적 분별을 떠나기 위함인데 도리어 이 선맥의 우월감에 빠져 있었으니 얼마나 바보 같고 어리석은 도취였던가. 지금 생각해도 그 우쭐거림에 그저 부끄럽고 참담하기만 한 심정이 든다.

금강경독경대회라는 것을 들어본 적이 있을 것이다. **금강경**을 잘 읽고 외우며 신행하는 대회라고 한다. 거기서 등수를 매겨 상금을 차등적으로 준다고 한다. 뭔가 이상하지 않는가. **금강경**은 그런 등수와 차별을 없애기 위해서 설해진 경전인데, 그 경전을 갖고 다시 등수와 차별을 나누고자 전국 대회를 연다고 하니 참 할 말을 잊게 만들지 않는가.

반대로 연기경 경전 대회 같으면 박수를 치고 환영할 일이다. 연기경은 그런 대회를 통해 깨달음의 세계로 나아가는 방향에 탄력을 얻을 수 있기 때문이다.

어쨌거나 신수는 대중을 이끌어야 하는 신분이었기에 어쩔 수 없이 연기 쪽으로 게송을 썼고, 후일 육조가 되는 이 젊은이는 천지에 책임질 사람 하나 없는 홀홀 단신이었기에 젊은이다운 패기로 대선배 신수의 연기관에 맞서 마음의 실상을 거침없이 직파해 버린 것이다.

이 게송에 깜짝 놀란 분은 스승인 5조 홍인대사였다. 잘못하다가는 걷잡을 수 없는 혼란이 일어날 수 있었다. 사찰은 수행을 하는 곳이다. 수행은 연기설에서 기인한다. 연기는 마음이 번뇌에 오염되어져 있다는 상태를 말한다. 그런데 이 마음의 실상을 찍어버리니 수행 자체가 전혀 무의미해져 버리게 된다. 이것을 어떻게 감당할 것인가.

어쩔 수 없이 5조는 궁여지책으로 신고 있던 신발을 벗어 실상의 게송을 지워버리기에 이른다. 그러면서 이것은 전혀 이치에 맞지 않는 게송이라고 선포하였다. 그렇게라도 하여서 동요하는 제자들을 안정시켜야만 했다.

그러므로 혜능의 게송이 신수를 꺾었다는 오만한 생각은 버려야 한다. 맹목적인 6조의 후예들이 선혈의식을 갖고 자기들의 법맥만이 적통이라고 입에 침이 마르도록 그분의 대담성을 칭찬하고 있지만 따지고 보면 그럴 수밖에 없었던 나름대로의 이유가 있었던 것이다.

가섭존자가 있다면 아난존자가 있기 마련이다. 가섭은 실상을 전하고 아난은 연기를 말해야 했다. 그래서 가섭은 삼처전심으로 부처님의 법맥을 전하셨고 아난존자는 그분의 45년 설법을 엮을 수밖에 없었다.

그런 아난존자는 가섭존자에서 그 법맥을 받고 다음 주자인 우바국다존자에게 넘겨주었다. 그렇게도 대단한 아난존자가 왜 부처님 살아계실 때 전법주자가 되지 못하였는지 그 이유가 여기에 있는 것을 알아차리면 위 게송을 쓴 주인공들의 처지를 금방 이해하게 될 것이다.

티벳불교의 정신적 지도자 달라이라마스님을 지근거리에서 모셔왔다는 어느 사진작가가 나를 찾아와서 한 말이다.

"달라이라마 그분은 관자재보살이십니다."
"관세음보살이라고요?!"
"관세음보살이 아니고 관자재보살이십니다."
"난센스!"

관세음보살과 관자재보살이 같은 분인가? 아니면 다른 분인가? 그녀는 다른 분이라고 했다. 하지만 이 두 분은 경우에 따라 이름만 다를 뿐 같은 분이다.

관세음보살은 **법화경**에 나오고 관자재보살은 **반야심경**에 나온다. 이름이 다른 이유는 물론 연기경과 실상경의 내용이 다르기 때문이다.

연기경에서는 제도할 자가 있고 제도 받을 자가 있다. 즉 고통의 소리를 내는 중생이 있고 그 소리를 듣고 구원해 주는 자가 따로 있다. 관세음이라고 하면 세상의 소리를 본다는 뜻이다. 즉 이 이름에는 자비가 어려 있다. 왜 하필 소리를 본다고 표현하는가는 뒤 귀경

게송 부분에서 자세하게 설명해 줄 것이다.

관자재는 보는 것이 자유자재하다는 뜻이다. 실상의 경전에서는 제도할 구원자도 없고 제도 받을 중생도 없다. 그러면서 세상을 직관하고 있다.

사람들은 움직이는 마음이 없게 되면 죽는 줄로만 알고 있는데 그런 마음이 없으면 신해의 지혜가 나온다. 이 지혜가 바로 자유자재하게 세상을 꿰뚫어 보는 것이다. 따라서 실상경전 쪽에서 우리 마음의 본질을 말하면 이미 자유자재하다는 것을 말하고 있다. 그래서 관자재라고 표현한 것이다. 이 이름은 바로 마음의 본질인 지혜를 말하고 있다.

그러므로 부처님이 이 세상에 왜 오셨느냐고 물으면, 연기경전에서는 중생을 제도하러 오셨다고 말하지만 실상경전에서는 모든 중생이 이미 제도되어 있다는 것을 선포해 주시기 위해 오셨다고 한다. 그러므로 관세음보살과 관자재보살은 같은 분이라고 결론내릴 수 있다.

다시 돌아와서, 만약 그때 신수대사가 실상설을 내세웠다면 정말 어찌 되었을까. 불교 자체가 뒤집어져 버렸을 것이다. 그분도 실상을 너무나 잘 알고 계셨지마는 어쩔 수 없이 대중들에게 연기설을 내걸 수밖에 없었던 것이다. 여기서 그분의 큰 그릇을 존경해 마지않을 수가 없다.

그러므로 혜능의 게송을 보고 기득권에 도전한 통쾌한 한 수라고 흥분할 필요는 없다. 그것은 도전도 아니고 반박도 아니다. 그저 두 가지 중 어른인 신수대사가 연기를 먼저 택하였으니 자동적으로 남은 실상을 택거했을 뿐이다. 그분들은 그분들 나름대로 연기와 실상이라는 자기들 역할을 기가 막히게 충분히 잘해 주셨던 것이다.

그래서 난 개인적으로 신수대사를 존경한다. 그분은 수십 년 동안 헌신적으로 불조의 혜맥을 이은 스승을 모셔왔고, 그 법맥을 다시 잇기 위해 문하생으로 모여든 천여 명의 대중들을 모범적으로 끝까지 잘 이끄셨던 분이기 때문이다.

신수는 정말 대인이었다. 그렇게 오랫동안 스승인 5조 홍인대사를 지근에서 모셔왔는데도 스승은 일언반구도 없이 생판 모르는 초짜에게 부처의 혜맥을 단숨에 전수해 버렸다.

그런데도 그는 조금도 당황하지 않고 일사불란하게 대중들을 하나로 통솔하였다. 나아가 스승에 대한 손톱만큼의 원망스런 마음도 품지를 않은 채 예전보다 더 존경해 마지않았다. 스승이 돌아가신 후에는 지성을 다하여 다비를 하고 부도탑을 세웠으며, 탑비에는 스승이 갖고 있던 법맥의 상징인 부처님의 발우와 가사는 혜능이 전수해 가져갔다고 쓰기도 하였다.

그뿐만이 아니다. 그분은 일부러 혜능의 가르침과 중복되지 않도록 북쪽으로 교세의 방향을 잡으셨다. 혜능은 틀림없이 남쪽으로 가서 실상에 대한 돈오의 법을 펼 것이니까 그분은 북쪽으로 가서 연기에 대한 점오의 법을 펴고자 한 것이다.

정말 멋지지 않는가. 그분은 정말 대인이었다. 우리가 막연히 알고 있는 신수와는 전혀 다른 모습을 갖고 있는 분이라는 사실에 주목해야 한다. 우리는 줄곧 혜능에게 한 방 먹은 대선배쯤으로 치부했었지만 따지고 보면 혜능보다 더 대단한 선지식이고 더 현명한 선각자라 아니할 수 없는 분인 셈이다. 이것은 역사적으로 드러난 사실만으로 보아도 틀림없는 평가가 된다.

대승은 중생의 마음이다. 사람들은 대승이라고 하면 바로 소승의 상대적 개념부터 떠올린다. 그래서 대승이 무어냐고 물으면 소승의 반대라고 한다. 소승이 무어냐고 하면 이기주의에 충실한 자들이라고 한다.

대승은 소승의 반대가 아니다. 대척점에 있지 않고 같은 라인에 있다. 소승은 대승이 되기 위한 미성장의 상태다. 어린아이와 어른은 반대가 아니라 성숙과 미성숙으로 달라지는 것과 같다. 소승의 마음이 더 커지면 대승이 되는 것이다.

어린아이는 자기밖에 모른다. 가진 것이 작기 때문에 남에게 베풀 여력이 없다. 그래서 자기 혼자만이 살고자 한다. 대승은 복을 말한다. 복을 지으면 나도 살고 남도 살릴 수 있다. 그래서 대승은 自利는 물론 利他까지 그 범위가 넓어지게 된다.

문제는 복이다. 소승 수행자는 사성제와 팔정도를 닦는다. 대승의 수행자는 여기에다 복을 만들기 위해 6바라밀까지 겹쳐서 닦는다. 그러므로 대승의 수행자는 소승의 수행을 이미 갖고 있다. 즉 어린 시절을 겪지 않는 어른은 없는 것과 같이 소승이 없는 대승은 있을 수 없다.

세상이 이상하다 보니 대승의 수행자가 스스로 소승의 수행자가 되고자 한다. 대승은 정통성이 없다 하면서 소승으로 전환하고자 한다. 자기가 분명 대승의 수행자라면 이것은 불가능하다. 가능하려면 대승의 수행자가 아닌 무지상태라야 한다. 어른은 아이로 다시 돌아갈 수가 없기 때문이다.

모습은 대승의 스님이지만 발원적으로 덜 영근 자들은 소승이 될 수가 있다. 마치 덩치만 큰 어른이라도 생각이 어린이와 같은 자들은 소승 수행자가 되어도 전혀 잘못될 것이 없다. 하지만 정상적인 대승의 수행자는 그렇게 하는 것이 불가능하다. 그것은 바다를 호수에 집어넣는 것과 같이 말도 안 되고 가능하지도 않기 때문이다.

대大는 중생의 마음이고 승乘은 옮긴다는 뜻이다. 大 는 三大를 말한다. 중생의 마음은 이 세 가지의 위대성을 가지고 있다.

모든 중생은 본체의 위大성인 불성을 다 갖고 있다.
모든 중생은 속성의 위大성인 공덕을 다 갖고 있다.
모든 중생은 작용의 위大성인 능력을 다 갖고 있다.

이 세 가지의 위대성을 갖고 있으므로 위대한 大를 따 중생의 마음을 大라고 한 것이다. 여기서 대승불교의 大자가 나왔다.

이 三大가 업장에 묶이어 내 몸속에서 꼼짝달싹하지 못하고 있다. 본체의 위대성은 중생의 모습으로 덮여져 있고 공덕의 위대성은 죄업에 짓눌러져 있으며 작용의 위대성은 악업이 대신하고 있는 상태로 중생은 끝없는 신고의 삶을 살아가고 있다. 이 속에서 위의 三大는 어떻게든 그 고통의 묶임을 풀고 온전한 자유를 갈구하고 있다. 그 본능적인 노력이 乘이라는 것이다.

중생은 하루하루 계속해서 이 三大를 옥죄는 삶을 살아가고 있다. 마치 누에가 실을 뽑아 자신을 한 겹 두 겹 묶어버리는 것과 같다. 누에는 더 큰 세계로의 도전을 꿈꾸기 위해 나방이 되려고 자신을 감지만 인간은 어떻게든 이 三大를 가두어 죽이려고 하는 데 그 삶의 목적이 있다. 아주 전력을 다해서 그렇게들 하고 있다.

海東疏 蕭焉空寂 湛爾沖玄 玄之又玄之 豈出萬像之表
대승은 시끄럽지만 더없이 조용하다. 천지에 가득히 존재한다. 현묘하고 현묘하지만 모든 사물의 표면에 다 나타나 있다.

  진짜의 자기를 죽이고자 하는 데 게으른 자는 아무도 없다. 언제나 부지런하다. 그래서 인간의 마음은 늘 시끄럽고 요란하다. 한 번도 조용한 적이 없고 한 순간도 가만히 있지를 못한다.
  그것은 빡빡한 일정과 여유 없는 삶은 꼭 하루 종일 방영되고 있는 텔레비전과 같다. TV는 끄면 금방 조용해지지만 치열하게 살아야 하는 인간의 마음은 끌 수가 없다. 그러므로 조용해지지 않는다.

  "왜 이리 시끄러우냐?"
  "여기 떠든 사람 아무도 없는데요."

  인간이 인공지능을 가지고 있는 로봇 AI를 만들려고 한다. 문제는 작동되는 소음이다. 시계뚜껑을 열어보면 여러 개의 태엽이 보인다. 정교한 세 개의 톱니바퀴와 제각각의 시침, 크고 작은 갖가지 부속품들이 빽빽하게 들어 있다. 거기다가 동력을 일으키는 건전지를 넣으면 앙증맞은 금속소리와 함께 움직이기 시작한다.

하찮은 시계조차도 이런 복잡한 과정에 의해 움직이는 소리를 내는데 자아를 가지고 있는 AI를 만들 때는 상상할 수 없는 정밀함과 복잡 다양한 공정을 거쳐야 한다.

그렇게 해서라도 어떻게든 만들 수는 있을 것이다. 제각기의 부품을 만들어 내는 생산 라인이 수 천 수만 아니 수십만이 될 것이다. 그런데 그것이 프로그램으로 작동되는 것이 아니라 자체의 신경과 두뇌로 움직이려면 상상을 초월하는 소음을 일으키게 된다.

소음이 아니라 굉음이 될 수 있는 이것을 어떻게 없앨 것인가가 관건이다. 이것을 없애지 못하면 그 옆의 사람들은 귀가 먹어 버린다. 그뿐만 아니라 주위의 모든 동물과 식물은 다 멸종되어 버린다. 그래서 과학은 아직까지 순수인공지능을 자체 개발하는 로봇을 만들어 내지 못하고 있는 것이다.

인간도 이런 소음을 만들어 낸다. 하지만 인간은 특별히 그 소음을 듣지 못하는 장점을 갖고 있다. 그것은 마치 지구가 돌아가면서 굉장한 굉음을 만들어 내지만 인간이 그것을 듣지 못하고 사는 것과 같다.

어쨌거나 인간의 마음은 아주 요란하고 시끌벅적한 소음을 만들어 내고 있다. 그런데 그 소리를 단 한 번도 끈 적이 없는 상태로 계속해서 이어오고 있다. 이것은 위에서 말한 현상 쪽에서 보는 우리의 마음이다.

이 시끄러움이 마음의 본성인 줄 잘못 알고 있지만 인간의 마음은 애초부터 적정하여 조용하기만 하다. 그것은 마치 TV의 본래 화면은 적정함과 같은 것이다. 이것은 본질 쪽에서 우리의 마음을 적시한 것이다.

그렇다면 이 대승이라는 인간의 마음은 어디에 있단 말인가. 실상 쪽으로 보면 우리의 마음은 어디에 없는 곳이 없다. 땅 끝 아래로부터 허공 끝 하늘까지 우리의 마음은 변재해 있다. 그것은 천지에 가득하지만 현묘하기만 해 도저히 알 수가 없다.

현묘라는 말은 道家에서 나온 말이다. 원문에서 玄현은 검다라는 뜻을 가지고 있다. 千字文에 천지현황이라고 했다. 하늘은 검고 땅은 누렇다고 했듯이 하늘은 검다.

그런데 하늘이 파란색으로 보이는 것은 태양과 바다가 만들어 낸 착시 색이다. 태양이 없는 순수 하늘은 말 그대로 검기만 하다. 그래서 아득해 전혀 그 상태를 알 수 없다는 뜻으로 이 글자를 썼다. 거기다가 妙를 붙인 것은 그것이 오묘하다는 것이다. 이 말은 본질을 말한 것이다.

현미라는 쌀이 있다. 도정 과정상 백미가 되기 전의 이름이다. 껍질을 다 쓿기 전이므로 검다고 한다. 사실은 검은색이 아니라 누런색이다. 바른 말은 황미인데 언제부터인지 현미라고 불러오고 있다. 한자를 잘 모르는 사람이 처음부터 이상하게 그런 이름을 붙여버린 것 같다.

현묘라는 말은 쉬운 말로 깜깜하면서도 오묘하다고 표현할 수 있다. 그처럼 우리의 마음은 깜깜하고 또 깜깜하지만 오묘하기 그지없어 만상의 표면에 그대로 드러나 있다. 땅 위에 풀 한 포기 하늘에 별 하나 그 어떤 것이든 우리의 마음이 투영해 놓고 있지 않는 것이 없다. 이것은 현상을 말한 것이다.

海東疏 寂之又寂之 猶在百家之談
고요하고 또 고요하지만 수많은 사람들의 대화에 오르내리고 있다.

고요함의 종극을 말할 때 적멸이라고 한다. 성사는 이 적멸을 두 번이나 연거푸 언급하셨다. 그만큼 우리의 마음은 잔잔함을 넘어 공적하다는 뜻이다. 이 대목은 우리의 마음을 본질 쪽으로 본 것이다.

그렇지만 우리의 마음은 잠시도 쉬지 않고 수만 가지 생각을 일으키고 있다. 마음의 언어는 생각이고 입의 언어는 말이다. 말은 결국 마음이 일으키는 생각의 부산물이다.

그러니까 우리의 마음은 한시도 가만히 있지를 않고 계속해서 생각을 일으키고 있는 것이다. 이것은 우리의 마음을 현상 쪽으로 본 것이다. 즉 본질은 조용한데 현상은 한시도 가만히 있지를 못하고 있다는 뜻이다.

"혀를 입 속에 집어넣었다는 것은 신의 묘술이 아닙니까?"

"맞는 말이다. 혀의 병폐가 겁났던 게지. 그래도 인간들은 먹는 데보다 말하는 데 그것을 더 많이 쓰고 있지."

인간은 탐욕에 쩐 동물이다. 무엇이든지 다 자기 것으로 만들려고 한다. 보관해야 할 주머니가 없으면 입속에라도 우선 밀어 넣고자 한다.

술꾼들을 보면 대번해 이해가 갈 것이다. 손으로 가져갈 수 없다면 입으로 다 마셔서라도 자기 것으로 만들려고 한다. 영아들이 뭐든지 보이는 대로 집어삼키려 드는 이유도 여기에 있다. 그래서 神이 혀에다가 탐욕을 조정하라고 말의 기능을 함께 부여했던 것이다.

만약에 전적으로 말을 하는 신체기관이 따로 하나 만들어 졌다면 세상은 아마 시끄러워서 살 수가 없었을 것이다. 아니면 얼마나 쓸데없는 말들을 서로 간에 많이 하는지 그 소음 때문에 청각기능이 마비되어 버렸을는지 모른다.

방송사들에 이어 학교와 사무실 시장바닥 길거리 술집 할 것 없이 인간은 쉴 새 없이 말들을 쏟아내고 있다. 그나마도 다행한 것은 말을 만드는 그 혀를 입안에 집어넣어 음식을 섞는 기능까지 겸하고 있다는 것이다. 그런 묘술로 그나마 인간들이 이 정도 고요를 누리고 살 수 있는 것이지 그렇지 않았다면 어떻게 되었을까 생각만 해도 실로 끔찍하기만 하다.

사실 지금 도처에서 쏟아내는 말들은 새로운 것들이 하나도 없다. 이미 수백만 년 전부터 인간들이 끊임없이 내뱉어오던 말들이다. 그 절정을 이룬 시기가 바로 중국의 춘추전국시대였다. 그때 子 자를 가진 현자들이 적어도 일백 명이나 나타나 자기들 나름대로 독창적인 사상과 철학을 드높이 내세웠다.

우리가 잘 아는 도가 유가 법가 묵가 등인데, 노자부터 공자 장자 맹자 순자에 이어 열자 묵자 한비자 같은 사상가들이 그 시대를 언어로 풍미했었다. 말이라 하면 이 사람들은 완전 전문가들이다. 그 누구도 따라가지 못한다.

시집가서도 기죽지 말고 하고 싶은 말은 하고 살아라 해서 구자를 붙인 숙자 영자 말자 같은 예스런 이름들도 다 이 사람들의 대단한 언변술에서 따온 일본풍 이름들이다.

그만큼 그 사람들은 다 말을 잘했다. 말을 한다고 입에다 먹을 것을 넣을 시간이 없어 설사 굶어죽는 한이 있더라도 말로써 시작해 말로써 끝내는 시대를 살았다. 제각기의 현학에 갇혀 그 교리를 인정받으려 내뱉는 현란한 말솜씨는 또 다른 사람들의 혀를 내두르기에 충분했다.

그렇게 그 사람들은 말을 많이 하고 또 말을 잘했다. 하지만 그렇게 떠들던 말들도 진나라가 창칼로 천하를 통일해 분서갱유를 시행하자 모두 다 서리 맞은 국화꽃처럼 시들어져 버렸다. 그들은 그 창칼로 인해 어쩔 수 없이 입을 다물고 다음 떠벌일 수 있는 기회를 기다리고 있어야 했다.

그렇게 말을 잘하던 그 대단한 사람들도 우리의 마음을 정확히 떠내지는 못했었다. 모두 다 마음의 껍데기나 언저리를 더듬고 쉴 새 없이 마음을 노래하고 간단없이 마음을 설파했지만 그 누구도 우리의 마음을 적확하게 드러내지는 못하였다.

왜냐하면 우리 마음은 그렇게 말하는 그 말을 먼저 그쳐야 만이 드러나는 생물이기 때문이다.

그것을 아신 동시대의 석가모니 부처님은 저 멀리 인도에서, 그 마음을 알려고 한다면 당장 그대들의 입을 다물어야 한다고 충고하셨다. 사람들은 그때서야 알았다. 말을 하지 않고도 마음을 알 수 있는 방법이 따로 있다는 것을 처음으로 부처님으로부터 배웠던 것이다.

　제자백가들은 말로써 우리의 마음을 알려고 했고, 부처님은 반대로 말을 잊음으로 해서 우리의 마음은 알아진다고 하셨던 것이다. 그 결과 얼마 후 결국 무언의 불교가 백가들의 수많은 유세들을 제치고 넓고 큰 미지의 땅 중국을 고스란히 접수하고 말았다.

[海東疏] **非像表也 五眼不能見其軀**
그것은 실체 없는 형상으로 나타나다 보니 오안으로써도 능히 그 모습을 볼 수가 없다.

　오안五眼은 눈이 가지는 능력을 다섯 가지로 구분화한 것이다. 첫째는 육안이다. 범부는 평생 1.2의 시력으로 일생을 살아간다. 이 기준보다 시력이 현저히 떨어지거나 높아버리면 돋보기를 쓰거나 안과에 가서 시력을 교정 받는다.

　그런데 왜 하필 1.2에다 기준을 맞추어 놓았을까. 이 기준을 넘어가면 시신경에 부하가 걸려 안구에 큰 손상이 입혀지는 것일까? 아니다. 그것이 아니라 세상을 보는 보통사람들의 동류업 수준이 모두 다 1.2에 맞추어져 있기 때문이다.

　매직아이라는 3D 보드판이 있다. 똑같은 그림인데 눈동자의 초점을 어디에 맞추느냐에 따라 그림이 달라진다. 보통의 초점으로는 눈에 보이는 그대로만 보이지만 조금만 초점을 바꾸면 숨어 있던 다른 그림이 나타난다.

　그처럼 인간의 눈에는 눈앞의 세상만 보이지마는 조금만 그 시력을 높이거나 낮추면 또 다른 세상이 보인다는 것이다. 범부는 정확히 이 1.2의 기준으로 세상을 본다. 만약에 10.0으로 세상을 보면 어떻게 보일까? 분명 다르게 보인다.

승용차를 타다가 SUV차를 타게 되면 평소에 못 보던 것이 새삼 드러나는 것과 같다. 아주 조금만 눈높이를 올려도 세상이 달라져 보이는데 10.0으로 보는 세계는 얼마나 크고 넓게 보이겠는가.

그래서 나는 키 큰 사람들의 말을 잘 듣는 편이다. 그들은 내가 미처 보지 못하고 있는 것들을 벌써 보고 있다고 믿기 때문이다.

그러면 키 작은 사람들의 말은 데면데면하게 듣는단 말인가. 아니다. 그 사람들 말도 귀담아 듣는다. 그들은 가까운 데서 사물을 세밀하게 보고 있기 때문이다.

둘째는 천안이다. 케플러망원경이나 나노현미경 같은 것들은 범부들의 시각을 극대화시킨 기구들이다. 세상에는 보통 범부의 눈으로 볼 수 없는 물상들이 천지에 가득하게 있다. 이런 세계를 꿰뚫어볼 수 있는 능력의 눈을 천안이라고 한다.

천안은 일종의 GPS와도 같고 허공에 걸어놓은 거대한 원형 CCTV와도 같다. 어디 천지를 비치지 않는 곳이 없고 어디 한 곳을 빠뜨리는 곳이 없이 우주 전체를 샅샅이 다 훑어볼 수 있다.

천안을 갖고 있으면 원근의 시력 걱정은 없다. 줌과도 같은 기능을 갖고 있기 때문에 일체의 사물에 알맞도록 조절해 쓸 수가 있다. 바다를 건너고 태산을 넘어도 어디에 걸리는 일이 없다. 그러므로 세상 천지의 움직임이 한 집안의 일로 보인다. 누구를 만나러 어디를 갈 필요도 없고, 무엇을 보려고 먼 여행을 떠날 이유도 없다. 모두 가다 손바닥 위의 구슬처럼 훤하게 보인다.

셋째는 법안이다. 이것은 본질을 꿰뚫어 보는 시력이다. 범부들은 겉으로 드러난 사물만 본다. 그 속에 들어 있는 내면의 세계는 전혀 감을 잡지 못한다. 생물이나 무생물이나 할 것 없이 그 속 깊숙이에서 일어나는 움직임에 대해서는 완전 눈뜬 봉사가 된다. 하지만 법안을 가지면 그 내면은 물론 시작과 끝의 과정도 면밀히 다 알아볼 수가 있다.

법안은 세상의 본질을 직관하는 능력을 가지고 있다. 나무가 있다면 땅 속 뿌리가 어떻게 뻗어 있는지를 알고, 산이라면 어디쯤에 보석이 파 묻혀 있는지를 금방 알아낼 수 있다. 그뿐만이 아니라 깊고 깊은 바다 속을 헤집어 볼 수도 있고, 많고 많은 사람들의 마음을 뒤집어 볼 수도 있다.

넷째는 혜안이다. 이것은 직관력이다. 무엇을 보는 것이 목적이 아니다. 정확히 보고 아는 것이 중요하다. 알아도 잘못 알면 알지 못하는 것만 못하다.

혜안은 존재하는 모든 것들의 인과관계를 일목요연하게 속속들이 다 통찰할 수 있다. 통찰한다는 말은 정확히 투시해 안다는 것이다. 예를 들면 육안은 사람을 보고 천안은 주위를 본다. 그리고 법안은 그 내면을 보고 혜안은 그 사람의 마음을 읽는다는 것이다.

혜안이 열리면 큰 생사의 흐름이 멈춘다. 자신이 어디를 향해 나아가고 있는지 확연하게 파악하기 때문이다. 중생은 자기 자리를 모른다. 언제나 자기 위치를 잃고 있다. 그래서 허둥대고 방황한다. 하지만 혜안이 열리면 자기의 위치가 분명히 드러나게 된다.

혜안은 선정에 의해 얻어진다. 진여삼매에 들어가게 되면 이 혜안이 나온다. 그 작용을 일행삼매라고 한다.

그러므로 둔근기의 범부는 이 혜안을 가질 수가 없다. 범부가 혜안이니 뭐니 떠들기는 하지만 혜안은 주어지지 않는다. 고작 감각으로 미래의 결과를 예감하는 예지 정도에 그칠 뿐이다.

마지막은 佛眼불안이다. 부처의 눈은 우주 전체를 말한다. 이제까지는 자기를 중심으로 주위를 알고 세계를 보는 것이었지만 불안을 얻으면 자신이 없어져 버린다.

그때가 되면 진리와 하나가 되고 우주와 한 몸이 된다. 본다는 주체와 무엇이 보인다는 객체가 없어진다. 보는 것이 있으면 보이지 않는 것이 있다. 하지만 보는 것이 없으면 보지 못하는 것도 없어진다. 부처는 전체다. 그래서 전체를 다 보고 전체를 다 안다고 하는 것이다.

위에 언급한 다섯 가지 중에서 첫째만 쓰면 범부의 눈이고, 둘째와 셋째까지 쓰면 아라한의 눈이며, 넷째까지를 쓰면 보살의 눈이고, 다섯 개를 다 쓰면 부처의 눈이 된다. 자기의 등차와 수준에 의해 보는 시각의 척도와 범위가 이처럼 크고 넓어진다.

이 다섯 가지 눈은 범부의 마음속에 이미 잠재되어 있다. 그러나 범부는 단 한 개의 육안만 쓰다 보니 언제나 안구에는 핏줄이 서려 있다. 이것은 꼭 두 눈을 멀쩡히 갖고 있으면서도 평생 동안 봉사노릇하면서 힘들게 살아가는 것과 같다.

어쨌거나 사방 천지에 우리 마음이 만들어 낸 실체 없는 물상들이 변재로 가득하지만, 이런 다섯 가지 눈의 기능으로도 마음의 원천인

대승의 본체를 볼 수가 없다. 대승은 어떤 형상과 상태로부터 완전히 벗어나 있기 때문이다. 그것은 바로 우리 마음의 본질이기에 그렇다.

海東疏 在言裏也 四辯不能談其狀

언어 속에 있는 것 같아도 사변으로써도 능히 그 모습을 말할 수 없다.

눈의 기능이 그렇게 굉장한 것처럼 입의 잠재적 능력도 대단하다. 범부는 하나부터 열까지 이치에 맞지 않는 말로 사람들을 피곤하게 하는 데 선수들이지마는 수준이 올라갈수록 자기도 이롭게 하고 타인도 이익 되게 하는 언어를 사용한다. 그게 바로 四무애변이라고 하는 언어구사 능력이다.

첫째는 어떤 모습을 갖고 있는 물상이 있다고 했을 때, 그 물상이 갖고 있는 성질에 대해 기가 막히게 설명을 잘하는 스킬이다. 누구라도 그 시원한 설명을 들으면 연신 고개를 끄덕일 정도로 풍부한 지식과 말주변으로 상대방을 아주 쉽게 이해시킨다.

둘째는 물상이 갖고 있는 내면의 세계를 물 흐르듯이 설명하는 언어술이다. 조금도 버벅대거나 망설임 없이 그 본질을 쉽게 풀어 각지시키는 데 거침이 없다.

셋째는 중생이 갖고 있는 언어를 통달해 있다. 그러므로 그 누가 어떤 언어로 물어도 즉각 시원하게 답변해 준다. 사람은 물론 동물이나 신의 언어들까지도 통달해 있어서 어떤 자라도 공손히 답을 구하면 그에 알맞은 언어로 그 궁금증을 속이 뻥 뚫어지게 풀어주는 능력이다.

넷째는 그 목소리가 한없이 상냥하고 부드럽다.. 설령 모든 언어를 통달하여 막힘없이 설명을 잘해 준다고 하여도 그 목소리가 탁하고 거칠면 대번에 거부반응을 일으킨다. 그러므로 일단 목소리가 깨끗해야 한다. 들어도 들어도 또 듣고 싶을 정도의 아름다운 목소리를 갖고 있어야 한다.

이 네 가지 언어술은 십지보살과 부처님이 갖고 계시면서 중생을 제도하신다. 이렇도록 대단한 언어술을 쓴다고 해도 우리의 마음인 대승의 본질은 정확히 표현해 낼 수가 없다는 것이다.

海東疏 欲言大矣 入無內而莫遺 欲言微矣 苞無外而有餘
크다고 말하고자 하니 안이 없는 곳에 들어가도 남음 없이 쏙 들어가고, 작다고 말하고자 하니 밖이 없는 것을 둘러싸도 아직도 더 두를 여유가 있다.

우리 마음이라는 대승! 크기는 얼마나 크며 작기는 얼마나 작을까. 똑같은 마음인데 그것을 작게 쓰는 사람은 너무나 작게 쓰고 크게 쓰는 사람은 대단히 크게 쓴다. 작게 쓰면 자기 몸 하나도 건사하기 힘들고 크게 쓰면 일체 중생 전체를 내 몸이라 보살핀다.

이것이 어느 정도까지 작아질 수 있느냐 하면, 안이 없는 곳에 들어가도 남음이 없을 정도라고 하셨다. 중심이 없을 정도로 작다는 것은 미진 중에 극미진에 속한다. 이 속에 남음 없이 들어가도 흔적이 없을 정도로 작아질 수 있다는 것이다. 이것은 대승의 본질이 현상에 들어가게 될 때를 말한다.

얼마나 클 수 있느냐 하면 밖이 없는 것을 둘러싸고도 여유가 있다고 하셨다. 밖이 없는 것은 허공이다. 허공은 끝이 없다. 끝없는 것을 둘러싸고도 남음이 있다고 하니 결과적으로 허공보다도 더 우리 마음은 크다는 말이다. 이것은 현상이 본질로 환원했을 때를 말한다.

작은 그릇은 적게 담기고 큰 그릇은 많이 담긴다. 작은 마음을 쓰면 자기 집안만이 그곳에 들어간다. 그보다도 작게 쓰면 자기 가족만이 전부라고 한다.

그러다가 부부도 서로 담지 못하면 갈라선다. 이제 자식만이 내 몸이라고 한다. 결국 자식하고도 맘이 맞지 않아 품어주지 못하면 자기로부터 떠나간다. 급기야는 자기 자신 하나도 자신의 그릇에 담지 못하고 자신을 죽여 버린다. 그 결과 지옥의 쓰디쓴 고통을 감내해야 한다.

큰마음을 쓰면 가족에 이어 집안을 넘어간다. 나와 우리라는 울타리를 벗어난다. 계파와 종파를 탈피한다. 인간을 뛰어넘고 동물계를 접수한다. 국가를 뛰어넘고 인류를 초월한다. 더 나아가 중생세계와 부처세계를 유영한다. 그 결과 사바와 열반을 넘나들며 자유와 기쁨을 만끽한다.

대승인 마음을 어떻게 쓰느냐에 따라 중생도 되고 부처도 된다. 어떻게 다루느냐에 따라서 지옥에도 가고 천상에도 가며, 어떻게 운용하느냐에 따라 소인도 되고 대인도 된다는 사실을 마땅히 알아야 한다.

그렇다면 현재 당신이 쓰고 있는 마음의 크기는 어느 정도인가.

주위를 한번 둘러보시기 바란다. 그 크기가 확연히 보일 것이다. 본인을 둘러싼 주위 사람들의 움직임이 아주 명확하게 당신의 마음이 어느 정도인지를 보여주고 있을 것이다.

海東疏 引之於有 一如用之而空 獲之於無 萬物乘之而生
대승이라는 우리의 마음! 그것을 있다고 말하고자 하니 한결같이 써도 그 바탕은 텅 비어 있고, 없다고 말하고자 하니 모든 만물이 다 이것으로부터 일어나고 있다.

우리의 마음은 있는 것인가, 없는 것인가? 무엇이 있다고 하면 생긴 모양이 있고 어느 정도라는 부피가 있다. 그러나 마음은 모양도 부피도 없다.

있는 것 같지만 아무리 써도 그 끝이 보이지 않는다. 얼마쯤의 여분이 남아 있을까 보면 그 바탕은 텅 비어 있다. 몸속 어디를 훑어보아도 마음은 없다. 두뇌 어디를 검색해 보아도 마음은 없다. 신경계와 감각계 어디에도 마음이라는 것은 없다. 아무 데도 마음은 없다. 이것은 마음을 본질로 본 것이다.

그렇다면 없는 것인가? 아니다. 마음은 샘물처럼 계속해서 솟아나온다. 잠시도 가만히 있지를 않는다. 끊임없이 꿈틀대며 요동한다. 그래서 조금도 쉬지 않고 세상을 계속해서 만들어 낸다.

오늘은 이 생각으로 이렇게 만들고 내일은 저 생각으로 저렇게 만든다. 취미가 비슷한 사람들끼리 동호회를 만들듯이 마음이 비슷한 인간들끼리 동류업으로 뭉쳐 잠시도 쉬지 않고 무엇을 만들어 내고 있다.

오늘은 세웠다가 내일은 부수고, 모레는 허물었다가 그 다음에는 또 일으키고 있다.

　공책에다 글씨를 쓰고 또 지우고를 반복하면 마지막에는 그 종이가 찢어져서 쓸 수가 없다. 지구 땅덩어리에 무슨 원수가 졌는지 이런 형식으로 이 땅을 막가파식 분탕질로 계속해서 파괴하고 있다. 이것은 본질이 인연을 만나면 수만 가지 희한한 현상을 만들어 낸다는 것을 말하고 있다.

　그렇다면 마음은 있는 것인가, 없는 것인가? 있다고 해도 틀리고 없다고 해도 틀린다. 그렇다면 있다고 해도 맞고 없다고 해도 맞는 것인가?

　도대체 이 마음이라는 것은 뭔가? 어떻게 생겨먹은 것이기에 이렇다 해도 틀리고 저렇다 해도 틀리며, 이렇다 해도 맞고 저렇다 해도 맞는 것인가? 있으면서도 없고 없으면서도 있기까지 하는 이 기이하고 요상한 이 마음이라는 것은 도대체 그 본모습이 무엇이란 말인가.

海東疏 不知何以言之　强號之謂大乘

어떻게 그것을 말해야 할지 몰라 우선 부르기 쉽게 대승이라고 말해 두자는 것이다.

　편의상 일단 우리를 끌고 다니는 이 마음을 **대승기신론**에서는 대승이라고 부른다. 이 이름 외에 그럼 무엇이라고 부르면 좋단 말인가. 어떻게 불러야 가장 합당한 이름이 될 수 있는 건가. 궁여지책으로 어쩔 수 없이 나를 조종하고 나를 움직이는 그 신령스러운 에너지 그것을 일단 대승이라고 부르자고 하는 것이다.

"넌 누구냐?"
"저를 모르십니까? 스님이 벌써 치매 징후가 있습니까?"
"내가 아니라 너의 치매 정도가 아주 중증을 넘어섰는데."

세상은 세트장이고 삶은 연기이며 인간은 배우들이다. 문제는 인간들이 이 사실을 모르고 있다는 것이다. 자기들이 연기를 하고 있는 것을 망각하고 다들 자기들의 삶이 진짜의 삶이라고 착각하고 있는 것이다.

인간은 모두가 배우이다. 다 자기에게 맡겨진 역할을 어떻게든 소화해 내고 있다. 너무나 리얼하게 연기하다 보니 그 연기의 삶이 자기라고 여기고 이 세트장이 진짜로 세상이라고 생각하고 있다. 이것은 감쪽같이 연기하는 자신에 속고 진짜같이 시설해 놓은 세트장에 속아 있는 것이다.

어리석은 인간들은 TV 속의 연기자들만 연기한다고 생각한다. 그 속에만 드라마가 있다고 여긴다. 아니다. 인간세상의 삶 자체가 연기장이고 무대이다. 그 속에 당신이 맡은 연기역할은 어떤 것인가? 주연인가, 조연인가? 단막인가, 연속극인가?

주연이 되고자 하면 일단 잘생겨야 한다. 이것은 임의대로 되는 것이 아니다. 잘 생기는 유전자를 가진 집에 태어나려면 일단 복이 있어야 한다. 복 없이 억지로 그 집에 들어가면 바로 쫓겨 나온다. 태아가 사망하거나 아니면 중절을 당하는 경우가 이런 케이스다.

잘생긴 사람들은 남에게 호감을 받는다. 남의 시선을 좋게 끌만큼 복을 지었다는 증명이다.

　그 다음에는 돈이 있어야 한다. 얼굴만 잘생기고 돈이 없으면 사람이 추하게 된다. 얼굴 가지고 장사를 해먹고 살아야 하기 때문이다. 그러면 사람이 속물로 변한다. 그러므로 복과 돈, 이 두 가지를 기본적으로 갖추면 주연급으로 세상을 살아간다. 그렇지 않으면 그 사람들의 삶을 만들어 주는 조연급으로 만족해야 한다.

　조연급도 연속극을 제대로 맡으면 삶을 살아가는 것이 일정하게 보장된다. 꼭 공무원이나 공기업에 들어가는 것과 같이 그 연속극은 계속된다. 하지만 대다수는 그런 장기 드라마에 스카웃 되지 않는다. 그저 단막극에 엑스트라로 들락거리면서 힘들게 무명배우로 살다가 끝을 맺는 수가 부지기수다.

　주연급 배우는 세트장과 그 주위를 둘러싼 사람들이 다 괜찮게 짜여진다. 하지만 조연급은 거기서 확실히 떨어진다. 그러다가 그 밑 용역급의 사람들이 사는 세트장은 더 형편없고 조악하다.

　당신은 세상의 주연인가, 조연인가, 아니면 용역인가? 자기가 처한 주위 사람들과 세트장을 둘러보면 그 답이 바로 나오게 되어 있다.

　드라마는 PD가 만든다. 탤런트들을 선정하고 아무것도 없는 TV 속에 집어넣는다. 그러면 가공의 세계가 펼쳐진다.

　인생의 드라마는 죄업이 만든다. 그리고 그 수준에 맞는 사람들을 등장시킨다. 그리고는 이 중생세계에 던져 넣는다. 그러면 전혀 없던 중생세계가 만들어 진다. 그 속에서 각자 자기들이 맡은 역할을 나름대로 열심히 해 나간다. 그 연기에 도취되어 결국 자기가 연기자인 줄 모르고 진짜로 자기 삶을 살아가는 본인이라고 착각한다.
　범부로서 진짜 자기 삶을 살아가는 자는 없다. 모두 다 죄업이 조종한다. 겉으로는 다 자기 의지대로 살아가는 것 같이 보이지만 실질적으로는 전혀 그렇지 않다. 범부의 주인은 자기 마음이라고 하지만 그들의 주인은 죄업이다. 죄업이 마음까지도 조종하고 부려먹는다.

"누가 가라고 해서 왔는가?"
"저 혼자서 왔습니다."
"죄업이 화장실을 간 모양이다. 조금 있으면 그것이 널 찾아 나설 것이다."

　누군가에게서 바로 전화가 온다. 어디냐고 묻고 지금 어디 어디로 오라고 한다. 시간 맞추어 그 쪽으로 가야만 한다. 죄업이 그의 삶 자체를 요리하고 관리하는 것이다. 조금도 자기 의지대로 오고 가지 못한다.
　어디를 잘 가다가도 죄업이 다른 일로 정지시켜 버리면 즉시 돌아가야 한다. 끝까지 자기가 오고 싶은 대로 잘 왔다면 그만큼 그 죄업을 달래놓는 시간이 길었을 것이다. 아니면 죄업도 식사가 필요하니 식사시간 동안만큼이라도 좀 풀어줬던지 해야만 그것이 가능한 일이다.
　TV 드라마 속의 연기자에게는 자기가 시청자다. 잘못하면 욕을 하고 분개한다. 자기도 이 현실 속에서 한 명의 연기하는 배우다. 잘못하면 주위 사람들이 가만히 있지를 않는다.
　그런데 이것을 모른다. 범부는 원래 하나만 알고 둘은 모른다. 그래서 어리석다고 한다. 유추해 보면 금방 답이 나오는데도 미뤄 짐작하는 상상력이 부족하다. 그래서 언제나 한 단면만 보고 자기 기준으로 판단해 버린다.

연기자는 오로지 연기에만 몰두한다. 우리도 우리 삶에만 몰두한다. 하지만 연기자는 세트장을 벗어나 원래의 자기 모습을 갖고 집으로 간다. 하지만 우리는 세트장을 벗어나지 못하고 있다.

그러다보니 주어진 연기가 죽을 때까지 끝이 나질 않는다. 연기하기 위해 입고 있는 현재 모습을 벗고 진짜 자신의 모습을 찾아 원래의 집으로 돌아가야 하는데, 너무 오랫동안 연기하다 보니 연기하는 모습이 자신인 줄 착각하여 이제 자기의 본래 모습과 자리를 완전히 잊어버린 상태가 되었다.

하지만 내면에서는 끊임없이 원래의 자리로 돌아가고자 하는 환원의 작용을 한다. 그렇지만 연기가 치열할수록 이런 느낌을 감지하지 못한다. 삶의 연기가 느슨할 때 이런 느낌을 받는다. 이렇게 하는 힘은 복이다.

복이 없으면 삶의 연기가 치열해질 수밖에 없고, 복이 있으면 앞뒤와 주위를 둘러보는 여유를 가진다. 그럴 때 자신에 대한 관심과 무의식적으로 반복되고 있는 삶에 대한 회의를 느낀다.

삶이 바쁘면 고통을 느끼는 강도가 희미해진다. 하지만 삶에 여유가 있으면 크게 와 닿는다. 일이 바쁘면 어지간하게 아파도 병원에 가지 않지마는 여유가 있으면 조금만 아파도 바로 병원에 가는 이유가 여기에 있다.

그래서 복을 지으라고 한다. 중생의 삶은 고통의 덩어리라는 사실을 알려면 복이 있어야 한다. 그렇지 않으면 삶에 허덕이면서 이것을 뼈저리게 느끼지 못한다. 느꼈을 때는 이미 화장장의 불빛이 보이기 시작할 때다. 그때는 이미 늦었다. 이제 다음 생의 고통이 자신의 생명줄에 연결되고 있다. 그렇다면 연기자의 옷을 벗고 원래로 돌아가고자 하는 자신은 어떤 자며 누구인가.

이제까지 성사가 말씀하신 **대승기신론**의 핵심인 대승을 **緣起**연기와 **實相**실상으로 나누면 다음과 같다. 현상은 연기이고 본질은 실상이 된다.

현상 = 蕭焉 시끄럽다.
      湛爾 가득하다
      豈出萬像之表 일찍이 사물의 표면에 나타나 있다.
      猶在百家之談 수많은 사람들의 대화에 오르내린다.
      非像表也 거짓된 형상에 나타나 있다.
      在言裏也 말 속에 들어 있다.
      欲言大矣 크다.
      欲言微矣 작다.
      引之於有 있다.
      萬物乘之而生 만물이 다 이것을 타고 생겨난다.

실상 = 空寂 더 없이 고요하다.
      沖玄 텅 비어 현묘하다.
      玄之又玄之 현묘하면서도 현묘하다.

寂之又寂之 고요하면서도 고요하다.
五眼不能見其軀 오안으로써도 능히 볼 수 없다.
四辯不能談其狀 사변으로써도 능히 그 모습을 말할 수 없다.
入無內而莫遺 속이 없는 곳에 들어가도 남음이 없다.
苞無外而有餘 밖이 없는 것을 덮어 써도 여유가 있다.
一如用之而空 한결같이 써도 텅 비어 있다.
獲之於無 찾아보면 없다.

성사는 **해동소**에서 우리 마음을 두 문으로 나눠서 설명해 주실 만큼 충분히 설명해 주셨다. 하지만 말세의 범부들이 이해하기에는 뭔가가 아직도 부족하다는 것을 느끼셨는지 다시 디테일로 부연설명을 해 주시고자 하셨다. 그게 바로 **별기**다.

別記 其體也 曠兮其若太虛而無其私焉 蕩兮其若巨海而有至公故
우리 마음의 본체, 그것은 크다. 광대한 허공과 같아서 사사로움이 없다. 그것은 넓다. 거대한 바다와 같아서 지극히 공평하다.

사람들은 끊임없이 논쟁한다. 대승기신론을 보신 성사께서 **해동소**를 먼저 쓰셨는가, **별기**를 먼저 쓰셨는가에 대한 시비를 말한다. 어떤 사람은 **해동소**가 먼저라고 하고 어떤 사람들은 **별기**가 먼저라고 한다. 내가 보았을 때는 참 영양가 없는 시빗거리다. 어떤 것이 앞이고 어떤 것이 뒤면 뭐가 어떻고 그 반대라면 또 뭐 어떻단 말인가. 분명한 것은 이 두 가지가 현재까지 고스란히 원판 그대로 고려대장경에 남아 있다는 사실이다. 이것만큼 다행하고 고마움이 또 어디에 있겠는가. 더군다나 후학들을 위하여 **기신론**에다 **해동소**를 먼저 판각하고 그 뒤에 **별기**를 붙여서 전체 뜻을 알기 쉽도록 조정해 놓은 배려에 한없이 감사하고픈 심정뿐이다.

그래서 나는 말한다. 사람들 다수가 **해동소**보다도 **별기**를 먼저 쓰셨다고 하지마는 나는 그렇게 보지 않는다. **해동소**를 쓰시고 난 뒤에, 말세 중생들이 이해하는 데 뭔가가 부족한 느낌이 들어서 다시 첨부 형식으로 **별기**를 쓰셨다고 보는 것이다. 그래야 그분의 자비를 더 한층 가까이 느낄 수가 있다. **해동소**만 남기셔도 감지덕지인데 부연설명을 해 주시고자 **별기**까지 남겨주신 그분의 자상함에 그저 고개가 숙여진다.

성사는 마음의 본질을 표현할 때 曠광 이라는 글자를 택하셨다. 광은 광막한 허공을 말한다. 허공은 광도하다는 말이고 넓고 크다는 뜻을 가지고 있다. 허공은 사사롭게 개별적인 선택을 하지 않는다. 전체 모두를 포용한다. 그러므로 사사로움이 없다고 한 것이다.

우리의 본래 마음은 허공처럼 전체를 끌어안고 있다. 그런데 지금은 겨우 한 식구만을 내 가슴에 품고 있다. 얼마나 큰 것을 놓치고 있는지 그 사실을 알고 나면 분통이 터져 미치지 않는 것만 해도 고맙게 생각해야 한다. 즉 우리의 인생은 마치 금덩어리로 만들어 진 태산을 버리고 금싸라기를 주우러 다니는 비루의 거지와 같은 삶을 살고 있는 것이다.

그분은 마음을 현상으로 표현할 때 蕩탕 이라는 글자를 고르셨다. 이 탕 또한 曠탕과 같이 넓다는 뜻을 가지고 있다. 범부의 마음도 사실은 넓고 크다. 바다처럼 온갖 강물들이 쉼 없이 들어가도 거부하지를 않는다. 그뿐만 아니라 지극히 공평해서 강물을 고르거나 선택해서 받아들이지 않는다. 일단 받아들이면 전후와 좌우의 간극을 두지 않는다.

그러므로 모든 물들은 다 장애 없이 들어가고 분별없이 수용하는 것이다. 이와 같이 범부의 죄업은 블랙홀처럼 모든 것들을 전부 다 빨아들이고 있다. 결코 무엇이라고 거부하는 일이 없다. 단 바다는 출렁이고 있다는 사실이다. 그처럼 우리 마음은 늘 갈애로 요동치고 있다.

성사는 우리의 마음을 바다와 허공으로 설명하고 있다. 가장 낮은 곳이 물이고 가장 높은 곳이 하늘이다. 범부의 현상적인 마음을 낮은 바다로 표현하고, 부처의 마음인 본질을 하늘 높은 곳으로 비유한 것이 매우 경이롭다. 曠은 자연스런 포용이고 蕩은 요동스런 끌어당김을 의미한다.

바다와 허공의 세계는 시각적으로 보면 분리되어 있는 것 같지만 본질적으로는 결코 따로 떨어져 있는 것이 아니다. 그처럼 범부의 마음도 부처의 마음과 결코 분리되거나 이탈되지 않는 상태로 상호 간에 깊숙이 연결되어져 있다.

別記 有至公故 動靜隨成 無其私故 染淨斯融
지극하게 공평하기 때문에 요동함과 고요함이 인연에 따라 이루어지고 사사로움이 없기 때문에 더러움과 깨끗함이 하나로 융해된다.

바다는 한없이 공정하고 평평하다. 공정함은 모든 물들을 차별 없이 다 받아들인다는 말이고, 평평하다는 말은 일단 바다에만 들어가면 높고 낮음이 없이 고루 평등해진다는 것이다.

그렇지만 바다는 고요하게 가만히 있지를 못한다. 언제나 움직인다. 파도 없는 바다를 본 적이 없을 것이다. 그것은 바람이 가만히 놔두지 않기 때문이다.

이 바람에 의해 바다는 두 부분으로 나뉜다. 하나는 고요한 부분이고 또 하나는 요동치는 부분이다. 겉으로는 두 부분으로 나뉜 것 같지마는 속은 서로 합하여져 있다. 현상은 파도와 심해로 구분되어져 있지만 본질은 똑같은 물로 동일한 성품을 가지고 있다. 심해는 적정한 부처의 자리를 표현하고 있고 요동하는 파도는 중생의 모습을 비유하고 있다. 하지만 부처와 중생은 달라진 것이 아니라 그 모습인 현상이 달라져 있는 것이다.

이것은 바람의 인연에 따라 고요와 요동이 달라져 있는 것처럼 마음의 인연에 따라 부처와 중생이 달라져 보이는 것이다.

허공은 부분을 취하는 것이 아니라 전체를 수용한다. 그렇기 때문에 허공 속에는 더러움과 깨끗함이 없다. 부분은 더러움과 깨끗함이 있지만 전체는 그런 것이 없다. 마치 침이 입으로부터 분리되어 밖에 떨어지면 부분이 되어 더럽지만 그 침이 입안에 있으면 입과 하나가 되어 결코 더러움이라는 것이 없는 것과 같다.

또한 내 몸과 분리된 대변은 더럽지만 내 몸과 하나로 되어 있으면 더러움과 깨끗함이 따로 없는 것과 같은 이치다.

別記 染淨融故 眞俗平等 動靜成故 昇降參差

더럽고 깨끗함이 하나로 융해되기 때문에 진속이 평등하고, 움직이고 고요함에 의해 오르고 내림이 갈라진다.

진속은 부처의 세계와 중생의 세계를 말하고 있다. 眞진은 부처의 세계라서 깨끗함을 의미하고 俗속은 중생의 세계라서 더러움을 상징하고 있다. 이 둘은 본질적으로는 같다. 결코 둘이 나눠지지 않는다. 동전의 양면이 한 동전 속에 들어 있는 것과 같다.

사람들은 부처의 세계가 이 중생세계 저 너머 어딘가에 있는 줄 안다. 그렇지 않다. 중생세계를 뒤집으면 부처세계가 나오고 부처세계를 뒤집으면 중생세계가 나온다. 이 둘은 서로 붙어 있다. 손바닥과 손등은 함께 공존한다. 어디가 보이느냐에 따라 달라져 보일 뿐이다.

현재 중생세계에 살고 있으면서 괴로움으로 죽을 것 같은 고통을 느낀다면 자기 중생을 뒤집어버리면 된다. 거기에 바로 즐거운 부처의 세계가 나타나는 것이다. 그래서 眞과 俗은 한 덩어리이지 따로 그 세계가 존재하는 것이 아니다 라고 하는 것이다.

그러나 현상의 세계는 다르다. 엄연히 부처의 세계가 있고 중생의 세계가 있다. 가만히 있던 물이 요동하여 파도가 일어난다. 물의 본래 상태는 정지이다. 정지를 벗어난 파도는 정상이 아니다. 정상이 아닌 파도는 사물을 정확히 비추지 못한다. 출렁이는 파도에 비치는 사물은 어지럽게 깨어진다. 그래서 마음의 고요함 없이는 세상을 정확히 보지 못하는 것이다.

지혜는 마음의 고요함에서 일어나고 어리석음은 요동함에서 만들어 진다. 지혜는 부처를 말하고 어리석음은 중생을 뜻한다. 심해는 부처라서 지혜를 가지고 있고 파도는 중생이라서 어리석음을 가지고 있다.

　이 둘은 본래 하나의 몸체인데 이제 두 기능으로 나뉘어져 버렸다. 중생의 고통은 어리석음으로 인해 세상을 정확히 못 보는 데서 기인한다.

　따라서 고통이 싫은 자는 어떻게든 요동하는 마음을 정지시켜야 한다. 요동하는 마음을 갖고는 절대로 안락과 평안함을 얻을 수 없다. 그 어떤 술수로 방법을 짜내어도 이 움직이는 중생의 마음으로는 안락함을 만들어 내는 지혜가 나오지 않는다. 움직임은 바로 요동이고 요동은 어리석음을 낳기 때문이다.

　원문 한자에서 差차라는 말은 어긋나 틀렸다는 말이다. 물의 본성이 정지인데 중생은 파도처럼 요동하고 있기 때문에 근원에서 갈라졌다고 한 것이다. 고통이 싫은 자는 이 요동의 상태에서 정지되는 법을 배워야 한다. 그래야 근원으로 돌아가게 되고 거기에 고통을 멈추게 하는 지혜가 나오게 된다.

別記 昇降差故 感應路通 眞俗等故 思議路絕
오르고 내리는 갈라짐 때문에 감응의 길이 열리고, 진속이 평등하기 때문에 생각과 논의의 길이 끊어져 버린다.

　물이 정지되면 평면을 이룬다. 요동을 치면 지혜의 평면이 깨어진다. 깨어지면 중생세계가 열리고 평면을 이루면 부처세계가 나타난다.

중생세계는 마음이 요동친다. 요동치면 고통이 잉태된다. 고통은 무지에서 일어난다. 무지는 모든 재앙을 부른다. 그러므로 마음이 움직이게 되면 고통의 중생세계가 만들어지는 것이다.

이 중생세계는 크게 여섯 군데로 나누어진다. 이것을 육도라고 한다. 마음이 어리석어지면 육도의 중생이 나타난다.

정지된 물이 요동치면 파도가 되고 수증기가 된다. 그러다 기체가 되어 하늘로 올라간다. 그리고는 구름이 되어 허공을 떠돌아다닌다. 그러다가 개체의 액체인 빗방울이 되거나 눈송이가 되어 땅으로 떨어진다.

땅으로 떨어진 물방울이 모여 물줄기를 이룬다. 그럴 때 기온이 영하로 내려가면 또 액체가 고체로 얼어버린다. 물은 이런 일련의 과정들을 겪으며 끊임없이 세계를 오르내린다.

이처럼 중생들도 한 마음이 요동쳐 버리면 그 본래의 모습을 바꾸어가며 중생계를 계속해서 들락거린다. 그냥 들락거림으로 끝나면 다행인데 거기에 고통이 따르고 있다. 그 고통을 보다 못해 부처가 나타나 그들을 열반인 바다의 세계로 인도하고자 한 것이다. 그것을 감응의 길이 열리어 있다고 성사는 말씀하시고 있다.

감응의 기본은 동질성이다. 쇠붙이는 자석으로 끌려간다. 그렇지만 이질성이 가로 막으면 각자 요지부동이다. 자석이 아무리 끌어당겨도 흙덩이에 묻힌 쇠붙이는 꿈쩍도 않는다.

자신이 한 개의 흙덩이라서 고통이 있다면 쇠붙이가 드러나도록 자신을 먼저 다듬어야 한다. 그렇지 않으면 자석이 어떻게 할 방법이 없다. 쇠는 자석을 따라 방향이 바뀐다는 **밀엄경**의 말씀을 새겨들을 필요가 있다.

한 방울의 액체는 곧 말라 버린다. 아무 힘이 없다. 살려면 물웅덩이로 들어가야 한다. 그곳이 수행자가 모여 있는 공동체인 상가다. 그런데 자신이 얼어 있다면 들어갈 수 없다. 살려면 자신을 먼저 녹여야 한다. 그러면 웅덩이가 액체가 된 자신을 끌어당긴다. 그때 자신이 살 수가 있다.

그런 자들이 많이 모이면 상가가 힘을 얻는다. 그때 그들은 그 웅덩이를 떠나 강물을 탄다. 강물에 들어가면 이제 마음의 근원인 바다로 들어가는 데는 아무 문제가 없다. 드디어 환원의 길에 들어서는 것이다.

차별이 있는 세계에서 큰 고통을 느꼈다면 차별이 없는 세계로 나아가야 한다. 그러면 거기에는 고통의 반대인 즐거움이 있을 수밖에 없다.

그쪽으로 나아가는 길은 언제나 열려 있다. 내가 의지만 있고 가야겠다는 발원만 있다면 나보다도 그 쪽에서 먼저 온갖 방법을 써서 나를 데려가려고 한다. 이게 바로 감응의 길이 열린다는 것이다.

마음의 본질인 세계는 범부가 상상해 그려지는 세계가 아니다. 범부가 갖고 있는 문자로써도 표현이 되질 않는다. 물론 범부의 말로도 설명할 수 없다. 역으로 말하자면 범부의 생각과 문자와 언설을 떠나 버리면 그 세계가 바로 드러나게 된다. 범부의 생각과 언어, 그리고 문자로 범부의 세계를 만들었다면 이제 그것들을 버릴 때 반대의 세계가 보인다는 것이다.

어리석은 범부는 언제나 그 세계를 언어로 설명해 달라고 한다. 그러면 자기가 상상해 보겠다는 것이다. 그리고 그 느낌을 글로써 표현하겠다고 한다. 전혀 불가능한 일이다. 범부는 범부의 세계만 그려볼 뿐 그 외의 세계는 전혀 가늠이 되지 않는다. 어린아이는 어린아이의 상상만 할 뿐 어른의 세계는 결코 상상할 수 없는 것과 마찬가지다.

부처의 세계와 중생의 세계가 한 덩어리라는 것은 대단히 수준 높은 분들만이 이해한다. 인간들은 항상 차별된 세계에 살고 있기 때문에 차별이 없는 세계를 말하면 결코 수긍이 가지 않는다. 노소가 없고 남녀가 없고 밤낮이 없는 세계에다 장단이 없고 흑백이 없으며 시비가 없는 세계를 말하면, 그런 세계가 어디 있느냐며 강하게 반문한다.

이런 세계는 범부가 알 바의 경지는 아니다. 시방에 계시는 부처님이나 보현보살 정도가 되어야 알 수 있는 세계다. 그래서 의상조사 **법성게**에서 十佛普賢大人境십불보현대인경 이라고 하였다.

別記 思議絶故 體之者乘影響而無方

생각과 논의의 길이 끊어진 자리이기 때문에 대승의 본체는 그림자와 메아리를 타고 간다고 해도 가는 방향이 없고

인간의 역사관으로 보면 석가모니 부처님은 2천5백 년 전 인도에 왕자로 태어나 출가를 하여 정각을 이루신 한 분의 성자다. 하지만 불교관으로 보면 고오타마 싣다르타는 보신부처님이 이 세상에 인간

의 모습을 갖고 태어난 화신의 부처가 된다.

그림자와 메아리를 탄다는 말에서 그림자라는 말은 석가모니 부처님의 행적을 따른다는 말이다. 모든 불자들은 누구나 할 것 없이 모두 다 부처의 행적을 따라 그분이 가신 길을 따라 가고자 한다. 그런데 막상 따라 가고자 나서면 갈 곳이 없어진다. 왜냐하면 그분은 부분에서 전체로 나아갔기 때문이다.

화신은 오고 감이 있지만 부처의 본체는 오고 감이 없다. 그래서 화신을 따라 여기서 저쪽으로 가면 여기는 부처가 부재하게 된다. 하지만 법신과 보신의 부처는 세상 천지에 가득히 계신다.

그러므로 화신불만 보고 어디서 어디로 갔다고 하면 이미 부처의 본체를 부정하는 것이다. **열반경** 말씀이다.

녹야원에서 처음 설법한 것이
이제 마지막 발제하까지 왔다.
그 사이 45년간 수많은 설법을 하였지마는
난 사실 한마디도 말한 적이 없다.

부처님은 우리에게 45년 동안 고통의 세계에서 안락의 세계로 나아가는 방법을 구구절절이 설해 주시었다. 하지만 그분은 열반에 이르러 이처럼 나는 한마디도 설한 적이 없다고 잘라 말씀하셨다. 진리의 세계는 인간의 언어로 전해질 수가 없기에 다만 그 세계를 볼 수 있는 방법만을 설해 놓았을 뿐이라는 것이다.

그분은 주지하다시피 인류사의 성자들 중에서 가장 오래 사시면서 가장 많은 말씀을 하셨다. 그런데도 그분은 마지막에 언어는 달을 가리키는 손가락 같은 것이다고 하시면서 그분의 말씀을 전부 깨끗하게 털어버리셨다. 잘못하면 후일 달은 보지 않고 손가락만 보는 어리석음을 범할까 심히 걱정해서 그렇게 말씀하신 것이다.

그래서 **금강경**에 내 말은 뗏목과도 같다고 하셨다. 일단 무슨 말씀인지 알아들었다면 그 언어는 더 이상 가지고 있을 필요가 없다. 덜 떨어진 자들이라면 그 뗏목이 고맙다고 머리에 이고 다닐 수가 있다. 하지만 그것은 이미 사용된 건전지처럼 더 이상 효능이 없다.

말의 착지점을 정확히 찾아야 한다. **여씨춘추**에 나오는 이야기이다.

아주 귀한 보검을 구해서 고향으로 돌아가는 사람이 있었다. 강을 건너는 선상에서 그것을 만지작거리다가 그만 강물에 빠뜨리고 말았다. 그는 재빨리 다른 칼로 나룻배에 그 지점을 정확히 표시하였다. 뭍에 닿으면 그것을 찾으려는 심산이었다. 그런 방식으로 그 보검을 찾으려면 억만 년을 살펴보아도 찾을 수가 없다.

한 인터넷매체 뉴스에 나온 오래전 이야기다. 세탁기를 잘 모르는 하녀에게 주인이 말했다. 빨래를 다 돌리고 난 뒤에 아이도 씻겨라. 이 한마디에 하녀는 아이를 세탁기에 집어넣고 빨래처럼 돌려 버렸다. 말의 착지점을 잘못 알아 저지른 이 하녀의 어리석은 행동은 결국 남의 사랑하는 자식까지 잃게 만들었다.

어리석은 범부는 핵심을 보라고 하면 늘 주변을 기웃거린다. 불교 속에 들어오라고 해도 지금의 보통 불자들처럼 불교의 언저리만 연속적으로 탐색한다. 부처님의 말씀 자체가 중생의 고통을 뽑고 그들에게 즐거움을 주고자 하는 데 있다고 해도 언제나 그 말씀을 연구하고 그분의 행적만 쫓아다니는 데 주력한다.

부처님은 천지에 가득하여 진정한 수행처가 이미 성지가 되는 것이라고 입이 닳도록 말씀하셨지만 곧 죽어도 그분이 태어난 장소만 성지라고 여겨 거기만 어떻게든 왕래하려고 하고 있다.

부부싸움도 마찬가지다. 원가를 지금보다 더 잘하려고 시작된 싸움이 마지막에는 서로를 상처내기 위해 싸우고 있다. 싸우고자 하는 본질은 어디로 가버리고 지엽적인 과거의 일로 서로 다투고 있다. 참 영양가 없는 싸움이다.

원효성사를 보는 시각도 예외는 아니다. 그분의 가르침을 따라 수행을 해야 하는데 언제나 그분의 모습과 언행만 연구하고 있다. 그런 연구와 시비는 평생을 노력해도 자신의 본성에는 아무 쓸모가 없다.

서울로 단체 관광을 간 시골노인들이 있었다. 안내원이 입이 닳도록 당부를 했다.

"어르신들 절대로 이 깃발로부터 눈을 떼지 마십시오. 이 깃발을 놓치는 날 고향에 돌아가지 못할 수도 있습니다."

서울 구경을 다 마치고 집에 돌아오자 막내아들이 반갑게 맞이하면서

"서울에 가서 좋은 곳 구경 많이 했습니까?"

"아니. 난 가이드가 들고 다니는 깃발만 보고 왔는데 뭘!"

그림자와 메아리를 타고 간다는 말은 부처님의 행적과 말씀을 뜻하고 있다. 여기서 중요한 것은 타고 간다는 것이다. 이 말은 그분에 의해 마음의 본질로 환원하는 것을 말하고 있다. 그저 타고 있는 것으로 그치는 것이 아니라 타고 가는 환원의 수행을 말하고 있는 것이다.

제대로 된 환원에는 방향이 없다. 그 방향은 특정 장소로 가는 것이 아니라 전체와 합일하는 방법이기 때문이다.

본질적으로 보면 깨달음이라는 것은 마음의 환원을 말하는 것이고, 그 방향과 장소는 부분이 아니라 전체가 된다는 것이다. 그래서 부처가 되면 부처가 된 분들이 모여 사는 장소가 있지 않을까 싶겠지마는 사실 그런 특정한 곳은 없다. 열반이라는 세계는 부분이 아니라 전체이기 때문이다.

別記 感應通故 祈之者超名相而有歸

감응의 길이 열리기 때문에 기원하는 자라면 이름과 모습을 초월해 돌아갈 곳이 있게 되는 것이다.

현상의 세계에서는 분명 떠나야 할 곳과 도달할 곳이 정해져 있다. 떠나야 할 곳은 이 고통의 세계고 도달해야 하는 곳은 즐거움의 세계다. 중생에게 주어진 방향은 이렇게 엄연히 정해져 있다.

그러므로 분명 그곳으로 나아가야 한다. 나아가는 자들은 영원히 살고 여기서 머무는 자들은 반드시 죽는다. 그러므로 장소를 어떻게든 옮겨야 산다.

옮기고자 하는 자들은 기원해야 한다. 기원이라는 말은 그렇게 되기를 간절히 바라는 소원을 말한다. 그런 소원을 가진 자만이 자신을 구제할 수 있다.

사람들은 중생의 삶을 더 윤택하게 살기 위해 소원 성취의 기도를 한다. 하지만 이런 기도는 백전백패다. 자신을 구제하기 위한 소원의 기도는 자신이 처한 상태에 문제가 있다는 것을 인지하고 먼저 장소를 옮기는 데 있다. 고통의 세계에서 안락의 세계로 옮겨가면 현재의 소원은 바로 해결되어지는 것이다.

안락의 세계로 가려면 우선 중생의 사고방식으로부터 벗어나야 한다. 중생의 사고와 방식은 모두 다 언어와 문자로 표현하고 있다. 하지만 실재로는 이 세상에 가히 무엇이라 이름 붙여질 대상도 없고 그런 것을 만들어 내는 관념적 주체도 없다.

이런 시각을 갖지 않고서는 이 고통의 세계를 벗어날 수 있는 기약이 서질 않는다. 그것은 허상을 보고 진짜의 실재라고 믿는 어리석음으로 단단히 묶여져 버리기 때문이다.

무엇보다도 자신을 살리려고 한다면 우선 자신을 묶고 있는 언어와 문자를 초월해야 한다. 그래야 현재의 이 범부자리를 넘어갈 수 있다.

別記 所乘影響非形非說 旣超名相何超何歸

타고 가야 할 부처님의 그림자와 소리의 울림은 형체도 아니고 말씀도 아니다. 이미 이름과 모습을 초월하였다면 무엇을 초월하고 어디로 가야 한단 말인가.

석가모니 부처님은 화현의 부처님이시다. 화현은 법신의 부처가 아니라 중생의 근기에 맞게 그 형상을 일시적으로 나타낸 방편의 모습이다.

그러므로 범부는 평생 불상과 같이 살아도 부처의 진짜 모습은 볼 수가 없다. 뭐 눈에는 뭐만 보인다고 중생의 눈에는 중생만 보이기 때문에 그 눈을 갖고서는 절대로 진짜의 부처를 볼 수가 없다. 가짜인 화현에 의해 진짜의 참 모습을 막연하게 그려보는 것이 전부일 뿐이다.

그러므로 우리가 타고 가야 할 화신의 부처님은 진짜의 모습이 아니고, 우리가 의지해야 할 부처님의 말씀은 진짜의 설법이 아니다. 그런데 그분이 남기신 형체의 그림자와 그분이 남기신 설법의 말씀이 어떻게 있을 수 있겠는가.

마음의 본질로 보면 사실 배울 것이 없다. 배울 것이 없기 때문에 가르칠 것도 없고 가르칠 분도 없다. 마음의 본질은 단 한 번도 중생이 된 적이 없기 때문에 제도 받아야 할 중생도 없고 제도될 가르침도 없고 제도하실 부처님도 없는 것이다 고 끝을 맺는다.

이것은 바로 우리 마음의 본질 문제를 최종적으로 결론 맺는 부분이다.

마음의 근원으로 돌아가는 데는 중생이 갖고 있는 이름과 모습의 묶음으로부터 벗어나야 한다고 하였다. 그런데 이름과 모습을 벗어나면 이미 해탈이 된 것인데, 또 무엇을 초월해야 하고 또 어떤 해탈 세계가 있어서 그쪽으로 나아가야 한단 말인가로 귀납한다.

현상의 세계에서는 분명 중생이 있고 부처가 있다. 그 중생을 가르쳐야 하는 법문의 말씀도 있다. 누구든지 고통이 싫고 즐거움이 좋다면 그 피어린 부처님의 말씀을 따라 수행해서 안락의 세계로 나아가야 한다.

하지만 본질로 보면 안락의 세계는 이 세상 저 너머 어딘가가 아니다. 여기 이 중생의 세계에서 그들이 집착하고 있는 이름과 모습만 털어버리면 바로 여기가 그대로 안락의 세계가 되는 것이지 따로 어디에 부처의 세계가 있고 안락의 세계가 있는 것은 아니다라는 것이다.

別記 是謂無理之至理 不然之大然也

이것을 일러 거기에 이치가 없는 것 같지마는 지극한 이치가 있고 그렇지 않는 것 같지마는 거기에 크게 그러한 것이 있다고 하는 것이다.

본질로 보았을 때는 나는 부처다. 한 번도 중생이 된 적이 없다. 나는 언제나 열반에 머물고 있다. 하늘의 해는 늘 그 자리에 있다. 조금도 움직이지 않는다. 움직이는 것은 지구며 나다. 그런데도 해를 보고 떴다느니 빠졌다느니 한다. 해는 한 번도 뜬 적도 없고 빠진 적도 없다. 그냥 그대로 가만히 있으면서 한결같이 빛을 쏟아내고 있다.

진짜인 나 역시 언제나 그 자리에 있다. 아무리 꿈속을 헤집고 다녀도 나는 내 침대 위를 벗어나지 않는다. 꿈속을 누비고 다니는 자는 나의 도깨비다. 나는 여기 있는데 그는 온 천지를 돌아다닌다. 언뜻 보면 두 명의 나 같지마는 나는 단연코 나 혼자다. 그는 가짜다. 내가 아니다.

나는 중생이 된 적이 없다. 그러므로 중생과 나를 반대개념으로 두면 안 된다. 중생은 나에 의해 나타난 환영이다. 마치 거울에 비친 영상처럼 그 실체가 없다. 그것은 출렁이는 물에 비친 깨어진 해 조각과도 같다. 해는 멀쩡한데 요동치는 물속의 해는 다 깨어져 보이는 것이다.

본질적으로 보면 나는 한 번도 중생이 된 적이 없다. 언제나 밝은 해처럼 지혜의 빛을 발하면서 천지를 비추고 있다.

이해하기 힘들 것이다. 분명히 현재의 나는 육도 속을 유랑하는 죄 많은 중생인데도 진짜인 나는 단 한 번도 중생이 된 적이 없다고 하니 도저히 믿기지 않을 것이다. 어디를 봐도 그것은 이치적으로 그럴 수 없다고 할 것이다. 그래서 원효성사가

- 거기에 이치가 없는 것 같지마는 엄청난 이치가 들어 있다 -

고 하신 것이다.

나의 원래 마음은 백옥처럼 매끄럽고 깨끗하다. 빛나는 보석같이 영롱하고 아름답다. 그것이 원래의 내 마음이다. 하지만 그것이 나의 무지에 의해서 오염되어져 버렸다. 내 자신이 내가 진짜 보석인 줄 모르고 이 사바의 똥통에 던져 넣어 버렸기 때문이다. 그러자 가짜인 내가 진짜의 내 자리를 차지해 버렸다. 그래서 나의 마음은 더럽고 지저분한 상태로 가짜의 나에 의해 하염없이 끌려 다니고 있는 신세가 되어 버린 것이다.

그러므로 내가 가장 우선적으로 해야 할 일은 가짜에 잡혀 개고생

하고 있는 나를 풀어주는 것이다. 그것이 내가 당연히 해야 하는 자유를 향한 몸부림이다. 그 결과는 해탈이 되는 것이다.

중생이 부처가 되면 나고 죽는 고통의 굴레를 벗어나 생사가 떨어진 자유로운 삶을 영원히 살 수가 있다. 이게 어떻게 가능한 일인가. 전혀 불가능할 것 같다.

그래서 이제까지 고통으로부터 벗어나는 방법을 가르치는 소리가 아주 쓸데없는 말장난으로 들릴 수도 있을 것이다. 하지만 그렇지 않다. 그 속에는 엄청난 그러함이 들어 있다. 그러함은 절대불변의 본질로 회귀하는 것을 말한다.

중생은 부처가 되어야 한다. 그것이 중생이 평안하게 살아갈 수 있는 궁극적인 목표다. 이것 외에는 중생이 안락하게 살아갈 수 있는 방법이 없다.

중생세계에서 육신이 안락하려면 그만큼 정신적인 번민이 많아진다. 사람들은 정신적인 것이야 어떻든 밖으로 표시가 나지 않으므로 상관하지 않는다. 오로지 육신의 평안만 추구한다. 그것으로 만족한다.

하지만 그 내면의 정신인 마음은 육신 때문에 상처투성이로 살아간다. 차마 바라볼 수가 없을 정도로 참혹하고 흉물스럽기까지 하다. 오만가지 흉터에다 계속되는 상처자국으로 너덜너덜한 붕대를 감고 있지만 육신이 그것을 쉽게 내보여주지 않는다. 보여주면 육신보다 마음에 더 애잔한 정을 느껴 자신을 버릴 것 같기에 아예 육신이 그 마음을 교묘하게 막아버리고 있다.

이 말에 동의하지 않을 것이다. 믿어지지 않을 것이다. 믿어지지 않기 때문에 범부가 아직도 고통을 끌어안고 죽음의 세계로 꾸역꾸역 나아가고 있는 것이다. 믿는다면 누가 자기의 아까운 생명을 죽여가면서까지 그 길로 대책 없이 나아가고만 있겠는가. 그래서 성사가

- 그런 것 같지 않지마는 크게 당연히 그런 것 -

이 이 속에 있다고 말씀하신 것이다.
쇼팬하우어는 공증이 되는 모든 진리는 세 가지 과정을 거친다고 했다. 첫째는 조롱당하고, 둘째는 심한 반대에 부딪히고, 세 번째는 자명한 것으로 인정받는다고 했다. 그러니 어떻게 범부가 이 논리를 조롱하지 않겠는가.
사람들은 육신이 어떤 힘에 묶여 핍박받으면 엄청난 힘으로 저항한다. 하지만 자기 마음이 무엇에게 잡혀서 자유를 누리지 못하고 있다고 하면 쉽게 받아들이지 않으려고 한다.
마음대로 다니고 자유롭게 생각하는 내 자신이 무엇인가에 묶여 있다는 것을 인정하고 싶지 않은 것이다. 인정하면 그때부터 육신이 아닌 마음을 주인으로 삼아 살아가야 하기 때문이다.
그러므로 누가 진정으로 자기 자신에 대해 지대한 관심을 기울인단 말인가. 솔직히 그런 범부는 아무도 없다.

이제까지 **별기**에서 말씀하신 마음의 본질과 현상을 따로 나눠보면 다음과 같다.

대승 曠=텅빔. 본질 = 1. 其若太虛而無其私焉
      거대한 허공과 같아 사사로움이 없다.
    2. 無其私故染淨斯融
      사사로움이 없기 때문에 더럽고 깨끗함이 없다.
    3. 染淨融故眞俗平等
      더럽고 깨끗함이 융합하기 때문에 부처세계와 중생세계가 같다.
    4. 眞俗等故思議路絶
      부처세계와 중생세계가 같기 때문에 범부의 생각과 논의의 길이 끊어진다.
    5. 思議絶故體之者乘影響而無方
      범부의 생각과 논의의 길이 끊어지기 때문에 대승의 본체는 그림자와 말씀을 타고 올라간다고 해도 나아갈 방향이 없다.
    6. 乘影響非形非說
      그림자와 말씀을 탄다고 해도 그것은 거짓 형상이고 거짓 말씀이다.
    7. 是謂無理之至理
      이것을 일러 이치가 없는 것 같지마는 거기에 지극한 이치가 있다고 하는 것이다.

대승 蕩=넓음. 현상 = A. 其若巨海而有至公故
거대한 바다와 같아서 지극히 공평하다.

B. 有至公故動靜隨成
지극히 공평하기 때문에 요동과 적정이 인연에 따라 이루어진다.

C. 動靜成故昇降參差
요동과 적정이 인연에 따라 이루어지기 때문에 오르고 내림에 간격이 벌어진다.

D. 昇降差故感應路通
오르고 내림에 간격이 벌어지기 때문에 감응의 길이 열린다.

E. 感應通故祈之者超名相而有歸
감응의 길이 열리기 때문에 기원하는 자가 있다면 이름과 모습을 초월해 돌아가는 곳이 있다.

F. 超名相何超何歸
이름과 모습을 초월한다면 다시 무엇을 초월하고 어디로 돌아간 단 말인가.

G. 是謂不然之大然
이것을 일러 그렇지 않을 것 같지마는 거기에 크게 그러한 것이 들어 있다고 하는 것이다.

海東疏 自非杜口大士 目擊丈夫 誰能論大乘於離言 起深信於絕慮者哉

자신이 두구대사와 목격장부가 아니라면 누가 능히 언설을 떠난 대승을 말하고, 사려가 끊어진 대승에 대해 깊은 믿음을 일으킬 수 있단 말인가.

杜口두구라는 말은 입을 닫는다는 뜻이다. 杜자는 막을 두자이다. 두문불출이라고 할 때 이 杜자를 쓴다. 두구대사는 유마거사를 말한다. 대사라는 호칭은 보살의 이칭이다. 이 호칭을 붙인 걸로 보아 원효성사도 그분을 보살로 보셨다는 말이다.

유마거사는 부처님 당시에 아주 유명한 대승의 수행자였다. 출가 교단을 중심으로 승가를 꾸려가던 부처님께서 이 독특한 일반 수행자를 보고 얼마나 속으로 기뻐하셨는지 모른다.

이분은 겉으로 보기에는 일반인이다. 머리도 길게 기르고 처자식도 있다. 바짝 마른 육신에다 흰옷을 입고 꾸불꾸불하게 생긴 지팡이를 짚고 다녔다. 볼품은 없지만 그의 수행은 이미 소승 아라한을 훨씬 뛰어 넘어 있었다.

범상치 않는 인물이라는 소문은 비야리성에 무성하였지마는 아무도 직접 그의 경지를 시험한 적은 없었다. 왠지 모르게 그분만 보면 소승 수행자는 지레 겁을 먹거나 미리 주눅이 들곤 하였기 때문이었다. 그만큼 그가 가진 비범한 법력은 입소문을 타고 북부 인도 천지에 퍼져 나가고 있었다.

하루는 부처님의 컨디션이 썩 좋아 보이지를 않았다. 새벽마다 문안을 드리는 부처님이 오늘 따라 중생교화로 피로가 쌓였는지 대단히 힘들어 보였다.

부처님을 모시고 있는 시자의 입장에서 따뜻한 우유 한잔이라도 드시면 참 좋겠다는 생각을 한 아난존자는 부처님의 발우를 들고 이웃에 있는 목장을 향해 바쁜 걸음을 옮기고 있었다.

어스름한 새벽 저 멀리서 어떤 늙은이가 흰수염을 만지작거리면서 터덜터덜 걸어오고 있었다. 가까이 다가오자 그가 바로 유명한 유마거사라는 것을 직감하였다. 아난존자는 공손히 합장을 하고 한쪽으로 비켜섰다. 그런데도 유마거사는 그냥 지나치지 않고

"존자여. 이 새벽에 어디를 그리 급하게 가십니까?"
"부처님이 좀 아프셔서 목장에 우유를 얻으러 갑니다."
"뭐요?! 지금 뭐라 했소?"

얼떨결에 솔직한 대답을 한 아난존자를 향해 그는 아주 못마땅한 듯 따지듯이 되물었다. 그리고는

"존자여. 부처님의 몸은 금강불괴신이오. 바로 진리의 몸인 제일의신이란 말이오. 어디에 감히 아프다는 말씀을 함부로 내뱉는단 말이오. 누가 들을까 겁나오. 빨리 수도원으로 돌아가시오."

당장 돌아가지 않으면 지팡이로 사정없이 두들겨 맞을 것 같은 기세에 눌려 아난존자는 빈 발우를 들고 황급히 돌아서야 했다. 유마거

사는 아난존자에게 소승에서 미처 배우지 못한 부처의 본질을 깨우쳐 주고자 하신 것이다.

그렇지만 아난존자는 아직 근기가 미숙하여 그 가르침을 받아들일 그릇이 되지 못하였다. 그래서 억울하고 야속한 마음이 쉽게 누그러지지 않아 돌아오는 내내 분노와 원망의 눈물을 하염없이 흘려야만 했다.

풀죽은 모습에다 슬픔이 가득 찬 그의 표정을 보신 부처님께서 왜 그러냐고 자상하게 물으셨다. 그는 유마거사에게 당한 모욕과 봉변을 부모에게 일러바치는 어린아이처럼 있는 그대로 다 고해 바쳤다. 그러자 부처님께서는 혼잣말로

"유마가 참으로 자비로운 사람이구만."

하시면서 아난존자의 등을 자애롭게 두드려 주셨다. 이런 일이 있고 난 뒤부터 소승의 수행자들은 더욱 더 유마거사를 만나기 꺼려하였다.

그런 어느 날 유마거사가 병이 나서 몸져 누워 있다는 소문이 제타바나수도원으로 들려왔다. 부처님은 사실 확인을 하시고 난 뒤에 병문안을 보낼 제자를 고르시기 시작하였다.

누가 대중을 대표해서 가겠느냐고 물어도 모두 다 뒷걸음을 치면서 손사래를 쳤다. 지원자가 한 사람도 나타나지 않자 처음부터 이 광경을 지켜보고 있던 문수보살이 드디어 앞으로 나섰다. 더 이상 부처님을 실망시킬 수 없는 일이라 여겨 당신이 직접 병문안을 다녀

와야 되겠다고 생각하였던 것이다.

문수보살은 대승의 수행자이며 지혜제일의 상징이다. 그런 보살이 직접 가겠다고 하니 부처님도 마음이 놓이셨는지 특별한 말씀은 하지 않고 그냥 잘 다녀오라고만 하셨다.

부처님의 부촉을 받은 문수보살은 대승보살들 32명을 데리고 비야리성 외곽에 있는 그의 집을 찾아 나섰다. 막상 찾고 보니 듣던 명성하고는 아주 다르게 누추하고 작은 오두막집에 기거하고 있었다. 인기척을 하고 방안으로 들어가니 유마거사가 아픈 몸을 일으키며 예경으로 맞아 주었다.

"집이 참 좁습니다."
"좁다고 느끼는 것은 안과 밖을 구별하기 때문입니다."

문수보살은 현상을 말했는데 유마거사는 본질로 대꾸하였다. 다시 문수보살이 물었다.

"듣자하니 크게 깨달았다고 하던데, 깨달은 자도 아픕니까?"
"중생이 아프니 내가 아픕니다."

역시 현상을 물었는데 대답은 본질이었다. 현상은 개인이고 본질은 전체다. 소승은 현상을 상대한 수행이고 대승은 본질로 환원하는 수행이다. 만약에 문수보살이 본질에 대해 물었다면 유마거사는 현상으로 답했을 것이다. 문수보살이 이번에는 본질을 들어 다시 물었다.

"상대적 차별이 없어진 그 세계는 어떤 세계입니까?"
"……"

문수보살의 날카로운 질문이다. 지혜제일인 문수보살의 역공이다. 십지보살의 번뜩이는 한 수다. 대중들이 침을 삼키며 유마거사의 입만 바라보고 있다. 어떤 즉답이 나올까 숨을 죽이고 다음 말을 기다리고 있다. 그런데 이게 웬일인가. 그렇게도 잘 받아치던 유마거사가 갑자기 입을 조개처럼 닫아버린 것이다.

중생세계는 모두 다 상대적 차별로 존재한다. 상대가 없다면 차별이 없다. 차별이 없는 세계는 어떠한 세계인가. 이것을 不二法門이라고 한다. 선종의 큰 사찰 입구에 不二門이 있는 이유가 여기에 있다. 그곳은 본질의 세계를 말하고 있고, 그곳의 수행자는 본질을 참구하기 때문이다.

유마거사는 중생세계의 모든 시비와 차별을 일으키는 입을 굳게 닫아버린 것이다. 그 표현으로 문수보살의 날카로운 질문에 기가 막히게 잘 응대한 것이다.

이것보다 더 완벽한 대답이 세상천지에 또 어디 있을까. 그때부터 사람들은 유마거사를 보고 입을 닫아버린 분이라는 뜻으로 杜口大士라고 부르기 시작했던 것이다.

목격장부라는 말은 **장자**에 나오는 이야기이다. 목격이라는 말은 눈이 마주친다는 뜻이다. 그러니까 눈만 마주쳐도 서로의 마음이 전달될 수 있는 장부들이라는 뜻이다.

공자와 같은 시대에 온설백자라는 유명한 선생이 있었다. 도덕과 덕망을 고루 갖춘 군자 중에 군자라고 온 세상에 칭찬이 자자하였다.

그 소문을 듣고 공자는 내심으로 온설백자를 깊이 흠모하기 시작하였다. 시와 경서에 능하고 천문과 음악에 밝은 그를 만나면 진지하게 하늘의 도를 논하고 사람의 인의를 평할 수 있다고 생각하였던 것이다.

그러던 어느 날 우연히 온백설자가 머무르고 있는 장소를 지나가게 되었다. 공자와 제자들은 곧 온백설자를 만난다는 기쁜 마음으로 느리게만 느껴지는 수레를 바삐 재촉하고 있었다.

저 멀리 온백설자가 나무 밑에서 쉬고 있는 모습이 보였다. 자로는 있는 힘을 다해 공자가 탄 수레를 빠르게 몰아 그쪽으로 다가갔다.

그런데 스승이 마차를 세우지 아니하였다. 그냥 그의 옆을 스쳐 지나가도록 내버려 두는 것이 아닌가. 자로와 일행은 알 수 없는 일이라 여기면서 자기들의 갈 길을 가야만 했다.

얼마간의 거리를 지나자 조그마한 시내가 나타났다. 공자는 제자들에게 여기서 잠시 쉬어가는 것이 좋겠다고 했다. 자로는 수레를 멈추고 공자를 향해 쉽게 풀리지 않은 혼자만의 그 의문에 대해 공손히 여쭈었다.

"스승님. 그렇게 뵙고 싶어 하던 온백설자가 아닙니까? 그런데 왜 그냥 지나치셨습니까?"

"그냥 지나치지 않았다."

"그냥 왔잖습니까?"

"도인은 눈만 마주쳐도 이미 하고 싶은 말은 다 한 거야."

마음이 엉성한 범부들이 언어를 빌려서 서로의 마음을 주고받는다. 하지만 군자들은 그저 눈만 껌뻑해도 상대의 의중을 다 파악한다. 부처님의 삼처전심이 그렇고 조사들의 심지전법이 모두 그런 것이다.

그처럼 소인들이나 복잡하게 자기의 생각을 언어로 다듬어 상대에게 전달하려 애쓰는 것이지 대인들은 그런 언어 없이도 자기의 내면을 걸림 없이 주고받고 하는 것이다.

남녀 간의 사랑도 마음과 마음이 통하지 않고 복잡한 언어로써 이어가려면 얼마 가지 않아 반드시 깨어지고 만다. 자기 속마음이다고 하면서 계속해서 진짜다 진짜다 라고 말한다면 일단 경계해야 한다. 거기에는 진짜 아닌 다른 마음이 진짜처럼 숨어 있을 수 있는 확률이 대단히 크기 때문이다.

그래서 옛날 사람들은 사랑한다는 말 한마디 없이 평생을 사랑하면서 살았고, 그에 반해 요즘 사람들은 입만 벌리면 사랑한다고 사랑타령을 그렇게 해도 얼마 못가 쉽게 헤어지는 이유가 여기에 있다.

범부들의 사랑! 이것만큼 연약하고 깨어지기 쉬운 것이 또 있을까. 하늘을 걸고 맹세해도 단 한마디에 박살나고 바다를 두고 맹서해도 단 한 기분에 절단나는 것이 범부의 사랑이다.

그만큼 범부들의 사랑은 내면의 순수를 강조하면서도 철저히 이해관계로 위태하게 지탱하고 있다.

역사 이래로 어리석은 범부들에게 나타난 초특급의 사랑사기꾼들이 있다. 바로 사랑을 모태로 한 신들이다.

　인간의 사랑에 속은 사람들은 자신들을 끝까지 버리지 않을 것 같은 신과의 사랑을 꿈꾸었다. 신은 이런 자들을 낚아챘다. 자기를 믿으라고, 자기는 질투가 많으니까 다른 자들은 믿지 말고 오로지 자기만 사랑하라고, 뒤는 걱정 말고 자기만 전적으로 믿으라고, 난 너희들을 사랑하고 있으니까 나만 믿으면 된다고 시처를 가리지 않고 유혹했다.

　이 달콤한 말에 얼마나 많은 중생들이 마지막에 피눈물을 흘렸었던가. 무지하고 순진한 범부들을 향해 사랑을 호도하는 그들의 달콤한 유혹은 신물이 날 정도로 추악하였다. 그들은 중생계를 속임수 사랑으로 엄청난 도탄에 빠뜨렸다. 거기다가 구원하러 오겠다는 거짓말로 자기를 따르던 불쌍한 영혼들을 차가운 무덤 속으로 차곡차곡 순서대로 밀어 넣었다. 그 영혼들은 천년을 하루같이 외롭고 어두운 땅 속에서 들리지도 않을 부활의 나팔소리만 죽어라 기다리고 있다.

　이런 가짜 사랑에 속은 그들이 불쌍하고 가련했다. 거짓 약속을 철석처럼 믿고 눈이 빠지게 구원자를 기다리는 그들의 어리석음에 부처는 움직였다. 대책 없이 저질러 놓은 신들의 가짜 언약에 모든 것을 바친 그 여린 영혼들의 철부지 사랑을 더 이상 좌시할 수 없어서 보신부처님은 화신의 옷을 입으시고 석가모니불이라는 이름으로 이 사바세계에 오시게 된 것이다.

　부처님은 상처 입은 그들을 자비로 치유하시면서 신들을 앞세운 저자들은 사랑사기꾼이니 앞으로는 조심하고 또 조심해야 한다고 거듭거듭 말씀하셨다.

45년간이나 부처님은 자나 깨나 저자들의 말을 믿으면 안 된다고 그렇게도 강력하게 경고하고 주의를 주었건만, 복이 없고 독립심이 결여된 어리석은 중생들은 아직도 그들이 내세우는 구원의 사랑을 버리지 못하고 그들에게 자신의 모든 것을 의존하고 있다.

자신이 자신의 최대 구원자이고 자신이 자신의 진정한 메시아인데도 어리석은 중생들은 그런 자신을 내버려두고 가짜 선지자들을 믿고 그들의 내세운 가짜의 사랑 신에게 절대적으로 복종하는 삶을 불쌍하게 살아가고 있는 것이다.

부처님이 다른 그 누구도 믿지 말고 나를 믿으라고 했다면 그 저의가 의심스러울 수도 있겠지마는 그분은 나조차도 믿지 말고 그대 자신만을 믿으라고 하셨지 않는가. 그대를 구해줄 자는 오로지 그대뿐이니 그대에게 자신을 맡기라고 하신 것이다.

성사는 위에서 언급하신 두구대사나 목격장부 정도가 아니라면 누가 자기 육신 속에 들어 있는 자신의 진짜 구원자에 대해 관심을 가지겠느냐고 하신 것이다.

자기의 진짜마음이 내면 깊숙한 곳에서 줄기차게 자신을 좀 살려내라고 발버둥치고 있다는 사실을 누가 알고 누가 그것을 믿겠는가 하는 것이다.

자신의 최고 후원자는 자신이고 자신의 최고 의지처는 바로 자신이라는 사실에 대해 범부 어느 누가 그것을 받아들이겠느냐 하는 것이다. 그 마음은 언어를 떠나고 생각으로부터 벗어나 있기 때문에 언어와 생각으로 모든 것을 재단하는 범부로서는 죽어도 이해가 되지 않는 것이다.

그래서 범부들에게는 자기의 진짜마음보다 바깥에서 유혹하고 있는 신이 더 위대해 보이고 더 권세가 있다고 여겨지는 것이다. 그래서 매양 자신이 그런 신보다도 더 뒤편이고 더 후순위가 되고 있는 것이다.

[海東疏] 所以馬鳴菩薩 無緣大悲 傷彼無明妄風 動深海而易漂 愍此本覺眞性 睡長夢而難悟

그래서 마명보살이 무연대비로 중생을 보았을 때, 어리석음의 망령된 바람 때문에 깊은 마음의 세계가 움직여 육도로 표류하고 있는 중생이 가슴을 아프게 하였던 것이다. 즉 본각의 진성이 장몽에 깊이 빠져 깨어나기가 어렵다는 것을 불쌍하게 보신 것이다.

연극 무대에 올라가면 주어진 역할에 따라 갖가지 의상을 바꿔 입는다. 범부는 중생세계의 커다란 무대에 올라선 임시 배우들과 같다. 그러므로 지옥에 가면 지옥의 몸을 입고 짐승이 되면 짐승의 몸을 입는다. 인간이 되면 인간의 몸을 입고 천상에 올라가면 천인의 몸을 걸친다. 이렇게 중생계를 무한하게 돌며 몸을 바꾸는 삶을 윤회라고 한다.

돈이 있고 권력이 있는 연기자는 PD가 함부로 하지 못한다. 그렇지만 돈이 없고 힘이 없는 연기자는 PD에 의해 움직일 수밖에 없다. 역할을 선택하는 자유가 없는 것이다. 복이 있고 지혜가 있는 범부는 죄업이 멈칫거리지마는 그렇지 않은 경우는 사정없이 복종하라고 매몰차게 굴복시킨다.

범부는 어쩔 수 없이 따라야 한다. 살려고 하면 머뭇거려서는 안 된다. 죄업이 시키면 순한 양처럼 굴복해야 한다. 울어라 하면 울고 웃어라 하면 웃어야 한다. 죽어라 하면 죽어야 하고 살아라 하면 살아야 한다.

범부 자신의 의향에 따라 울고 웃는 것이 아니다. 그런데도 어리석은 범부들은 자기자신이 자신의 삶을 만들어 간다고 생각한다. 아니다. 그렇다면 울 일도 없고 괴로워할 일도 없다. 자신은 그저 죄업의 연출자에 의해 움직이는 단순한 연기자일 뿐이다. 아무것도 자기 의지대로 할 수가 없다.

이런 슬픈 삶을 살아가는 중생들을 마명보살이 더 이상 가만히 두고 볼 수가 없어 어쩔 수 없이 몸소 중생세계에 뛰어들어 그들을 각성시키고자 하셨던 것이다.

범부는 자신이 꿈속의 무대 위에 서 있는 줄을 알지 못한다. 그곳이 자기의 집이고 자기의 삶이라고 생각한다. 거기는 집이 아니고 그 움직임은 각본에 의한 가짜의 삶이지만 범부는 모른다. 꿈속을 헤매는 자는 자기가 꿈속에 있다는 것을 알지 못한다. 꿈을 깨봐야 자기가 꿈속에 있었다는 것을 알 수 있는 것과 마찬가지다.

범부는 어젯밤에 꾼 꿈은 가짜라는 것을 안다. 하지만 자기가 지금 긴 꿈속에 들어 있다는 것은 모른다. 긴 꿈속에서 짧은 꿈을 꾼 것이다. 짧은 꿈이 가짜라면 지금의 삶도 가짜라는 것을 알아야 한다. 지금 내 주위에 만들어 진 모든 환경과 물상들은 모두 다 꿈속의 세트들이다. 가족도 사회도 직위도 깨고 나면 모두 다 없어져 버린다. 그러나 지금은 그것을 모른다.

구태여 힘들게 깨어나야 할 필요가 뭐 있겠는가 하면서 그냥 살수도 있다. 하지만 분명한 것은 어젯밤 가위에 눌린 꿈을 꾸었다고 했을 때 그 고통을 없애는 방법은 깨어남에 있었다.

중생세계의 삶이 고통에 짓눌리어 있다면, 이 삶에서 깨어나면 모든 것이 해결되는 것이다. 그것이 바로 자유고 해탈이다.

그런데도 범부는 이 삶에서 깨어나려고 하지 않는다. 계속 언급하고 있지만 범부는 이 삶이 실재의 삶이지 꿈속의 삶이 아니라는 것이다. 그래서 깨어나야 되겠다는 생각은커녕 깨어나야 할 당위를 느끼지 못하고 있는 것이다.

그래서 범부는 불쌍한 존재다. 뭐가 뭔지 모르고 그냥 산다. 닭장에 갇힌 닭은 자기가 갇혀 있다고 생각하지 않는다. 그냥 거기가 자기 삶의 터전이라고 여긴다. 사람도 마찬가지다. 자기가 지금 죄업에 묶여 있어도 자기가 그런 상태라고 생각하지 않는다.

그래서 고통을 받아도 그 고통이 당연한 것인 줄 알고 대충 타협하면서 쉽게 받아들이고 있다. 하도 많이 고통을 받아오다 보니 고통이 만성이 되어 어지간한 고통은 고통 축에도 들지 못할 정도가 되었다. 그토록 자기의 처지가 상당히 심각한데도 그 고통을 겁내지 않으니 꿈속에서 깨어나야 되겠다는 필요성을 처절히 깨닫지 못하고 있는 것이다. 그러면 어쩔 것인가. 고통을 안고 살아가야지 뭐 별 수가 있겠는가.

돈이 없으면 육신이 고생해도 그 고통을 감수해야 한다. 하지만 돈 있는 사람은 결코 고생을 하지 않으려 한다. 마찬가지로 복 없는 사람은 마음이 고통을 받아도 으레 그러려니 하지만 복 있는 사람들은 어떻게든 그 고통으로부터 벗어나고자 한다.

이런 사람들은 쓸데없는 고통을 왜 일부러 사서 받느냐고 한다. 그래서 그것으로부터 벗어나야겠다는 마음을 확실히 가지고 있다. 이런 사람들이야말로 불교 속으로 들어와 그 고통으로부터 해탈하는 방법을 목숨을 걸고 배우는 것이다.

그래서 불교는 진정으로 고통을 싫어하고 영원한 즐거움을 구하고자 하는 자들에게 주어진 특별한 가르침이다. 그 가르침을 받을 자들은 이제 제대로 마명보살의 자비로운 품속으로 들어가게 되는 것이다.

海東疏 於是同體智力 堪造此論 贊述如來深經奧義 欲使爲學者 暫開一軸 徧探三藏之旨

그래서 그분은 동체대비와 지혜의 힘으로 이 기신론을 지으셨던 것이다. 이 책은 부처님이 설하신 경전의 심오한 뜻들을 뽑아 지었으므로 불교를 배우고자 하는 자들은 잠시라도 이 한 권을 펼쳐들 때 삼장의 요지를 두루 탐구할 수 있다.

십지보살 이상은 동체대비를 실천한다. 이렇게 하는 데는 반드시 지혜의 힘이 필요하다. 성사께서 뒤에 십지보살의 역할을 설명하실 때 이 부분을 그대로 언급하시는 것을 볼 수 있다.

그러므로 마명보살은 누가 뭐래도 십지보살이다. 십지보살은 관세음보살이나 대세지보살과 같은 급이다. 단지 계위가 그분들보다 약간 아래에 있을 뿐 정말 대단한 보살 중에 보살임에는 틀림이 없다. 앞에서도 말했었지만 마명보살은 불교 법맥상 첫 번째 보살로 나타난 분이시다. 부처님께서 그분이 갖고 있던 불조혜명을 가섭존자에게 전수하셨다. 그로부터 부처님의 법맥은 존자들에게서 존자들로 이어져 갔다. 그분들이 바로 아라한들이다.

그러다가 12대에 이르러 마명보살이 11대의 부나나사존자로부터 그 법맥을 이어받는다. 그때부터 마명보살과 함께 대승불교가 나타나게 된 것이다.

마명보살이 전수한 대승불교 법맥은 28대인 달마대사까지 이어진다. 달마대사는 이 법을 갖고 중국에 와서 독특한 선종수행법인 조사불교를 탄생시켰다. 이 조사불교가 바로 한국불교의 중추가 되는 선종의 가르침이다. 그래서 한국불교는 소승과 대승에 이어 조사불교까지 가지는 원융불교의 모습을 띠고 있다.

어쨌거나 마명보살은 부처님의 45년 설법을 엮은 모든 경전과 계율, 그리고 논서를 총망라하는 책을 한 권 쓰셨다. 그 책 이름이 바로 **대승기신론**이다. 성사는 이 **기신론**을 찬탄하시면서 마명보살이 일체 경전의 심오한 뜻들을 하나도 빠뜨리지 않고 그 정수만을 뽑아 이 **기신론**을 쓰셨다고 하셨다.

거기에 덧붙여서 이것이야말로 마명보살의 신묘한 글재주가 아닌가 하시면서 그분의 글과 편집에 이어 구성 재주까지 격찬해 마지 않으셨다.

그래서 누구든지 이 **기신론**을 공부하게 되면 삼장의 요의를 두루 파악할 수 있다고 하셨다. 삼장은 경전과 율장, 그리고 일체의 논서를 말한다. 성사는 이 **기신론** 한 권만 제대로 공부하면 방대하고 난해한 모든 삼장의 요지를 정확히 파악할 수 있다고 하셨다.

> **海東疏** 爲道者 永息萬境 遂還一心之原

도를 깨우치고자 하는 자들은 영원히 오만가지의 번뇌를 쉬고 일심의 근원으로 돌아갈 수가 있게 되는 것이다.

경전을 탐구하는 것뿐만 아니라 참선을 하고 싶은 자들이라면 이 기신론이 제시하는 수행법을 따라 그대로 수행하면 일체의 번뇌를 끊고 드디어 깨달음을 얻을 수 있다고 성사는 이 책을 간곡히 추천하시고 있다.

진정으로 참선을 하고 싶은가. 그렇다면 이 **기신론**이 이끄는 대로 실천하면 된다. 그러면 모든 경계를 쉬고 마음의 근원으로 돌아갈 수가 있다. 이것은 내 말이 아니고 원효성사께서 분명히 말씀하신 것이다.

그렇다면 이 **기신론** 속에는 어떠어떠한 경전과 논장이 들어 있기에 성사가 이렇게도 이 부분에 대한 확신을 가지고 우리들에게 이 논서를 주저없이 추천해 주시는지 다음 글을 한번 읽어보도록 하자.

> **別記** 其爲論也 無所不立 無所不破 如中觀論 十二門論等 徧破諸執 亦破於破 而不還許能破所破 是爲往而 不徧論也

기신론은 세우지 아니함이 없고 부수지 아니함이 없다. 중관론과 십이문론 같은 논서들은 모든 집착을 완벽하게 부수어 버리고 있다. 그뿐이 아니라 그렇게 부수었다는 생각까지도 다 부수어 버리고 있다. 이런 논서들은 또 다시 부수었다는 주체적 사고와 부서졌다는 객체적 사고까지도 허용치 않고 있다. 그러므로 이런 논서들을 평하자면 한 쪽으로

만 보는 가르침이라서 전체에 두루하지 않는 논서라고 말할 수 있다.

　세우지 아니함이 없다는 것은 일심의 이론을 내세운 논서들을 말한다. 이런 논서들은 모두 다 일심이 있다는 전제하에 그것을 이론과 논리로 전개하고 귀결하는 방법을 쓰고 있다.
　부수지 아니함이 없는 논서들이라는 것은 일심이라는 것은 원래 없는 것이다. 그것은 空이다. 그러므로 중생의 일심에 이론과 논리를 적용시킨다는 것은 있을 수 없다고 한다.
　이것들을 증명시키고자 성사는 일심의 有無를 대표하는 논서들을 끌어오셨다. 먼저 실상계통의 논서들을 언급하셨다. 그것은 바로 **중관론**과 **십이문론**이다. 이것들은 용수보살이 지은 空사상의 대표적 저술들이다.
　용수보살은 空사상을 천양한 空의 거두이다. 모든 물상은 원래 그 체성이 없다. 모두가 다 인연으로 잠시 그 모습을 나타내다 사라질 뿐 실재라는 것은 없다. 그것은 마치 흰 구름과 같다. 구름은 원래 없다. 있는 것 같이 우선 착시를 주지만 그 속에 실상 그 자체는 없는 것이다 고 하는 이론이다. 즉 철저히 본질만을 기준으로 하는 논리이다.
　다른 말로 하자면 TV 속에 산하대지가 있지만 그것은 가짜다. 누가 거기다가 산하대지의 프로그램을 집어넣었기 때문에 시각적으로 사실인 것처럼 보일 뿐이지 실재로는 그것들이 있는 것이 아니다. 이 세상도 마찬가지다. 눈에 보이는 이 세상은 모두가 다 환영이고 펜텀이다 고 하는 논리다.

그렇기 때문에 꺼진 TV 화면에는 아무것도 없어 空하듯이 우리의 세상도 그 자체가 비어 있다고 한다. 그래서 있다고 집착하는 사상을 부수어 버린다. 다시 부수었다는 주체와 부서졌다는 객체까지도 허용하지 않는다.

잘못하다가는 空이라 해서 현상 자체를 모두 다 털어버렸는데 털어버렸다는 그 생각이 다시 주체적 사상을 만들 수 있기 때문에 털어버렸다는 생각 그것도 털어버려야 한다는 의미로 空空이라는 사상이 나왔다. 즉 空한 것이라고 하는 것 그것도 空하다는 것이다.

원효성사는 이런 空의 이론은 외골수 사상이라고 평한다. 왜냐하면 본질이 있으면 현상이 나타나게 되는데, 이것들은 본질인 실상만을 줄기차게 강조하고 있으니까 그렇다.

달이 있으면 물속에도 달이 나타나기 마련이다. 그런데 이런 논서들은 하늘에만 달이 있지 물속에는 달이 없다고 하는 것과 같다. 엄연히 물속에도 하늘의 달이 나타나는데, 그들은 그것은 모두 다 가짜며 환상이라서 전혀 거론할 가치가 없다고 한다. 이것이 바로 空사상의 시각이다. 그래서 성사는 이런 空사상을 한 쪽만을 인정하는 절름발이 이론이라고 하신 것이다.

別記 其瑜伽論 攝大乘等 通立深淺判於法門 而不融遣自所立法 是謂與而不奪論也

유가론과 섭대승론 같은 것들은 부처님의 법문을 중생들이 잘 이해할 수 있게 깊고 얕게 시설한 논서들이다. 이 논서들은 내세운 법을 잘 융합하여 그 취지를 버리지 않는다. 그러므로 이런 논서들은 마음을 인정하고 그것을 부정하지 않는 논서라고 한다.

  이번에는 성사께서 반대편의 입장에 있는 연기론의 논서들을 끌어오셨다. 물상은 본질로 보면 원래는 없다. 하지만 인연에 의해 이렇게 존재한다. 그 존재를 인정하는 이론을 연기론이라고 한다.
  TV 속의 드라마는 전혀 실존적이지 않지마는 그래도 시청자로 하여금 희로애락을 느끼게 만든다. 그것을 느낀 시청자는 또 다른 사람들에게 그 영향을 준다. 슬픔을 느끼면 슬픈 모습을 보이고 기쁨을 느끼면 기쁜 감정을 보인다. 그 표정을 보고 그를 대하는 사람은 그에 맞게 또 다른 인연을 지어 나간다. 이것이 바로 연기론의 인연법이다.
  이 연기론의 대표적 논서는 미륵보살이 설한 **유가론**과 무착보살이 지은 **섭대승론**이다. 모두 다 보살들이 지은 당대 최고의 저술들이다. 우리 마음은 원래 없지만 인연에 의해 마음이 만들어 졌다.
  그것이 기쁨과 슬픔을 느끼고 선과 악을 짓는다. 부처도 만들고 중생도 만든다. 지옥도 만들고 천상도 만든다. 마음이 없는 것 같지만 분명히 지금도 작용을 하고 있다고 한다.
  그 마음이라는 것이 만들어 낸 세계가 결과적으로 고통의 세계다. 그렇다면 어떻게 하면 이 마음을 없앨 수 있는 것인가. 마음 때문에 이런 안 좋은 세계가 만들어 졌다면, 마음이 없어지면 무한한 안락이 있을 것이 아닌가.
  그러므로 궁극적으로 고통을 벗어나고자 한다면 지금 쓰고 있는 이 마음을 없애면 된다. 그것을 어떻게 없앨 것인가 하는 방법을 제시한 논서들은 바로 이런 가르침들이다.

 이 책들은 부처님의 말씀들을 일목요연하게 정리하여 논리정연하게 풀어준다. 중생들이 쉽게 이해할 수 없는 부분이 있다면 보완하고 각색하여 정확하고 쉽게 이해하도록 친절히 도와준다.

 교과서가 부처님 말씀이라면 이 책들은 동아전과와 같은 역할을 해 준다. 옛날의 동아전과는 국민학교학생들에게 있어서 완전해결사 그 이상이었다. 모든 어려운 문제들을 속 시원히 전부 다 풀어주었다.

 그러므로 이 논서들은 우리가 지금 어떤 상황인지에 대한 상태를 먼저 확인시켜 주고 그 나아갈 바를 정확히 제시해 주고 있다. 그래서 중생이 처한 입장을 있는 그대로 인정해 주고 부정하지 않는 논서라고 하신 것이다.

 하지만 연기론 역시 중관론의 외골수시각처럼 한 쪽 부분만 설명하고 있다. 현상만 설명하다 보니 본질을 놓치고 있는 것이다.

 손바닥을 설명하면 손등이 숨고 손등을 설명하는 손바닥이 숨는 것과 같이 현상을 설명하면 본질을 놓치고 본질을 설명하면 현상을 놓치므로 서로가 전체를 두루 확연하게 보지 못하는 단점이 있다고 성사는 말씀하시고 있는 것이다.

別記 今此論者 旣智旣仁 亦玄亦博 無不立而自遣 無不破而還許
지금 이 기신론은 지혜와 어짊, 그리고 현묘와 박식을 다 갖추고 있다. 내세우지 아니함이 없으나 결국엔 그것을 스스로 부숴 버리고, 부수지 아니함이 없으나 결국엔 다 인정해 주고 있다.

중관론과 **십이문론**은 실상의 세계인 본질만 말하고 있고, **유가론**과 **섭대승론** 같은 것들은 연기인 현상만 말하고 있지만 **기신론**은 전혀 그렇지 않다. 그 이유에 대해서 성사는 다음과 같이 말씀하시고 있다.

먼저 **기신론**은 지혜와 어짊을 가지고 있다고 하셨다. 지혜는 空을 말한다. 空은 지혜를 일으킨다. 空하지 않으면 완전무결한 지혜를 가질 수 없다. 거울은 空하다. 거울엔 자체의 색깔과 본연의 모양이 없다.

그러므로 밖의 사물을 완벽하게 비춘다. 그것이 지혜다. 성사는 **대반야경**의 말씀을 끌어와 空을 지혜로 적시하셨다.

어짊은 인애를 말한다. 인애는 자비로움이다. 자비로움으로 세세히 알기 쉽게 해설을 하였다. 중생들이 뭐가 뭔지를 모르기 때문에 자상하게 주어진 문제를 꼭꼭 집어서 설명해 주고 있다.

왜, 또는, 그래서 라는 글귀를 써 가면서 앞과 뒤를 보여주고 위와 아래를 드러낸다. 아무리 물어도 지치거나 피곤함이 없이 가로로든 세로로든 끝까지 설명하고 이해시킨다. 이런 가르침을 어짊이라고 한다.

다음은 현묘다. 현묘는 앞에서 설명했듯이 세상의 본질을 말한다. 이것은 범부로서는 알 수가 없다. 그냥 막막하고 아득할 뿐이다. 그래서 수많은 종교들이 하늘을 전제로 태어났다. 어떤 종교는 하늘을 의인화시키고 어떤 종교는 하늘 자체를 맹목적으로 믿으라고 말하고 있다. **기신론**은 그런 하늘이 품고 있는 현묘한 이치를 이미 다 가지고 있다.

마지막으로 박식이라는 말은 그렇게 현묘하고 오묘한 마음의 세계를 언어로 풀어놓은 재주를 말한다. 이것은 어지간한 박학과 다식이 없으면 절대로 엄두를 못낸다.

마음은 그 어떤 모양도 특색도 없기 때문이다. 그런데 그것을 기가 막히게 분석하고 연구하여 낱낱이 파헤치고 해설한다. 마음이라는 세계를 완전히 알지 못하면 이것은 절대 불가능하다.

설령 그렇다 하더라도 그 마음을 글이나 말로써 풀어낼 재주가 없다면 이 또한 가능치 못하다. 하지만 **기신론**은 이미 그런 재주를 다 가지고 있기에 **대승기신론**이라는 대명사를 갖고 세상에 출현한 것이다.

정리하자면 지혜와 현묘는 실상을 설명한 논서가 갖는 성격들을 말한다. 즉 **중관론**과 **십이문론** 같은 논서의 요지를 **기신론**은 모두 다 함축하고 있다는 것이다. 또 어짊과 박식은 연기를 설명한 논서들의 특징이다.

그러므로 이 **기신론**은 **유가론**과 **섭대승론**의 핵심도 이미 다 압축하고 있다는 말이다. 즉 아비달마 시대를 풍미한 최고의 논사들, 용수보살과 미륵보살에 이어 무착보살의 사상 전체를 이 **기신론**은 하나도 빠짐없이 모두 아우르고 있다고 성사는 보신 것이다.

앞에서도 말했지마는 **중관론**과 **십이문론**은 외골수 가르침이다. 그 가르침은 본질로 시작하여 본질인 空으로 끝난다. 그 어떤 것도 거기에 용납하지 않는다.

別記 而還許者 顯彼往者 往極而徧立 而自遣者 明此與者 窮與而奪

도리어 인정해 준다는 것은 부수는 내용을 끝까지 잘 부숴 가다가 종극에 가서는 그것을 인정해 준다는 말이고, 스스로 부숴 버린다는 것은 마지막까지 잘 인정해 주다가 결국에는 그것을 부정해 버린다는 말이다.

유가론과 **섭대승론** 역시 외통수 해설서이다. 현상으로 시작하여 현상인 연기로 끝난다. 그것들을 空의 논리로 보면 그 이론들은 공중에 뜬 허튼소리밖에 되지 못한다. 그러니 둘 다 자기 쪽을 대표하는 대단한 논서들이지만 문제는 반대쪽의 논리를 결코 포용할 수 없다는 것이다.

기신론은 바로 이 문제를 깔끔하게 해결한 논서이다. 실상인 空으로 시작해 멋지게 空사상을 펴 나가다가 마지막에는 연기설로 끝을 맺어 버린다.

연기설의 경우도 마찬가지다. 현상을 연기로 시작해 하나하나 분별로 전개하다가 마지막에는 전혀 다른 각도인 空으로 결론지어 버린다.

그러다보니 **기신론**은 위에 언급한 두 가지 논서가 가지고 있는 그들 나름대로의 맹점을 기가 막히게 보완하고 있다. 그래서 실상과 연기의 핵심 자체를 **기신론**은 빠짐없이 모두 다 가지고 있다고 하신 것이다.

> **別記** 是謂諸論之祖宗 群諍之評主也

그러므로 나는 이 기신론을 일컬어 모든 논서의 조종이며 군쟁의

평주라고 하는 것이다.

조종이라는 말은 근본이 되는 교의라는 뜻이다. 교는 교재고 의는 의범이다. 그러니까 하나는 교리이고 하나는 실천을 뜻하고 있다. 이 둘이 모이면 완전함을 이룬다. **기신론**은 모든 논서 중에서 완벽함의 이론을 가지고 있다. 그뿐만이 아니라 그 이론을 바탕으로 어떻게 실천하는가 하는 실용적인 수행까지 제시한다. 그러므로 성사는 이 **기신론** 한 권이면 불교교리와 실천수행이 완벽하게 이루어진다고 보셨던 것이다.

群詩군쟁 의 평주라는 말은 누가 옳고 그른가에 대한 품평의 잣대가 된다는 뜻이다. 기준이 없으면 전체가 헝클어진다. **기신론**이 모든 해설서들의 시비논쟁을 정확히 가려내고 그들에게 가장 명확한 기준을 제시하는 논서가 된다는 것이다.

그러므로 이 잣대를 벗어나면 그것은 불교가 아니라 외도이며, 이 기준을 벗어나면 그것은 정통이 아니라 사이비가 된다. 그래서 이 기준과 잣대에 의해 불교는 증휘하고 중생은 안락할 수 있게 되는 것이다.

"수많은 논서들을 두고 왜 하필 **기신론**입니까?"
"**기신론**은 모든 논서의 기준이며 모든 다툼의 저울이 되기 때문이다."

[海東疏] 所述雖廣 可略而言 開二門於一心 總括摩羅百八之廣誥 示性淨於相染 普綜踰闍十五之幽致

기신론의 내용은 비록 굉장하나 간단히 말할 것 같으면 일심을 두 문으로 열고 있다. 마라산에서 108부분으로 설법한 광대한 가르침과, 유사성에서 설법한 성품은 청정하나 그 모습은 오염되었다는 15장의 그윽한 이치를 다 담고 있다.

기신론은 수많은 경전과 논서들을 자유자재로 인용하면서 부처님의 45년 설법 전체를 주무르고 있다. 때로는 실상을 드러내고 때로는 연기를 설명하면서 부처님의 원초적인 설법을 하나도 빠뜨리지 않고 모두 다 끌어안고 있다. 그래서 거기에 담아 놓은 용량이 대단히 크고 엄청나게 깊다.

하지만 그것을 간략하게 간추리자면 모두 다 일심의 범주로 들어온다. 그런 일심을 두 문으로 벌리면 진여의 문과 생멸의 문이다. 즉 부처의 세계와 중생의 세계다. 그래서 **기신론**이 주창하는 가장 큰 의의는 一心을 二門으로 열어 설명한다로 정리할 수 있다.

"기신론의 大意가 무엇입니까?"
"依一心 開二門입니다."

이 一心 속에 첫 번째로 **능가경**의 내용 전체가 들어 있다. **능가경**은 예로부터 **기신론**의 원본이라 할 만큼 대단히 중요시되는 대승경전이다.

달마대사가 중국으로 들어올 때 석가모니의 적손이라는 증표로 부처님의 황금가사와 청석발우를 가지고 왔다. 이것만 하면 충분한데 거기다가 특이하게 한 권의 경전을 갖고 왔다. 그 경전이 바로 **능가경**이다. 달마대사는 모든 경전 가운데서 이 **능가경**을 가장 중요한 대승경전으로 보았던 것이다.

원효성사도 아주 다양한 경전들을 언급하면서 가장 먼저 **능가경**을 인용하고 있다. 부처님이 용궁에 들어가셔서 7일 동안 용왕과 그 권속들에게 불법의 요지를 설법하고 마라산 정상에 있는 능가성에 올라가셔서 무수한 비구들과 보살들에 둘러싸여 쉬고 계실 때였다.

그때 그 산에 머무르고 있던 야차왕인 라파나가 온갖 가지 보물들을 가지고 와 부처님께 공양을 올리면서 대승교리인 일심에 대하여 설법하여 주시기를 간절히 청하였다. 그와 동시에 모든 보살을 대표하는 대혜보살에게 부처님의 설법을 직접 들을 수 있는 행운을 얻게 해달라고 부탁하였다.

그 간곡한 청원을 받아들여 대혜보살은 부처님께 차별과 상대가 끊어진 일심의 세계에 대해 108가지로 질문하고 부처님은 그에 맞게 하나하나 자세하게 응답해 주셨다. 이것이 바로 그 유명한 **능가경**이 탄생되게 되는 계기이다.

능가경은 번역하신 역경스님에 따라 10권, 또는 4권, 7권으로 나뉜다. 이것을 보통 **십권경 사권경**이라고 하고, **7권경**은 그냥 **능가경**이라고 부른다. 성사는 **기신론**을 풀이하면서 이 세 부류의 **능가경**을 요소요소에 적절히 인용하시고 있다.

다음 순서로 나오는 경전은 **승만부인경**이다. 사위국 바사닉왕의 딸인 승만부인이 아유사국의 왕자에게 시집을 갔다. 시집을 가서 보니 시가 쪽 사람들 모두가 다 인생의 유희만을 쫓는 삶을 살고 있었다.

승만부인은 그들이 좀 더 가치 있는 삶을 살 수 있도록 부처님을 초청하기로 하였다. 여러 차례 부왕인 바사닉왕을 통해 부처님을 모시고자 하였지만 쉽게 성사되지 않았다. 그래도 실망하지 않고 지성스레 부처님의 허락이 계시기만을 손꼽아 기다렸다.

그러던 어느 날 간곡한 발원이 통했는지 부처님이 승만부인의 초청을 받아들여 수많은 비구들과 함께 유사성에 오시게 되었다.

거기서 왕과 여러 대신들, 그리고 권속들에게 부처님은 일심에 대한 법문을 승만부인과 함께 문답식으로 해설해 주셨다.

우리 마음은 원래 깨끗하고 청정하였으나 죄업에 의해 오염되었다. 하지만 그 오염은 껍데기인 모습일 뿐 우리 본성은 본래 그대로 청정하여 조금도 변함이 없다는 깊은 이치를 15회에 걸쳐 자세하게 설법해 주셨다.

이 설법을 듣고 크게 감동한 승만부인은 복덕을 닦기 위해 다음과 같은 발원을 하였다.

① 악을 행하지 않겠습니다.
② 윗사람을 모욕하지 않겠습니다.
③ 목숨 있는 것들을 해치지 않겠습니다.
④ 남의 것을 부러워하지 않겠습니다.
⑤ 베푸는 재물을 아까워하지 않겠습니다.

⑥ 내가 꼭 필요한 것 이외에는 그것을 필요로 하는 자에게 나누어 주겠습니다.

⑦ 나를 위해서가 아니라 타인을 위해서 성의를 다하겠습니다.

⑧ 슬프고 괴로워하는 사람들을 그 고통에서 건지겠습니다.

⑨ 악을 행하는 자들을 깨닫게 하겠습니다.

⑩ 부처님의 가르침을 절대로 잊지 않겠습니다.

이 발원을 듣고 부처님은 크게 기뻐하시면서 그녀에게 수기를 내려 주셨다. 그대는 후일 사만바드라라는 부처가 되어 무량한 중생들을 구제할 것이다 라고 하시면서 **승만경**은 대단원의 막을 내린다.

이 **승만경**의 본래 경명은 **천수경**만큼이나 길다. 참고로 **천수경**의 본래 경명은 **천수천안광대원만무애대비심대다라니경**이고 **승만경**은 **승만사자후일승대방편방광경**이다.

승만경을 **부인경**이라고도 부른다. 이 승만부인의 사상과 발원을 따라 사찰에서 부인회라는 단체가 분명 만들어 질 법도 한데 아직 그런 신행 단체가 없다는 것이 신기할 뿐이다. 성사가 여기서 두 번째로 언급할 정도로 대승불교에서 상당히 중요한 경전이라고 할 수 있는데도 보통의 불교신도들에게는 아직도 이 경전의 이름이 생소하게 느껴지기기만 한다.

그것은 우리 불교계가 선종에만 치우쳐 있다 보니 이런 보옥같은 경전들을 널리 보급시키지 못했다는 반증이기도 하다.

海東疏 至如鵠林一味之宗 鷲山無二之趣 金鼓同性三身之極果

저 곡림에 이르러서 말씀하신 일미의 근본과, 영취산에서 말씀하신 둘이 없다는 취지와, 금고경과 동성경에서 말씀하신 삼신의 궁극적 결과와,

곡림은 학림을 말한다. 鵠은 고니 곡 자다. 고니나 학이나 다 희다는 뜻을 가지고 있다. 그러므로 성사가 곡림이라고 하셨는데 괴이한 일은 아니다. 쿠시나라성 밖에 학림이라는 곳이 있었다. 왜가리와 학들이 집단으로 서식하는 곳이기에 그렇게 이름 붙여진 곳이다.

부처님은 열반하실 때가 가까워져 오자 제자들에게 그곳으로 가자고 하셨다. 등창으로 힘들어 하시면서도 어떻게든 그곳에서 열반에 드시기 위해 느린 걸음을 재촉하셨다.

그렇다면 왜 하필 부처님은 그곳에서 열반에 드시려 하셨을까. 그 이유에 있어서는 크게 네 가지를 들 수 있다.

첫째는 부처는 한 곳에 머물러 있지 않는다는 것을 보이기 위해서이다. 부처는 카필라국에서 태어나 마가다국에서 성도하셨다. 그리고 바라나국에서 주된 설법을 하시다가 이제 쿠시나라국에서 열반에 드시고자 하는 것이다. 이것은 부처는 어느 한 국가와 민족을 위해서 작용하시는 분이 아니라 시간과 공간을 초월해 전 중생계의 중생을 제도하신다는 뜻을 가지고 있다.

둘째는 하얀 숲을 선택하셨다. 학림은 하얀 숲이다. 그 숲이 의미하는 것은 때 묻지 않은 청정한 마음과도 같은 곳이라는 것이다. 그러므로 부처는 원래의 청정한 마음자리로 환원하신다는 상징을 내보

이기 위해서였다.

세 번째는 싸라라는 나무가 학림 입구에 두 그루 있었다. 부처는 그 마주선 나무 사이에 자리를 펴고 누우셨다. 마주 선 나무는 대립과 분별을 말한다. 부처는 부처의 세계와 중생의 세계가 하나라는 것을 말씀해 주시고자 그 둘을 연결한 모양으로 누우셨다. 그러면 그 뒤에 보이는 학림처럼 맑고 깨끗한 세계가 만들어 진다는 것을 보이고자 하셨던 것이다.

아니나 다를까 부처가 그 자리에 자리를 펴고 눕자 두 그루의 싸라나무는 때 아닌 아름다운 꽃을 피워 그 분향을 천지에 퍼뜨리었다. 그리고는 꽃잎을 떨어뜨려 꽃비를 내리게 하였다.

그리고서 그 두 나무는 가지를 뻗어 하나가 되었다. 신비를 좋아하는 사람들은 사라의 나무 신이 부처님을 너무 존경한 나머지 부처님 몸에 이슬이 내리지 못하도록 한 기이한 행동이라고 말하지만 단순히 그런 뜻만이 아니다. 그것 역시 당신을 중심으로 대립과 분열로 얼룩진 중생세계가 하나가 되어야 한다는 것을 무언중에 가르치고 있었기에 그런 것이다.

우파바나라는 장로비구가 부처님 앞에서 눈물을 흘리며 슬퍼하고 있자 부처님은 나지막하게 그를 부르시더니,

"우파바나. 자리를 비켜라. 손님들이 몰려오고 있다."

아난존자가 이 말씀을 듣고 주위를 둘러보니 아무도 오는 자가 없었다. 무슨 뜻이냐고 묻자, 부처님은 범천에 이어 시방허공계에서

무량한 신들과 보살들, 그리고 천신들이 사바세계의 전무후무한 부처의 열반을 목격하고자 몰려들고 있다고 하셨다. 하지만 아라한과를 증득하지 못한 아난의 눈에는 그들이 보일 턱이 없었다.

네 번째는 부처님이 열반하시고 난 뒤에 분명 사리가 쏟아질 것이다. 그 사리를 서로 가지려고 16국의 왕들과 병사들이 한꺼번에 몰려들게 될 것이다. 그러므로 16개국이 남의 나라를 건드리지 않고 사방에서 편히 모여들 수 있는 가장 이상적인 장소가 바로 그 학림이었다. 그래서 부처님은 열반의 장소로 쿠시나라국 학림을 택하셨던 것이다.

부처님은 여기서 **열반경**을 설하시었다. 바다는 영원하고 불변하다. 수많은 갈래의 물들이 바다로 들어오지만 바다는 언제나 짠맛 하나를 변함없이 가지고 있다. 중생의 마음도 마찬가지다. 말할 수 없는 번뇌와 죄업에 시달려도 중생의 근본 마음 하나는 변하거나 달라지지 않고 그대로 영원하며 불변하다고 하셨다. 그러자 모든 신들의 왕 제석천왕이 무릎을 꿇고 공경스럽게 다음과 같은 게송을 읊었다.

諸行無常
是生滅法
生滅滅已
寂滅爲樂

움직이는 모든 것들은 허망합니다.
그것은 생멸하기 때문입니다.

생기고 없어지는 인연이 끝나게 되면
적정의 열반이 최상의 안락이 됩니다.

부처님은 **열반경**을 설하시고 난 뒤 다시 짧은 **유언경**을 설하시었다. 그리고 대열반에 들어가시기 전에 세 번이나 대중들을 상대로 그들의 신심을 확인하셨다.

내가 설법한 것에 대해 미진하거나 궁금한 점이 있다면 말하라. 주저하지 말고 말하라. 질문할 것이 있다면 질문하라고 하셨다. 하지만 아무도 질문하지 않았다. 무거운 침묵과 고요한 밤, 삼계의 위대한 스승 석가모니 부처님은 드디어 대열반에 들어가기 시작하셨다.

끝까지 시중에 여념이 없던 아난존자가 흐느끼며 대중들에게 마지막 한 말씀을 남겨달라고 애원하자 부처님은,

"주목하라 수행자들이여. 내가 너희에게 간곡히 이른다. 모든 것은 무상하다. 부지런히 정진하라. 이것이 내 제자에게 남기는 최후의 유언이다."

이 말씀을 마지막으로 제자들의 울부짖음과 천신들의 위호를 받으면서 그분은 조용히 이 세상을 떠나가셨다.

다음으로 성사는 **법화경**을 거론하셨다. 이 경은 삼승을 말하고 있다. 그 삼승은 보살과 연각 성문이다. 우리의 마음은 원래 대승도 없고 소승도 없으며 연각승도 없다. 오로지 하나의 불승만 있다고 말씀하신 것이 바로 **법화경**의 주요 내용이다.

이어서 **금고경**과 **동성경**이 나오는데 그 핵심은 三身에 대한 말씀이다. 삼신은 환경과 조건에 따라 부처는 세 가지 특별한 모습을 변화시켜 나타낸다는 것이다. 삼신은 법신과 보신, 그리고 화신이다. 이 삼신사상은 소승에는 없다. 그러므로 소승에서는 비로자나불이나 노사나불 같은 말 자체가 없다. 대승불교에 와야 이런 말씀이 나오는데, 그 바탕이 **금고경**과 **동성경**에 있기 때문이다.

海東疏 華嚴瓔珞四階之深因 大品大集曠蕩之道 日藏月藏微密之玄門

화엄경과 영락경에서 말씀하신 네 단계의 깊은 인연과, 대품경과 대집경에서 말씀하신 광탕한 세계와, 일장경 월장경에서 설법하신 미묘하고 비밀스런 현문까지 모두 다 담고 있다.

이제 **화엄경**과 **영락경**이 나온다. 이 경전들에서는 신해행증이라는 특별한 수행법이 있다. 먼저 믿고 그 다음에 정확히 이해해야 한다. 그런 후에 수행을 하게 되면 그에 맞는 증득이 이루어진다고 하는 이론이다.

그 다음은 **대품경**과 **대집경**이다. 제일 처음 성사는 **능가경**을 들었다. 그것은 모든 경전 가운데서 가장 중심에 있는 경전이기 때문에 그렇다. 즉 양변의 끝을 떠나면서 중도에도 있지 않은 경전이 되기에 그것을 제일 상수에 두셨다.

그 뒤에는 차례대로 연기경전을 열거하시다가 이제는 실상인 중관 경전들을 말씀하시고 있다. 중관의 대표경전으로는 바로 **대품경**과

대집경을 들 수 있다. 이런 경전들은 모두 다 반야부이다.

대품경은 상상을 초월하는 空의 세계를 엮어 놓았다. 자그만치 600권이나 된다. 그 가운데 577권 째가 우리가 잘 아는 **금강반야바라밀경**이다.

이제 마지막으로 성사는 밀교 수행의 근본 교본인 **일장경**과 **월장경**을 거론하셨다. 일장경은 대승대방등일장경의 줄임말이고 **월장경**은 대방등대집월장경의 간략명이다.

성사는 이 **기신론**이야말로 위에서 언급한 연기경전은 물론 실상경전 전체를 총 망라해 있고, 거기다가 밀교경전까지 이 속에 다 채워 넣고 있다고 말씀하신 것이다.

海東疏 凡此等輩 中衆典之肝心 一而貫之者 其唯此論乎 故下文言 爲欲總攝 如來廣大深法無邊義故 應說此論

무릇 수많은 경전 가운데서도 중요한 경전이라 하면 위에서 말한 그런 경전들이다. 기신론은 그런 그 경전들의 간과 심장이 되는 것이다. 그 수많은 경전들의 뜻을 단 한 권에 집어넣은 것은 오직 기신론뿐이다. 그래서 마명보살이 여래의 광대하고 깊은 법과 한량없는 뜻들을 모두 끌어 모아 이 논서를 응당히 설하게 된 것이다고 뒤에 말씀하시고 있다.

기신론을 논서의 위치로 보면 제론지조종이며 군쟁지평주라고 하셨다. 이제 **기신론**을 경전들에서 그 자리를 매긴다면 모든 경전들의 간과 심장이 된다고 성사는 말씀하시고 있다.

어떤 생명체건 간에 가장 중요한 장기는 간과 심장이다. 불교는 살아 움직이면서 일체 중생을 이롭게 하고 있는 거대한 생명체다. 그런 불교 속에서 절대적으로 중요한 기관이 바로 **기신론**이라는 것이다. 그만큼 **기신론**은 모든 경전들의 요지를 농축시켜 놓은 핵심 논서가 된다고 하신 것이다.

사람들은 말한다. 기신론이 그렇게 중요하다면 왜 큰 사찰마다 이 논서에 역점을 두고 가르치지 않느냐고 한다.

큰 사찰은 말 그대로 많은 사람들을 상대해야 하는 곳이다. 그곳에 모인 사람들은 근기가 다양하고 행업이 별다르다. 그러므로 어느 특정한 교재를 오랫동안 전문적으로 설할 수가 없다.

의술이 중요하다고 학교마다 의대를 설립할 수는 없는 것과 마찬가지다. 다른 전문분야나 특정교육도 세상에는 반드시 필요하기 때문이다. 그러므로 의술을 배우려면 의대에 가듯이 이 **기신론**은 **기신론**을 전문적으로 가르치는 곳에 가서 배워야 한다.

또 누가 말한다. 그렇게 대단한 논서라면 스님들이 왜 이것에 대해 스님처럼 관심을 가지지 않느냐고 한다. 스님들은 이 공부 아니라도 해야 할 일들이 많다. 불사와 행정, 포교와 집전, 거기다가 자기 나름대로 수행하는 방법이 있다.

그러므로 이것 하나만을 특별히 가지고 신도들을 가르칠 수 없다. 대들보가 아무리 중요하다고 해도 서까래도 나름대로 반드시 있어야 하기 때문이다.

"경전을 배워야지. 논서를 배우면 뭣합니까?"

"기신론은 모든 경전의 간과 심장이 됩니다. 원효성사는 해동소에서 이것을 衆典之肝心중전지간심 이라고 표현하셨습니다."

海東疏 此論之義 其旣如是 開則無量無邊之義爲宗 合則二門一心之法爲要 二門之內 容萬義而不亂 無邊之義 同一心而混隆 是以開合自在 立破無碍 開而不繁 合而不狹 立而無得 破而無失 是爲馬鳴之妙術 起信之宗體也

이 논서에 들어 있는 뜻은 이와 같은 것이다. 열게 되면 무량무변의 뜻으로 갈라지고, 모으게 되면 二門 一心이 되는 것이다. 二門 속에 만 가지 뜻이 들어가도 혼란스럽지 않고 무변의 뜻이 일심에 들어가도 하나가 되어 버리니 열고 모음이 자재하고 세우고 부숨에 걸림이 없다.

바다는 하나다. 비록 하나이지만 수많은 물줄기와 웅덩이를 만들어 낸다. 그뿐 아니라 거기서 나온 수증기로 인해 구름을 일으키고 비도 만들어 낸다. 세상천지의 모든 물은 다 바다가 만들어 낸 소산물이다. 그만큼 바다는 쉬지 않고 끊임없이 지류의 만물들을 생성해 내고 있다.

마음도 하나다. 비록 하나이지만 마음은 세상을 천차만별로 다르게 만들어 내고 있다. 사람도 자동차도 아파트도 눈에 보이는 각양각색의 건물들도 모두가 다 마음이 만들어 낸 것들이다. 이 세상 물건치고 마음이 만들어 내지 않은 물건들은 단 한 개도 없다. 전부가 다 마음이 만들어 낸 소산물이다. 그만큼 마음은 쉬지 않고 끊임없이 모든 것들을 만들어 내고 있다.

그래서 **화엄경**에 마음은 요술쟁이라고 하셨다. 요술쟁이는 없는 것을 있도록 만드는 재주를 가지고 있다. 하나도 없던 세상에 온갖 것들을 기묘하게 만들어 내었다. 크게는 6度를 만들어 내었고 작게는 이 한 몸을 요렇게 만들어 놓았다. 신기하고도 방통하기만 하다.

그런 마음이 한량없는 세상을 만들어 내지만 그것을 크게 두 갈래로 나누면, 하나는 부처의 세계로 나아가는 마음이고 또 하나는 중생의 세계로 나아가는 마음이다. 그러니까 한 개의 마음을 가지고 이 두 세계를 만들어 낸다는 뜻으로 이 **기신론**을 一心 二門의 가르침이라고 한다.

二門이라는 것은 바로 두 세계를 드나들 수 있는 마음이라고 해서 門이라는 글을 붙여 놓았다. 문은 이쪽저쪽으로 여닫을 수 있는 작용을 하기 때문이다.

그런데 우리는 안타깝게도 지금 부처의 문을 닫고 중생의 문을 열고 들어와 있는 상태. 그런데 여기서 큰 재미를 보지 못하고 고생덩어리로 살고 있다.

그러면 미련없이 돌아가야 한다. 이제 어떻게 하면 이 중생세계의 문을 닫고 부처 쪽으로의 문을 열 것인가가 우리에게 주어진 숙제고 당면한 과제라 말할 수 있다.

그런데 여기에 한 가지 조건이 있다. 그것은 현재의 삶이 苦라는 것을 처절히 느낄 때라야 만이 그 반대로 돌아가려는 마음을 일으킨다는 것이다. 그런 자들에게 불교는 생명수처럼 필요하다.

반대로 이 중생세계가 苦라고 뼈저리게 느끼지 못하는 중생은 부처의 세계로 돌아가려 하지 않는다. 그런 박복한 중생에게는 불교가 전혀 필요없는 가르침이 된다. 그저 구경거리로 불교를 보든가 아니면 문화로 불교를 즐기는데 만족하고 만다.

海東疏 開而不繁 合而不狹 立而無得 破而無失 是爲馬鳴之妙術 起信之宗體也

열어도 번잡하지 않고 모아도 협소하지 않으며, 세워도 걸림이 없고 부숴도 잃을 게 없다. 그것은 마명보살의 신묘한 저술 기술로 기신론의 핵심을 멋지게 드러내고 있기 때문이다.

마음은 수만 가지 세계를 만들어 내어도 번잡함이 없다. 태양은 수만 가지 햇살을 쏟아내고 있지만 언제나 그 자리에 있는 것과 같다. 영화의 화면이 아무리 장엄하고 스펙터클하더라도 결국엔 은막 속으로 다 들어가 버린다. 성난 태풍이 불고 노도가 넘실대며 불길이 천지를 태우고 총과 대포의 초연이 난무해도 스크린에 상처 하나 내지 않고 흔적 없이 사라진다.

마음도 마찬가지다. 마음을 열면 팔만대장경이 나오고 모으면 가슴속 일심에 들어가 버린다. 마음이 작동하면 전 중생세계가 만들어지고, 닫아 버리면 그 많던 세계가 흔적도 없이 홀연히 사라진다. 수많은 세계가 일어나도 마음에는 자취가 없고, 끝없는 세계가 없어져도 마음에는 자국이 남지 않는다.

마명보살이 지은 **기신론** 원문은 정말 간결하고 적은 분량이다. 그 작은 부피의 글 속에 부처님의 45년 장광설법을 모두 다 집어넣었다는 것이 너무 놀랍고 경이롭다. 이것은 마치 옛날 우체국에서 전보를 칠 때 꼭 필요한 몇 마디 함축어에 전체의 뜻을 담아 보내는 것과 같다.

기신론의 구성은 一心 二門 三大 四信 五行 六字 로 되어 있다. 먼저 일심이라는 것이 두 문을 만들어 낸다는 것을 밝힌다. 그리고 중생의 마음속에는 부처의 본체와 공덕, 그리고 작용이라는 세 가지 위대한 성질이 들어 있다는 것을 자인시킨다. 이것이 三大다. 이것을 일으키려고 하면 네 가지 믿음을 가져야 한다.

네 가지 믿음은 자신이 누구인지에 대해서 먼저 믿어야 하고, 그 다음에 불법승 삼보를 믿는 것이다. 그런데 이것이 그리 쉽게 믿어지지 않는다. 알고는 있는데 믿음이 일어나지 않는다. 그래서 그 믿음의 씨앗을 틔우게 하는 토양이 필요하다. 그 토양이 되어주는 것이 바로 다섯 가지 수행이다. 이것을 五行이라고 한다.

그 다음 六字는 대단히 쉬우면서도 가장 중요한 문구이기 때문에 여기서 언급하지 않는다. **대승기신론** 전체가 이 여섯 개의 글자 때문에 쓰여졌고, **해동소** 전체가 이 여섯 자 때문에 세상에 나타날 수밖에 없었다는 사실을 알게 되면 엄청난 충격과 감동이 일어날 것이다.

그러므로 마지막까지 그것을 받아낼 수 있는 근기와 뱃심을 만들어 놓고 제일 끝 지점에서 조심스레 말해 줄 것이다. 그러면 환희와 탄복에 이어 다함없는 예배와 목숨을 거는 귀명이 일어나게 될 것이다.

그래서 원효성사는 마명보살의 글재주를 찬탄해 마지않으신 것이다. 마명보살 정도가 아니시면 누가 이렇게 멋진 글을 쓰셨겠는가 하신 것이다. 이제 나도 말한다. 원효성사가 아니시면 누가 감히 기신론을 제대로 살릴 수 있는 **해동소**의 해설서를 쓰셨겠는가 하는 것이다.

이것은 정말 화룡에다 점정을 한 것과 같다. 마명보살의 신묘한 글에다 성사의 박학한 풀이가 만나 이렇도록 아름다운 **기신론 해동소**가 태어났으니 이것은 정말 인류의 홍복이고 중생의 만복이 아닐 수가 없다고 하는 것이다.

海東疏 然以此論意趣深邃 從來釋者 尟具其宗 良有各守所習而牽文 不能虛懷而尋旨 所謂不近論主之意

그러나 이 논서의 뜻과 나아가는 방향이 깊고 심오하여 옛날부터 그 핵심을 찾아내는 자들이 거의 없었다. 그것은 모두 다 자기가 배워 익힌 선입견을 갖고 기신론을 풀이하려고 하였기 때문이다. 그러므로 먼저 마음을 비우고 그 뜻을 찾으려 하지 않으면 저자의 저술 의도에 다가가지 못하는 것이다.

기신론은 어렵다. 하기야 세상에 안 어려운 경론이 어디에 있겠느냐마는 이 **기신론**은 특히 어렵기로 소문이 난 논서다. 그것은 불법의 요지만을 채록했으므로 불교 전체를 꿰뚫어 보아야만이 그 숨은 의미를 온전히 파악할 수 있기 때문이다.

사람들은 참 무모하다. 일단 자기가 모르는 것은 배우려들지 않는다. 지레 겁을 먹고 뒤로 물러선다. 어렵기로 말하자면 인생은 이것보다 더 힘든다.

그런데도 끊임없이 인생을 배우려고 버둥댄다. 그렇게 죽을 때까지 고생고생하면서 살아도 그들은 인생이 뭔지 모르고 죽는다. 하지만 이 **기신론 해동소**는 어느 정도 역경의 과정을 겪고 고난의 시간을 보내면 반드시 이해하게 되는 날이 오게 된다.

어려워서 못 배우겠다는 사람들은 아직도 **기신론**의 고유한 가치를 모르고 있는 것이다. 가치 없는 것은 머리를 써가면서 배울 필요가 없다. 그러나 가치 있는 것을 어렵다고 구하지 않으면 엄청난 손실을 입는다.

기신론은 자기 인생 전체를 걸어도 전혀 아깝지 않을 정도의 굉장한 보물지도 역할을 한다. 이것만 정확히 파악하면 자기는 물론 일가 친척 사돈에 팔촌까지 모두 다 떼부자가 될 수 있다. 반면 이것을 모르고 인생을 더듬거리면 모두 다 마지막에는 알거지가 된다.

투자는 정확히 해야 한다. 시세도 모르고 전망도 희미한데 남들이 한다고 해서 내 재산과 생명을 투자했다가는 천추의 한을 남긴다. 인생은 예측이 오리무중이다. 아무도 모른다. 그런데 모두 다 인생에 자신을 투자한다. 결과는 모두 다 참패로 끝나 개털신세로 생을 마감한다.

기신론은 인생을 어디에 어떻게 투자해야 하는지를 정확히 가르치고 있다. 인생을 실패하지 않으려 하는 자는 누가 무슨 소리를 하더라도 이것부터 먼저 배우고 그 다음 순서로 그쪽에 관심을 기울여야 한다.

그렇지 않으면 그쪽에서 유혹하는 장밋빛 미래는 결코 보장할 수가 없다. 이것은 꼭 금을 알고 나서 금을 찾아야만 돌을 보고 금이라고 하는 어리석음을 범하지 않는 것과 같다.

이런 고귀한 가르침이 **기신론** 속에 고스란히 들어 있는데도 그들은 어려워서 못 배우겠다고 한다.
그런 사람들은 이제 어떻게 할 방법이 없다. 중학교 교과목이 어려워서 중학교에 들어가지 않겠다고 버티는 초등학생들만 나무랄 것이 아니라, **기신론**이 어려워서 배우지 않고 그냥 살겠다고 하는 어른들도 질책을 받아야 한다. 하지만 다 큰 사람 질책한다고 그들이 가만히 있지를 않는다. 인권과 선택권을 들먹이며 도리어 세차게 역공을 가할 것이다. 그래서 입 다물고 죽은 듯이 그저 가만히 보고만 있는 것이다.
사실 어른들은 성문에게 지도를 받고 성문은 보살에게 가르침을 받는다. 보살은 최종적으로 부처가 가르쳐 중생을 부처로 완성시킨다.
그런데 어른들은 자기 기준을 아이들에게 두고 스스로를 어른이라고 하고 있다. 참 한심한 사람들이다. 자기 위에 이렇게 또 다른 수준의 어른이 있다는 것을 외면하고 어떻게든 스스로 더 이상 성장하지 않으려 한다.
기신론을 배우는 데 너무 많은 금전적 부담이 든다고 한다. 다른 사람은 소중한 목숨까지 걸어가면서 힘들게 익히고자 하는 것들을 그들은 아주 싼값으로 먹으려 든다. **기신론**은 산삼같이 희귀하면서도 값이 비싸다.
그런데 산삼을 모르는 자들은 도라지같이 생긴 것이 뭐 그리 비싸냐며 투덜댄다. 그래서 그들에게 도라지를 주면서 산삼이라고 달래왔었다. 돈은 없고 요구하는 바는 크다 보니까 그렇게 할 수밖에 없었다.

아예 산삼 같은 것은 없다고 하면 뭐 이런 데가 다 있나 하면서 전혀 엉뚱한 곳으로 가 독초를 사먹을 위험성이 있기 때문에, 어쩔 수 없이 도라지를 산삼으로 둔갑시켜 그들의 욕구를 충족시켜 왔던 결과다. 이것이 이제까지 보통의 절에서 자행해 온 방편불교의 값싼 모습이다.

이제 드디어 진짜 산삼이 나왔다. 그게 이 **기신론 해동소**다. 그런데 가짜 산삼 맛에 길들인 자들이 진짜 산삼을 홀대하기 시작한다. 그까짓 것 뭐 절에서 질리도록 보고 먹은 것이 그것 아니냐 하면서 입을 삐죽이며 튕겨버린다.

그들은 불행히도 평생 동안 진짜 산삼의 맛을 보지 못할 것이다. 죽을 때까지 도라지 맛만 보고 산삼이라며 죽어갈 것이다. 싼 물건을 좋아하는 자들은 싼 맛에 살다 그렇게 끝나는 것이다. 어쩔 수가 없다. 그게 그들의 까짓 것 복이라면 어떻게 할 방법이 없는 것이다.

海東疏 惑望源而迷流 惑把葉而亡幹 惑割領而補袖 惑折枝而帶根 今直依此論文 屬當所述經本 庶同趣者消息之耳 標宗體竟

그러다보니 어떤 사람은 근원을 찾는다는 것이 지류에서 헤매고, 어떤 사람은 잎은 잡았지마는 줄기를 놓치고, 어떤 사람은 옷깃을 베어 소매를 깁고, 어떤 사람은 가지를 꺾어다 뿌리를 싸매는 정도였다. 나는 이제 이 기신론의 내용이 어느 경전과 논서에 속해져 있는지를 정확히 밝힐 것이니 같이 깨달음의 세계로 나아가는 자들은 아무 걱정을 하지 마시기 바란다. 이제 기신론의 핵심을 설명하는 것을 마친다.

수많은 사람들이 **기신론**을 들먹인다. 한량없는 사람들이 **기신론**을 배웠다고 한다. 가만히 보면 그것을 가르치는 사람들도 전문가가 아니고 그것을 배웠다고 하는 사람들도 구도자가 아니다. 그러다 보니 배워야 하는 과정에서 하나의 교과목으로 거쳐 가는 요식이 되어 버렸다. 그런 배움은 이익이 되지 않는다. 배워도 어느 구석에서든 써먹을 데가 없기 때문이다.

불교 수도원인 총림에서도 **기신론**은 배운다. 하지만 교육생들에게는 **기신론**이 전혀 매력적이지 않다. 그들은 경전을 배우기 위해 **기신론**을 훑고 지나가는 하나의 이수과정으로 여긴다.

그러다 보니 배워도 생각나는 것이 아무것도 없다고 한다. 만약에 **기신론**을 보고 큰 감동을 받았다면 그렇게 말하지 않는다. 그만큼 그들에게는 **기신론**이 아무것도 아닌, 하나의 흔한 논서에 그치고 있는 것이다.

똑같은 하늘의 달도 아이들이 보는 것과 시인들이 보는 것이 다르다. 아이들은 밝은 달을 무심코 보지마는 시인들은 끝없이 예찬하고 탄백한다. 그처럼 그들이 더 성장하고자 하면 진정한 수행을 위해 **기신론**을 다시 배워야 한다. 그러면 그전에 그냥 지나쳤던 상상할 수 없는 내용들을 아주 진하게 맛볼 수 있게 될 것이다.

사실 한 분야에 전문가가 된다는 것은 쉬운 일이 아니다. 나름대로 모두가 다 전문가라고 하지마는 실제로 전문가다운 전문가는 쉽게 나타나지 않는다. 오랜 세월 동안 수많은 역경과 고난을 겪으면서 뜨거운 내공을 기르는 것은 기본이다.

그리고 차가운 심장으로 온갖 시행착오를 경험하고 뜨거운 눈물과 비탄의 회한을 수도 없이 겪으면서 한 사람의 전문가가 태어나게 된다.

기신론의 전문가는 원효성사다. 그분의 **해동소** 때문에 불교의 종주국인 중국 승려들이 신라로 유학을 왔다. 그것은 도저히 있을 수 없는 일인데도 **해동소**가 자존심 강한 그들을 역유학 오도록 만들었다.

성사는 누구에게서도 불교를 배운 적이 없다. 그래서 그의 **해동소**는 더 찬란하게 빛이 났다. 선입견 하나 없이 통불교적 시각으로 **기신론**의 내용을 세밀히 간파하고 그것을 과감하게 해설하셨기 때문이다.

열반경에 이런 말씀이 있다. 설령 문수보살이라 하더라도 말세에 교본을 가지지 않고 법문하는 사람의 말은 믿지 말라고 하셨다. 교본에 의거하지 않으면 자기 말이 되고 자기 생각이 된다. 그런 법문은 전혀 영양가가 없다.

신도는 부처님의 말씀을 배우려 하는 것이지 한 명의 스님 생각을 들어야 할 이유가 없기 때문이다.

성사는 **기신론**을 풀이하는 당신 말씀도 그렇게 사람들이 생각할까 염려하여 인용하는 글귀마다 경전의 이름과 소속을 정확히 밝히겠다고 하셨다. 그분의 해설이 일종의 사견에서 나오는 것이 아니라 부처님 말씀이라는 것을 분명하게 증명시켜 주고자 하신 것이다.

그렇다면 성사가 **기신론**의 말씀을 증명하기 위해 인용하신 경론들은 어떤 것들이 있는지 대강 한 번 훑어보자. 먼저 논서들이다.

유가론 섭대승론 지도론 대법론 현량론 지지론 보성론 광백론 무상론 장엄론 중관론 십이문론 중변론 집량론 가전연론 미륵소문

경론 부증불감소 등이 있다. 다음은 경전들이다.

능가경 승만경 열반경 법화경 금고경 동성경 화엄경 영락경 대품경 대집경 일장경 월장경 허공장경 증일아함경 법집경 유마경 사권경 십권경 해심밀경 십지경 부증불감경 금광명경 인왕경 불지경 능엄경 외도경 범망경 미륵소문경 문수반야경 선경 96외도경 무량수경 등이 있다.

그 외 출처가 분명하지 않는 경전 2개와 그분의 저술로 여겨지는 **이장장 일도장 무량수료간 능가경종요** 등이 있다.

열거한 논서와 경전들의 이름을 입으로 한번 읽어 보기를 권한다. 그냥 눈으로 쓱 훑어보는 것과 느낌이 다르게 다가올 것이다. 이런 기회가 아니면 언제 이런 귀중한 경론들을 독송하는 행운을 얻을 수 있겠는가.

경전을 대할 때는 예경하는 자세를 가져야 한다. 경전은 일반 책이 아니기 때문에 입으로 읽고 귀로 들으며 마음을 진동시킨다면 더 좋은 효과를 가져 오게 될 것이다.

위 경론들은 모두 다 중생의 마음에 달라붙어 있는 죄업의 녹을 털어내는 역할을 톡톡히 해 주고도 남음이 있기 때문이다.

II. 기신론이라는 책 제목을 풀이함

海東疏 次釋題名 言大乘者 大是當法之名 廣苞爲義

두 번째는 대승기신론이라는 논서의 제목을 풀이한다. 대승이라고 할 때 大는 바로 일체의 세계에 해당되는 이름이다. 그것은 널리 포용한다는 뜻을 가지고 있다.

    대승이라고 할 때 大는 우리의 원래 마음이다. 이 마음은 중생세계는 물론 부처세계까지도 다 포용하는 능력이 있다. 그러나 범부는 고작 자기 자신과 자기가 만든 식구만 포용한다. 大가 바닷물이라면 범부는 고작 토끼발자국 정도의 물을 가진 것과 같다.
    본질적으로 大는 전 우주다. 그것이 우리 마음이다. 하지만 현상적으로는 그런 마음이 우리의 몸속에 아주 작은 용량으로 갇혀 있다. 이 용량을 키우려면 복을 지어야 한다. 복을 지으면 大는 허공처럼 커지고 복을 짓지 않으면 겨자씨만큼이나 작게 우리 속 어느 구석진 곳에 짱박혀 있게 된다.
    범부의 마음속에 들어 있는 大는 그렇게 힘없이 쪼그리고 있다. 그 이유는 가짜인 내가 진짜인 나를 가둬놓고 평생을 구박하면서 괴롭히기 때문이다. 실험용 개 비글만 불쌍한 게 아니다. 따지고 보면 나 또한 엄청나게 불쌍하기만 하다. 개는 종족이 다른 힘센 동물에게 학대를 받지마는 나는 똑같이 생긴 가짜인 나에게 무진 고통을 당하고 있기 때문이다.

　의학용 동물들은 풀려나거나 죽으면 자유를 얻지만 나는 풀려날 기미도 없고 죽어도 자유가 보장되지 않는다. 또 다시 낯선 몸에 들어가 다른 누군가에게 평생 홀대와 학대를 연속해서 받아야 하기 때문이다.

　모든 생명체는 자체적으로 살겠다는 의지를 강하게 지니고 있다. 내 마음 大도 어떻게든 살아야 되겠다는 무한한 의지를 갖고 계속해서 가짜인 나를 밀어내려 하고 있다. 하지만 가짜인 내가 워낙 무식으로 강하게 설치다보니 진짜인 내가 풀이 죽어 가슴 한 구석에서 눈치를 보면서 쪼그리고 있는 것이다.

　그래도 살겠다는 의욕에는 변함이 없다. 진짜마음은 어떻게든 이 억눌림을 제치고서 반드시 살아나야 되겠다고 계속해서 자체 노력을 하고 있는 것이다.

海東疏 乘是寄喻之稱 運載爲功 總說雖然 於中分別者 則有二門 先依經說 後依論明

乘은 실어 나름을 비유한 말이다. 그것은 실어 옮기는 것으로 공덕을 삼기 때문이다. 총론은 비록 그러하나 대승을 분석해 보면 두 가지 부문이 있다. 먼저 경전에 의해 말하고, 뒤에 논서에 의해 밝혀준다.

　더러워진 육신은 손으로 직접 씻는다. 하지만 마음은 어떻게 씻을 수가 없다. 그래서 자체 정화기능을 갖고 있다. 하지만 그 기능이 오래 되어서 녹이 슬어 버렸다.

그 기계를 돌리려면 기름을 칠해야 한다. 그것이 바깥에서 나에게 해 줄 수 있는 유일한 방법이다. 즉 복을 짓는 것이다. 복을 지으면 그것은 작동한다.

그러면 나를 싣고 안락의 세계로 나아간다. 그것이 乘승이다. 그러므로 중생은 누구든지 대승이라는 자기의 진짜마음을 가슴에 다 묻어두고 있다. 단 복을 지어 발동을 거느냐 그렇지 않느냐가 다를 뿐이다.

하지만 범부는 이런 대승이 자신에게 있다는 데 대한 믿음이 얼른 일어나지 않는다. 이제 그것이 사실이라는 것을 가르쳐서 그 믿음을 일으키도록 도와주고자 한다. 그것이 바로 **대승기신론**이 하는 역할이다.

그러므로 **대승기신론**은 부처를 맹목적으로 따르라는 것도 아니고 어떤 교리를 광신적으로 믿으라는 것도 아니다. 오로지 자신의 진짜 마음이 현재 아주 위급한 상태에 있다는 점을 인식시키고 자신을 구하고자 하는 대승에 대해 지대한 관심을 가져라는 가르침인 것이다.

海東疏 依經說者 如虛空藏經言 大乘者 爲無量無邊無崖故 普徧一切 猶如虛空 廣大容受一切衆生故 不如聲聞辟支佛共故 名爲大乘

먼저 경전에 의거하여 대승에 대해 설해주겠다. 저 허공장경에 말씀하시기를, 대승이라는 것은 무량하고 무변하며 걸림이 없다. 일체에 널리 두루한 것이 허공처럼 넓고 커 일체 중생을 모두 다 수용하고 있다. 그것은 성문이나 벽지불하고는 맞지 않다. 그래서 그 이름을 대승이라고 한다고 하셨다.

성문이나 벽지불과는 맞지 않다고 했다. 성문과 벽지불은 소승의 성자들이다. 성문은 글자 그대로 부처님의 말씀만을 듣고 따르는 자들이다.

어린아이들은 언제나 부모와 같이 산다. 그러면서 부모의 말씀만을 따른다. 모든 생각의 잣대는 부모의 잣대에 의해 결정된다. 하나도 자신의 의지에 의해 움직이지 않는다. 그처럼 성문들은 철저히 부처님 말씀을 따른다. 그 외는 전부다 외도고 마군으로 본다.

이런 부류들을 대승에서는 아직 덜 성장한 자들이라고 보았다. 부모의 보살핌만을 받고 부모의 말씀만을 따르는 자들은 부모만이 최고이지 자기들의 인격체는 어른으로 아직 성장하지 않고 있다고 본 것이다.

대승 쪽으로 넘어오면 대장부의 기질을 말한다. 어른이 되면 부모 곁을 떠나 독립된 자기세계를 만들어 야지 어린아이처럼 부처님만을 졸졸 따라 다녀야 되겠느냐 하면서 독립을 외친다. 여기에 아주 잘 맞는 적절한 선구 하나가 있다. 취암가진이라는 선사가 쓴 글귀다.

丈夫自有衝天志 장부자유충전지
莫向如來行處行 막향여래행처행

장부에게는 하늘을 찌를 수 있는 의지가 있다.
그러니 부처가 간 길만을 따라가지 말라.

부처님은 우리보고 궁극적으로 깨달음을 이루라고 하신 것이지,

그분의 말씀만을 쫓아 움직이는 소극적 수행자가 되라고 하신 것이 아니다. 그래서 대승의 수행자들은 그들을 보고 아직도 덜 성장한 수행자라는 뜻으로 성문이라고 부르는 것이다.

벽지불이라는 말은 Pacceka라는 원어의 음역이다. 이것을 연각이라고 번역하기도 하며 독성이라거나 독각이라고 번역하기도 한다. 부처님의 전생담인 **자타카**에 자주 등장하는 것을 보면 희귀하게 나타나는 부처는 아닌 모양이다.

벽지불은 부처 소리를 들을 정도로 그 깨달음이 깊다. 하지만 그들은 그냥 보통의 열반에 들어가 있다. 그에 비해서 부처는 대열반에 들어가셨다. 깨달음의 정도가 분명 차이가 난다. 그들은 단지 소승 아라한보다 한 수 위에 위치해 있는 등급 높은 깨달음을 얻었을 뿐이다.

그분들은 중생을 제도하겠다는 서원 아래 부처가 된 분들이 아니다. 그래서 따로 수행자들의 공동체인 상가를 만들지 않는다. 즉 제자들을 두지 않고 혼자서 법열을 즐기며 걸림없이 유유자적한 삶을 산다. 그러다보니 설법도 하지 않는다. 그래서 그분들을 침묵의 부처라고 표현하기도 한다.

그분들은 그래도 불과를 얻은 성인들이다. 비록 설법을 하지 않고 상가를 만들지 않아 중생세계와 분리된 삶을 살지마는 그분들을 알아보고 지성으로 공양을 올리면 스스로 무한의 축복을 받는다. 그래서 벽지불이 한번 나타나면 무수한 사람들이 서로 공양을 올리려고 줄을 잇고 있는 것을 볼 수 있다.

대승은 이분들의 경지를 뛰어넘어 있다. 대승불교는 대각을 이루는 부처를 만들어 낸다. 그러므로 소승 성자들과는 현격한 차이가 있다. 그렇다면 대승은 어떠한 부속품으로 만들어 진 수레인지 한번 살펴보자.

海東疏 復此乘者 以正住四攝法爲輪 以善淨十善業爲輻 以淨功德資糧爲轂 以堅固淸 至專意爲輨轄釘鑷 以善成就諸禪解脫爲轅 以四無量爲善調 以善知識爲御者 以知時非時爲發動 以無常苦空無我之音爲驅策. 以七覺寶繩爲鞅鞘. 以淨五眼爲索帶 以弘普端直大悲爲旗幢 以四正勤爲軔 軔也枝木輪也

大乘이라고 할 때 乘이라는 것은 올바로 사섭법에 안주하는 것으로 바퀴를 삼고, 십선업을 청정하게 잘 닦는 것으로 바퀴살을 삼으며, 양식이 되는 청정한 공덕을 속 바퀴로 삼고, 견고하고 순수하며 한결같은 의지로 빗장과 못뽑이로 삼으며, 선정을 잘 성취하는 것으로 는 끌채로 삼고, 사무량심으로 잘 조련하는 것으로 삼으며, 선지식으로 마부를 삼고, 시기의 적절함을 잘 아는 것으로 발동함을 삼고, 무상과 고 공 무아의 소리로 채찍을 삼으며, 칠각지의 보석 줄로써 가슴걸이로 삼고, 깨끗한 오안으로 고삐를 삼으며, 홍보 단직 대비로써 깃발을 삼고, 사정근으로 바퀴굄목을 삼고 있다. 바퀴굄목은 수레뒤턱나무인데, 바퀴를 괴는 것이다.

자신을 고통에서 안락으로 옮기는 데 첫 번째로 사섭법이 나온다. 사섭법은 네 가지 방법으로 사람을 끌어와 부처님께 귀의시키는 포교방법이다.

부처님께서 불교라는 교단을 만드시고 난 뒤 제자들을 향해 모두 다 전법에 전념하라고 하셨다. 전법은 포교를 말한다. 포교는 그 가르침을 널리 퍼뜨린다는 뜻을 가지고 있다. 어떤 종교를 막론하고 이 포교를 우선으로 하지 않는 종교는 없다. 포교 여하에 따라 그 종교의 가치와 흥망이 달려 있기 때문이다.

불교도 마찬가지다. 부처님만큼 전법의 사명을 다하라고 강조하신 성자도 드물다. 불자들은 앉았다 하면 기독교의 전도 이야기를 들먹인다. 그들의 전도는 정말 집요하고 끈질기다고 한다. 사실 그렇다. 그들이 그렇게라도 하지 않았다면 어떻게 천만 명이 넘는 이 땅의 국민들이 야훼라는 사막의 신을 믿을 수 있었겠는가. 그들의 열성적인 전도에 그저 놀라울 뿐이다.

그와 반대로 불교는 늘 소극적이고 폐쇄적으로 움직인다. 절에 가는 날도 혼자서 외로이 간다. 가족들도 따라나서지 않는다. 함께 가자라는 말 대신 갔다 오겠다는 인사로 집을 나선다. 집에 있는 식구들은 그 말에 별 반응이 없다.

혹시라도 어디 가느냐고 물으면 절에 간다고만 대답한다. 어느 절에 가느냐고 물으면 그냥 알 거 없다고 한다. 집에서 나와도 같이 가는 동료가 없다. 동료를 만들지 않았기 때문에 언제나 혼자서 절까지 간다. 그렇게 외톨이로 움직인다.

절에 갔다 와도 식구들은 반응이 없다. 가족들 대표로 그들의 건강과 안녕을 기원하고 돌아왔는데도 가족들은 보통 때처럼 덤덤히 맞이한다. 절에 다니는 의미를 전혀 주지 못하기 때문이다.

절에서 법문을 들었는데도 가족들에게 한마디 전달해 주는 것도 없다. 구도하는 마음이 없다 보니 들은 것이 생각이 나지 않을 뿐만 아니라 가족들에게 전해야 되겠다는 전법의 의무조차 없다. 그러다 보니 가족들이 느끼는 신행은 그저 정기적으로 동네 노인 한 분 찾아갔다 오는 봉사활동 걸음쯤으로 여긴다.

세속적인 사리판단이 빠른 사람들은 불경을 보면 정말 매료된다고 한다. 그만큼 불교는 철학을 넘어 종교적으로 완전무결한 가르침을 담고 있다. 그런데 그것이 다다. 자기가 알고 느끼는 것으로 끝이다. 더 이상 어떤 메리트를 만들어 내지 못한다. 그냥 자꾸 안다고 한다. 또는 불경을 많이 수집해 책장 전체가 불교책으로 가득하다고 자랑한다.

더러는 오동나무상자에 어떤 특정한 불경을 부처님처럼 모셔두고 있다고 한다. 그래서 조석으로 무릎을 꿇고 예경을 올리며 향을 피운다고 한다. 자신을 위해서는 좋은 일이다. 하지만 남을 위해서는 전혀 이익이 없다. 그냥 오래된 보물 하나 집에 있는 것처럼 이리저리 살펴보고 먼지를 닦고 어루만지며 기특해 하는 그런 수준에 그치고 있다. **화엄경** 말씀이다.

假使頂戴經塵劫 가사정대경진겁
身爲床座徧三千 신위상좌변삼천
若不傳法度衆生 약불전법도중생
畢竟無能報恩者 필경무능보은자

경전이 좋다고 수많은 세월 동안 머리에 이고 살아도

부처님이 좋다고 천지의 의자가 되어 엎드린다 해도
불법을 전파해 중생을 제도하지 않으면
결코 부처님의 은혜를 갚지 못하는 자가 된다.

어느 경전이든 유통분에 보면 꼭 사구게라든지 아니면 그 속에 들어 있는 말씀들을 다른 사람들에게 전하면 그 복이 무궁하다고 말씀하시고 있다. 경전은 모두 다 이런 권유로 끝을 맺는다. 하지만 사람들은 그 간절한 전법의 말씀을 읽고도 그냥 무심하기만 하다. 아무러한 느낌 없이 책장을 덮고 경전 한 권을 다 보았다고 한다. 사실 그들은 경전을 본 것이 아니다. 경전이 그들의 얼굴을 보고 지나쳤을 뿐이다.

신도들이 절에 와서 기도를 한다. 기복기도를 한다. 기복을 하지 않는 신도는 거의 없다. 복덕이 완전히 갖추어진 삶을 사는 자는 없기 때문이다. 모두 다 복이 필요한 상태로 절에 온다. 절에 오는 이유는 복을 짓는 방법을 배우는 것인데 현실은 그렇지 않다.

그들은 복을 받으러 온다. 절에 복이 산더미같이 많이 쌓여 있어서 엎드려 비는 정성에 따라 복을 배급해 준다고 믿는 모양이다. 하지만 절에는 복이 없다. 오로지 복을 짓는 방법만 있다.

그러므로 누구든 복이 필요한 자는 천리를 마다않고 절에 와야 한다. 그리고는 목숨을 걸고 작복하는 방법을 배워야 한다. 그래야 자기도 살고 타인도 살 수가 있다. 그러면서 삼보를 떠받들어야 한다. 이것이 불교신자가 행해야 하는 기본 신행이다.

작복 중에서 가장 효과가 빠른 것은 바로 불법을 정확히 배워 그것을 다른 사람들에게 전달하는 방법이다. 만약에 그 사람이 자기에게 불법을 전해 듣고 선행을 하거나 수행을 하게 되면 그 복덕의 일부분은 자기에게 돌아오게 된다. 그러므로 불법을 홍포하는 것이 가장 확실한 큰 복이 된다고 경전마다 말씀하시고 있다.

그런데도 불법을 배우지 않고 미신적 기복기도만 하다 보니 복이 생기질 않는다.

양식이 필요해서 씨앗을 심는데 자꾸 자갈밭 위에 그 아까운 종자를 흩뿌리는 것을 보고 부처님은 거기에 뿌리면 안 된다, 좋은 땅에 뿌려야 싹이 트고 열매를 맺어 곡식이 된다, 좋은 땅은 바로 삼보를 받드는 것과 경전을 전법하는 것이다 라고 구구절절이 말씀하셨는데도 그런 말씀에는 아예 관심을 두지 않다 보니 아직도 계속해서 헛된 몸놀림만 하고 있다. 그래서 손발은 고생하고 이득은 없는 짓만 연속해서 반복하고 있는 것이다.

복이 필요한 사람은 복을 만들어 야 한다. 부처는 복을 만드는 방법을 가르쳐 주셨지 복을 빌면 준다고는 말씀하시지 않으셨다. 그러므로 이제라도 잘못되었다는 것을 알았다면 복을 짓는 법을 배워야 한다. 이 인간 세상에, 아니 이 천지의 중생세계에 복이라는 것이 없다면 그 삶이 결코 순탄치 않기 때문에 그런 것이다.

부처님의 말씀을 전한다는 것은 대단히 어렵다. 더군다나 가진 것이 없는 사람일수록 더 완고하게 거부한다. 혹시라도 자기가 갖고 있는 마지막 것까지 홀랑 뺏기지나 않을까 하는 불안한 심리로 더 많은 경계를 한다.

그러므로 사실 가난한 이들에게 불법의 진수를 설하는 것은 거의 불가능하다. 고작해야 어느 절에 가서 빌면 부처가 한 개의 소원을 들어준다고 하더라 할 때 귀가 솔깃해지는 것이지 직접 복을 지어야 복을 받는다고 말하면 모두 다 도망쳐버릴 것이다.

그것도 그럴 것이, 가난한 사람들에게 투자를 말하면 그 사람들은 바로 눈을 흘기게 된다. 지금 먹고 살기도 빠듯한데 무슨 투자냐고 힐난을 하는 것이다. 그러므로 그들에게는 결코 투자 얘기를 꺼낼 수가 없다. 확실한 배당이 보장되는 투자라고 해도 고개를 돌린다. 그들의 삶은 입에서 단내가 날만큼 힘들고 고달프다. 그런데 어찌 복을 짓는데 귀를 기울이겠는가.

그래서 불교는 있는 자들에게 설해진 가르침이라고 하는 것이다. 조금이라도 여유 자금이 있어야 안전한 투자를 찾듯이 그래도 삶에 여유가 있는 사람들이라야 작복에 대하여 관심을 가질 수 있기에 그런 것이다.

여유가 있는 사람들 정도가 되어야 보름달을 보고 시를 쓰거나 풍류를 즐길 수 있다. 없는 사람들은 그런 데 관심이 없다. 빨리 자야만 내일 새벽에 또 급히 일터로 나갈 수 있다. 그런 사람들에게는 도리어 큰 봉변을 당할 수가 있다.

"절에 가자고 하면 돈 든다고 안 옵니다."
"돈 있는 사람도 천지인데 왜 하필 돈 없는 사람을 건드립니까?"

불교는 지혜로운 사람들에게 설해진 가르침이다. 어리석은 사람들에게는 부처님 말씀이 통하지 않는다. 어리석은 사람들일수록 자기 개성이 강하고 자기 고집이 세다. 그런 방식으로 자기 자신을 방어하고 있다.

불교는 그런 어리석은 사고방식을 깨는 가르침이기 때문에 그들의 얄팍한 자존심을 건드릴 수밖에 없다. 그때에는 절단난다. 그러므로 가난한 자들에게는 대승의 불법이 통하지 않는다.

그냥 그들이 최고라고 여기는 기도와 영험을 지금처럼 설해주면 그들도 좋아하고 사찰도 별 탈 없다. 그러면 누이 좋고 매부 좋은 윈윈 방법이 된다.

대승의 불교를 받아들이는 데는 기본적으로 삶에 여유가 있고 머리가 좋아야 한다고 누누이 말하고 있다. 세 끼 밥도 해결하지 못하는 사람들에게 학교 가서 등록금을 내고 학문을 배우라고 하면 떫은 감을 씹는 것 같은 기분을 느낄 것이다.

형평상 초등학교만 겨우 졸업한 사람들에게 함수를 말하고 철학을 논하면 그 사람들은 뭐라고 말할까. 대번에 마 쓸데없는 소리 하지 말라고 외면해 버린다.

그처럼 대승불교는 역설적으로 먹고 살만 하고 머리가 좋은 사람이어야 그 가르침의 진수를 이해할 수 있다. 그래서 불교는 역사적으로나 지리적으로 언제나 여유가 있는 사람들 쪽에서 먼저 받아들여 그에 상응하는 아름다운 꽃을 피웠던 것이다.

그렇다고 해서 불교가 가난하고 모자라는 사람들을 도외시한다는 말은 아니다. 일단 그 사람들을 우선 성장시키도록 도와준다. 문제는 그 성장의 교육을 맨 처음 어떻게 순수하게 받아들이느냐 하는 것이다. 제대로만 받아들이면 부자도 되고 머리도 열려서 부처님 말씀을 순수무잡하게 받아들일 수 있는 그릇이 되는데 그것이 정말 어렵다는 것이다.

절에 가자고 하는데 군말 없이 따라온다면 두 가지 이유가 있다. 첫째는 가자고 하는 사람이 상당히 괜찮은 사람이고, 둘째는 따라오는 사람이 지금 현재 참 할 일이 없는 자일 수 있다.

전자의 사람은 힘을 가지고 있다. 권력이거나 돈이거나 일단 사람을 끌어들일 수 있는 능력을 지니고 있다. 하다못해 얼굴이라도 잘생겼거나 말이라도 감칠맛 나게 잘하는 사람임에 틀림없다. 사람들은 물과 같이 반드시 힘이 센 자에게 끌린다.

그러므로 그런 사람들은 주위 사람들을 움직일 수 있는 뭔가를 분명 가지고 있다. 그런 것이 없다면 아무리 절에 가자고 해도 따라오지 않는다.

따라간다고 해도 아무런 이익이 없을 것 같으면 내 말을 듣지 않는다. 그런데도 따라 나선다면 그 사람이나 따라 나서는 사람이나 둘다 참 영양가 없는 사람들이다.

후자는 자기 할 일이 생기면 절에 오지 않는다. 그때가 되면 다른 것을 우선으로 하기 때문에 절에 갈 시간이 없다고 한다. 설령 그들이 절에 온다고 해도 매양 기복불교 행위만을 한다. 살아가는 것이 팍팍하다보니 어디 공짜가 없나 하는 심정으로 공짜 복을 타내려고 한다.

그래서 줄기차게 이 절 저 절 소문난 사찰만을 찾아 기복기도만을 한다. 어렵게 절에 들어와도 대승불교를 배우기까지가 정말 쉽지 않은 이유가 여기에 있다.

그러므로 불교를 제대로 포교하려면 이제라도 가난한 사람보다 위에서 말한 두 가지 조건을 갖춘 사람들을 먼저 찾아봐야 한다. 일단 그런 사람이 보이면 네 가지 방법으로 그 사람들을 삼보에 귀의시키도록 노력해야 한다.

"포교를 해도 듣지를 않습니다."
"그대에게 사람을 이끌 만한 무슨 힘이 있습니까?"

첫째는 베푸는 것이다. 사람이건 동물이건 자기에게 베푸는 자는 공격하지 않는다. 베풀면 경계를 늦추고 일단 자기 말에 귀를 기울이게 되어 있다.

한번 만나서 밥을 사주면 잘 먹었다고 한다. 두 번 만나서 또 밥을 사주면 무슨 일이 있느냐고 묻는다. 세 번째 만나서 또 밥을 사주면 무슨 일인지 한번 들어나 보자고 궁금해 한다. 네 번째 만나서 밥을 사주면 무슨 말인지 다 들어 줄 테니 제발 말 좀 해 보라고 보채기 시작한다.

이때까지 베풀어야 한다. 이제 적어도 한 시간 이상은 내 말을 들어줄 것이다. 그 전에는 내가 한 마디 하면 자기도 한 마디 했는데 이제는 내가 한 시간을 말해도 그는 가만히 듣고만 있을 것이다. 저번처럼 바로 토를 달거나 시비를 걸어오지 않고 그저 순한 양처럼 내 말에 귀를 기울이고 앉아 있을 것이다.

그 한 시간 안에 그를 교화시켜야 한다. 준비를 하고 있었다면 충분히 가능한 시간이다. 반드시 그는 수긍을 하고 본인은 귀한 동료를 하나 얻을 수 있다.

둘째는 좋은 말을 해 주어야 한다. 가는 말이 고우면 오는 말도 곱기 마련이다. 내가 좋은 말을 해준다면 상대방이 거친 말로 대꾸할 리가 없다. 돈도 들지 않고 세금도 안 내는데 왜 입 놔두고 좋은 말을 안 해 주려 하는가. 그것은 인간은 원래 타인들과 경쟁의식이 있어서 타인들에게 좋은 말을 해 주는 것을 대단히 아까워하기 때문이다.

그런데 내가 사람들을 만날 때마다 그들이 좋아하는 말을 해 준다면 그들은 나를 그리워할 것이다. 뭔가의 경제적 이익을 바라고 그 사람에게 아첨을 하거나 두 말을 하라는 것이 아니다. 그 누구도 손해를 보지 않는 좋은 말을 하면 된다. 그런 말은 의외로 많다.

"너 어디 아프냐?"
"……"

복이 안 되는 사람들은 만날 때마다 어디 아프냐느니, 얼굴이 왜 그리 팍삭 늙었느냐느니 살이 더 쪘다느니 흰 머리가 더 늘었다느니 참 복 없는 소리만 한다. 그런 소리는 누군들 다 싫어한다.

같은 값이면 요즘 얼굴이 어찌 그리 좋아졌냐느니 더 젊어졌다느니 하면 듣는 사람 기분도 좋고 자기도 복을 짓게 되는데, 왜 그리도 좋은 말을 하는 데는 주저하고 있는지 안타까운 일이다.

좋은 사람을 사귀려면 그 말투부터 서둘러 바꾸어야 한다. 그러면 불법을 포교하는 데 큰 도움이 된다.

셋째는 그 사람에게 이익이 가도록 움직여야 한다. 사람들은 이익에 대단히 민감하다. 이익을 줄 수 있는 사람이라면 친소를 가리지 않고 가까이하려 하지만 손해를 입힐 것 같으면 뒤도 돌아보지 않고 차갑게 떠나버린다. 그러므로 사람을 사귀려고 하면 우선 그 사람에게 이익이 되는 움직임을 보여야 한다.

옷 장사를 하는 친구가 있다. 그런데 그 친구가 파는 옷과 똑같은 옷을 입고 나타난다면 그 사람 표정이 순간 어떠할까. 이왕 옷을 하나 사 입어야 한다면 친구의 옷가게가 설령 멀리 떨어져 있다 하더라도 일부러 찾아가 그 친구가 권하는 옷을 하나 산다면 그 친구와는 더 막역한 사이가 된다.

그러면 속으로 끈끈한 동료애가 생겨 부담없이 서로의 마음을 주고받을 수 있다. 그때가 되면 그 친구는 나를 전적으로 믿을 것이고 나는 그 친구를 평생의 도반으로 만들 수 있다.

넷째는 같은 것에 관심을 가지는 것이다. 친구는 보통 오랫동안 함께 지내왔기 때문에 공동 관심사가 많다. 그래서 친구와 있으면 이야기가 끝이 나질 않는다. 하지만 생소한 사람과 마주 앉아 있으면 사무적인 단답형의 대화만 이어진다. 그러다가 할 말을 다 하면 어색하게 멀건이 쳐다보고만 있다.

그러므로 친구가 되려면 친구가 좋아하는 것에 관심을 가져 주어야 한다. 적어도 그 분야에 기본 지식을 가지고 있어야만 서로 대화를 이어갈 수 있으니까 그렇다.

친구가 바둑을 좋아하면 내가 바둑을 배운다. 친구가 등산을 좋아하면 나도 등산을 간다. 그리고는 같은 관심사를 가져 동질감을 느끼도록 노력한다. 그러면 이제 서로가 떨어질 수 없는 친구 사이로 발전한다. 그때 내가 알고 있는 불법을 전해 준다. 친구는 거부하지 않고 순순히 받아들인다.

위의 네 가지 방법으로 사람을 사귀어 불법 속으로 들어오게 만드는데, 몇몇 사람들은 이 방법들이 너무 정략적이라고 해서 꺼리기도 한다. 하지만 그렇지 않다. 비록 이런 방법을 써서라도 일단 불법 속으로 들어오게 되면 엄청난 이익을 서로가 공유할 수가 있다.

불법은 사람들을 데리고 와서 궁극적으로 어떤 신을 믿게 만든다든지 어떤 물건을 강매한다든지 하는 것이 아니다. 따라서 사섭법을 그렇게 볼 필요는 없다. 불법은 사람의 마음을 궁구하고 그 마음의 환원을 가르치는 종교이기 때문에 끝까지 둘 다 아무런 손해와 피해를 입지 않고 무궁한 복을 지을 수 있다.

그러므로 이 사섭법을 쓰지 않고 절에 다니면 결국 자기 혼자 외로이 다니다가 그 복이 다하게 되면 핫바지에 방귀가 빠지듯이 슬그머니 사라지게 된다. 평생을 절에 다녀도 동료 하나 구하지 못하고 자기 혼자 떨어져 나오는 이유가 여기에 있다.

그러면서 언제나 하는 소리가 옛날 도반이니 옛날 초발심이니 하는 소리로 과거를 회상하며 돈 안 되는 추억에 젖어 산다.

사섭법 하나를 갖고도 이렇게 많은 지면이 할당되었다. 안타깝게도 이어지는 다른 법수들은 지면관계상 다 풀어쓸 수가 없다. 이해하여 주시기 바란다.

海東疏 以四念處爲平直 以四神足爲速進 以勝五力爲鎧陣 以八聖道爲直進 於一切衆生無障礙慧明爲軒 以無住六波羅密廻向薩般

若 以無礙四諦度到彼岸 是爲大乘 解云 上來以二十句擧喻況法以
顯乘義

사념처로써 평탄하고 곧은 길을 찾으며, 사신족으로써 빠르게 나아가고, 수승한 오력으로 좌우를 살피며, 팔성도로써 직진하고, 장애 없는 밝은 지혜로 중생을 제도하는 차여로 삼고, 주착함이 없는 육바라밀로써 살반야에 회향하며, 걸림 없는 사제의 법으로써 피안으로 건너가는 이것이 곧 대승이라 하는 것이다 라고 하셨다. 풀이할 것 같으면 위의 스무 구절은 불교의 법수를 들어 대승의 뜻을 나타내고 있다.

고오타마 싣다르타가 대각을 이뤄 부처가 되고 난 뒤에 맨 처음으로 설법한 것이 사성제이다. 그러므로 이 사성제는 불교의 가장 기본 교리라 말할 수 있다. 사성제라는 말은 네 가지 성스러운 진리라는 뜻이다.

네 가지 중 첫 번째가 중생은 고통 속에 있다는 것이다. 부처는 이 고통이라는 언어로부터 시작하여 45년 동안 무수한 설법을 하시다가 마지막에 고통의 반대쪽인 열반의 모습을 보이고 화신의 일생을 거두셨다.

그만큼 이 고통이라는 것은 중생세계의 운명이며 반드시 풀어야 할 숙제다. 이것을 해결하지 못하면 중생은 고통 속에서 태어나 고통 속에서 살아가다 고통 속에서 죽어갈 수밖에 없다.

이 기막힌 문제를 꿰뚫어 보신 부처님께서 중생들은 모두 다 고통 속에 들어 있다고 천지가 진동할 만큼 큰 소리로 포효하셨다. 즉 행렬을 지어 나아가는 봉사들 무리 앞에 수만 길 낭떠러지가 있다는 것을 먼저 보시고서 더 이상 앞으로 나아가지 마라고 고막이 터질 듯한 고함을 쳐 주신 것이다.

우리는 병목으로 줄을 지어가며 차례대로 차곡차곡 죽음으로 떨어져 간다. 그 전에는 누구도 모른다. 거기가 죽음으로 가는 절벽이 있는지 아무도 눈치 채지 못하고 그쪽으로만 향해 간다. 거기에 고통이 끊어진 유토피아의 세계가 있는 것처럼 윗대 뒤를 이어서 꾸역꾸역 그쪽으로만 힘들게 앞서거니 뒤서거니 하면서 나아갔던 것이다.

그런데 부처가 행렬의 맨 앞쪽을 높이 서서 미리 봐 버린 것이다. 그래서 그분은 목이 쉬도록 소리 높여 그쪽으로 가지 마라고 경고하셨던 것이다. 그쪽으로 나아가는 것 자체가 고통이며 준비가 고통이며 행렬이 고통이며 결과가 고통이라고 귀청이 떨어질듯이 우레처럼 경고해 주신 것이다.

무리의 대다수는 그 소리를 듣고 뭔데 뭔데, 왜 그래 하면서 한참 동안 왁자지껄하게 시끄러움을 떨다가 이내 아무 일도 없었다는 듯 그쪽으로 다시 행렬을 지어 나아가고 있다.

부처가 계실 때에는 그 경고에 귀를 기울이더니 그분이 떠나고 나자 사람들은 모두 다 그 경고를 잊어 버렸다. 그 길로 가면 죽는다는 피어린 경고를 바로 망각해 버리고 다시 또 그쪽 길로 가려고 동분서주하고 있는 것이다.

다시 고함을 친다. 그쪽으로 가면 고통으로 죽는다고. 부처님이 돌아가시면서 남기신 네 가지 성스러운 진리 중 한 개는 아직도 우리 곁에서 이렇게 무언의 고함을 지른다. 중생들은 모두 苦 속에 있지만 苦를 느끼지 못하고 있다고 계속해서 경고하고 있다.

그렇다면 왜 苦라 하느냐고 되묻는다. 절벽에서 아직 떨어지지 않고 그쪽으로 나아가는 봉사가 묻는 것과 똑같다. 그 앞에는 수만 길 절벽이 있기 때문에 苦인 것이라고 부처님은 말씀하셨다. 즉 중생은 어리석음으로 죄업을 모르기 때문에 당연히 苦쪽으로 나아간다고 말씀하신 것이다. 이것이 두 번째 진리인 集이다.

그렇다면 죄업을 안 지으면 어떻게 되느냐고 묻는다. 죄업을 짓지 않으면 고통이 없다. 죄를 짓지 않으면 지옥인 감옥이 있어도 나하고는 관계가 없다.

사람은 죄를 지은 원인이 있었기 때문에 사람으로 태어났다. 그렇지 않았다면 작은 열반이거나 큰 열반이거나 열반의 세계에 가 있을 것이다. 열반은 죄업의 인과가 없어진 자리에 있다. 거기에는 죄로 인한 고통이 없다. 오로지 즐거움만 있다. 이것이 세 번째 진리인 滅이다.

죄는 고통을 잉태하기 때문에 반드시 고통이 나타난다. 그것은 누구도 피할 수 없다. 내가 다른 생명을 힘들게 하고 다른 생명을 죽였는데 어떻게 그 과보가 나에게 돌아오지 않겠는가. 그것이 과보 없이 끝난다면 나는 유물사관에 빠진 것이고, 내 대신 어떤 신이 그 죄를 없애 준다면 나는 미신에 빠진 사람이다.

전자는 외도고 후자는 사도의 생각이다. 정도인 불교는 인과의 법칙대로 세상의 생명체들이 정확하게 움직이고 있다는 사실을 밝히고 있다.

나는 죄를 짓지 않고 산다고 하는 사람은 어떻게 되는 것인가. 죄를 짓지 않고 살려면 엄청난 부자거나 아라한이거나 둘 중 하나면 가능하다. 하지만 범부로 태어나 죄를 짓지 않고 사는 사람은 아무도 없다. 단지 자신이 죄를 짓고 있지만 그 죄를 느끼지 못하고 있을 뿐이다.

옛날 농촌에 살던 농부들은 먹고 살기 위해 죄를 짓는 줄을 모르고 참 많은 죄를 지었다. 그들의 삽과 쟁기에 수많은 생명들이 죽임을 당하였다. 잎을 먹고 열매를 따기 위하여 맹독성 농약을 쳐서 또 수많은 벌레들을 죽였다.

그래도 그것이 죄인 줄 몰랐다. 개구리부터 뱀 메뚜기 개미 새 할 것 없이 농사에 해가 되거나 인간에게 피해를 주는 생명들은 새끼나 성수나 들짐승이거나 날짐승이거나 가리지 않고 눈에 보이는 대로 다 죽였다.

밭 한 평이라도 더 넓히려고 화전을 일구는 바람에 또 얼마나 많은 산짐승과 산 미물들이 불에 타 죽고 호미날에 잘려 죽었는지 알 수가 없다. 그래도 그들은 전혀 살생이라는 죄의식을 느끼지 않고 세상 사람들 말마따나 착하고 순수하게 자연과 더불어 살다가 죽었다. 그런 것인가?

그렇다면 진짜 죄를 안 짓고 살 수 있는 방법이 있기는 있는 것인가? 있다. 그것이 道라는 네 번째 진리이다. 이 길은 여덟 가지로 나눈다. 즉 적멸인 열반으로 들어가는 방법 중 하나가 여덟 가지의 바른 삶이다.

이것을 닦아 들어가면 죄업으로부터 벗어날 수 있다. 그러면 머지 않아 열반의 세계로 연결되는 통로가 보인다. 그렇다면 여덟 가지 바른 행위는 무엇인가.

① 正見 : 바르게 세상을 보라.
② 正思惟 : 바르게 생각하라.
③ 正語 : 바른 말을 하라.
④ 正業 : 바르게 행동하라.
⑤ 正命 : 바른 삶을 살라.
⑥ 正精進 : 바른 노력을 하라.
⑦ 正念 : 바른 생각을 품어라.
⑧ 正定 : 바른 선정을 하라.

곁들여서 한 가지 수행을 더 소개한다. 사정근이다. 즉 네 가지 부지런함이 있어야 한다. 사람으로 부지런함을 떨어야 되는 것은 바로 이것이다. 그 외의 부지런함은 결국 자기 자신을 파멸시키는 부산함에 지나지 않는다. 물소가 늪에 빠졌을 때 살려고 발버둥치면 칠수록 더 깊이 빠지는 것처럼 인간이 부지런하면 부지런할수록 더 빨리 죽음의 문턱에 가 닿는다.

첫째는 내가 죄를 짓고 있는 것이 있다면 그 죄악이 더 세력을 얻기 전에 빨리 그 뿌리를 잘라 버려야 한다. 한번 발동된 죄악은 절대로 자동 소멸되지 않는다. 서둘러 조치를 취하지 않고 그냥 방치하거나 방조했을 때는 엄청난 재앙으로 다가온다. 흡사 저수지에 작은 구멍을 빨리 매우지 않으면 논밭도 마을도 모두 다 쓸려가 버리듯이 자기도 주위도 다 파멸되어 버린다.

둘째는 죄악의 씨를 안고 있다면 그 죄악이 싹트지 않게 어떻게든 막아야 한다. 자기 내면의 움직임은 자기가 제일 잘 안다. 자기가 지금 어떤 계획을 무섭게 세우고 있는지도 자기만이 알고 있다. 죄악의 시동에 제동을 걸지 않으면 결국 봇물 터지듯이 터져 나와 막기가 여간 어려운 게 아니다.

암의 가족력이 있는 사람은 미리 예방조치를 철저히 하듯이, 내 안에서 꿈틀대고 있는 죄악의 DNA가 있다고 파악이 된다면 그것이 기회를 엿보고 밖으로 튀어나오지 못하도록 철저하게 관리해야 한다.

셋째는 선업을 행하고 있다면 거기에 가속이 붙도록 노력해야 한다. 모든 것들은 다 움직인다. 움직이지 않으면 썩는다. 더디게 움직이든지 빨리 움직이든지 다 움직여야 산다.

선업도 마찬가지다. 잘 하다가 그만두면 바로 시들어 버린다. 나무를 키워보면 잘 알 것이다. 잡풀을 베고 더부살이 넝쿨을 제거해 주면 나무의 생육이 눈에 보일 정도로 빠르고 윤이 나지만 그냥 둬버리면 잡목에 시달려 가지가 비틀어지거나 말라 죽게 된다. 그처럼 선업도 어떤 결과가 나올 때까지 계속해서 탄력을 붙여야 한다. 시작은 잘 하는데 마무리가 좋지 않으면 지혜로운 사람들에게 빈축을 산다.

마지막은 아직 생기지 않은 선업의 싹은 빨리 나오도록 노력하는 것이다. 산삼의 씨를 뿌려 놓았다면 발아가 되도록 애타게 기다린다. 두엄을 덮고 물을 뿌리며 따가운 햇살 가리개를 만들어 주면서 기도하듯이 지켜보게 된다. 어서 빨리 싹이 터서 무럭무럭 자라 주었으면 좋겠다는 간절한 바람이 이어진다.

마찬가지로 내 안에는 산삼보다 백 배 더 효험있게 나를 살리는 선업의 씨가 숨어 있다. 이것을 어떻게 싹을 틔워 내느냐에 따라 나의 인생이 고통과 즐거움으로 나눠진다. 어느 절 앞 펼침막에 이런 글이 쓰여져 있는 것을 보았다.

- 내가 지은 복을 빨리 받도록 도와주소서 -

얼마나 다급했으면 부처님께 시위하듯이 저런 글을 써 놓았을까 하는 심정이었지마는, 한편으로는 저렇게 복이 고갈될 때까지 도대체 뭘 하고 있었기에 그 정도까지가 되었나 싶을 정도로 서글픈 마음이 들기도 하였다.

얼마 지나지 않아 다시 그 절을 찾았을 때는 그 절이 폐쇄되어 있었다. 그렇게 복이 바닥난 신자들만 그 절에 다니다보니 더 이상 사찰 운영이 불가능하였던 모양이다.

원문에 차여라는 말이 나오는데, 이것은 수레 위에 있는 조그마한 집을 말한다. 보통 가마처럼 생겨서 앉거나 누울 수 있는 공간을 마련해 준다.

살반야라는 말은 일체지라는 뜻이다. 즉 일체 모든 것을 훤히 비추어 아는 지혜를 말한다. 다른 말로 번역하자면 육바라밀을 닦아 일체종지를 얻고 라는 뜻이다.

이런 수레가 내 가슴속에서 작동하기를 기다리고 있다. 가만히 상상해 보면 수레의 윤곽이 드러날 것이다. 이것을 대승불교에서는 소가 끄는 수레라고 표현하고 있다. 소가 끄는 수레는 제일 큰 수레다. 나 말고도 주위에 인연있는 사람들을 모두 다 싣고 고통의 세계를 넘어갈 수 있다. 그래서 대승을 큰 수레라고 부르는 것이다.

부처님은 세 개의 수레를 말씀하셨다. 첫 번째는 양이 끄는 수레인데 이것은 자기 혼자만 타고 넘어간다. 다른 사람까지 태워 넘어갈 힘이 없다. 그래서 이런 수레는 소승수행자의 수레라고 한다.

두 번째는 사슴이 끄는 수레다. 이것은 연각이 타서 고통의 세계를 넘어간다. 혼자 타기에는 여분이 있고 많은 사람들이 타기에는 역부족이다. 그래서 조금만 태워서 넘어간다는 뜻에서 사슴이 끄는 수레라고 한다.

세 번째는 보살의 수레다. 이것이 지금 말하고자 하는 대승의 수레다. 이 수레는 크고 힘이 세서 많은 사람들이 탈 수가 있다. 그래서 보살은 수많은 중생들을 대승의 수레에 실어 안락의 세계로 나아가시는 분이라고 하는 것이다.

이렇게 소가 끄는 수레를 탱화로 걸든지 아니면 간단한 삽화로 그림을 그려 일반인들에게 보급하면 정말 멋질 것 같다. 기껏 울긋불긋한 고려시대 때의 탱화를 모조해서 벽에 걸려 하지 말고 이런 그림을 걸어 놓으면 더 친근감이 있고 더 역동적이어서 정말 좋겠다고 생각한다.

이런 큰 수레가 우리 가슴속에 스무 개의 기능을 갖고 언제든지 떠날 준비를 하고 있다. 아무리 좋은 자동차라도 기름이 없으면 움직이지 않는다. 아무리 나를 구제해 주는 수레가 내 안에 들어 있다 해도 복이 없으면 작동을 하지 않는다. 이 수레는 순전히 복을 먹어야 움직이는 것이다. 그러므로 복이 없으면 그대로 주구장창 내 안에서 그대로 기다릴 수밖에 없다.

수레의 기능은 싣고 가는 것이다. 싣고 가지 않는 수레는 폐물이 된다. 사람들은 이 수레를 그저 내면에 갖고만 있다. 타고 넘어갈 수레를 한없이 안고만 있다.

그러다가 이제 그 수레가 있는지조차 잊어버렸다. 그러다보니 돈을 들여 기름 먹는 자동차를 산다. 그것을 타고 인간세상을 맴돈다. 참 대책 없는 사람들이다. 자기를 구해줄 수레가 이미 자기에게 준비되어 있는데도 그것을 타지 않고 쇠로 만든 자동차를 타고 다니면서 매양 힘들어 죽겠다고 고통스러워한다.

海東疏 又下文云 此乘諸佛所受 聲聞辟支佛所觀 一切菩薩所乘
또 허공장경의 아래 글에 이르기를, 대승이라고 할 때 이 乘이라는 것은 모든 부처님께서 대대로 이어오신 것이라서 성문과 벽지불은 구경만 한다. 그것은 일체 보살이라야 타는 것이다.

대승기신론 해동소를 손에 넣는 인연이 없었다면 어떻게 **허공장경**이라는 경전을 알았을까. 성사 때문에 **허공장경**이라는 경전의 이름을 가슴속 깊이 넣어 두는 행운을 얻었다. **허공장경 허공장경** 수없이 되뇌어도 싫증나지 않는 이름이다.

허공장보살이 승화부장부처님의 세계에서 탈 많고 병 많은 이 사바세계를 정토로 변화시키려고 이 땅에 손수 오셨다. 그래서 신령스러운 주문 하나를 내려 주셨는데 그 주문 이름이 허공장보살신주라는 다라니이다.

이것만 외우면 모든 병을 없애고 복을 얻는다고 하셨다. 또 허공장보살을 부르면 소원하는 모든 것이 이루어진다고 하신 내용을 묶어 놓은 밀교 경전 중 하나이다.

성사는 이 허공장보살이 **대집경**에서도 나오는 허공장보살과 동일 인물이라고 판단하셨던 것 같다. 그래서 **대집경**의 허공장보살을 말씀하시면서 **허공장경**이라고 언급하시고 있는 것이다.

海東疏 釋梵護世所應敬禮 一切衆生所應供養 一切智者所應讚歎
제석천왕 범천왕 호세천왕들이 당연히 경례를 하고, 중생들이 반드시 공양을 올리며, 지혜로운 모든 사람들이 응당히 찬탄하는 수레가 된다.

제석천왕은 도리천의 주인이다. 도리천은 우리의 직속 하늘이다. 대승불교의 세계관에서 우리 위에 사왕천이 있다. 사왕천은 수미산 꼭대기에 걸쳐진 하늘이라서 허공의 완전한 하늘은 아니다.

사왕천은 네 명의 왕들이 사방 각 하늘을 관장한다고 붙여진 이름이다. 동쪽에는 지국천왕 서쪽에는 증장천왕 남쪽에는 광목천왕 북쪽에는 다문천왕이 이 남섬부주를 담당한다.

사천하의 작은 일들은 이 왕들이 알아서 처리하고 인간들의 생사 같은 큰 문제는 그 위의 하늘인 도리천주에게 보고하고 결재를 받는다. 도리천주는 제석천왕이다.

이것은 꼭 옛날 제후시대와도 같다. 왕이 있고 황제가 있을 때 왕은 제각기의 나라를 다스리지만 그 최종 결재권은 황제에게 있다. 그래서 제석천왕의 이름 첫 머리에 帝 자가 들어간 것이다.

여름이 되면 방송국에서 거의가 다 납량특집을 편성한다. 그때 주로 전설 따라 삼천리라는 프로를 만든다. 그때 등장하는 우리 고유의 하늘님이 있다. 바로 옥황상제인데 그가 제석천왕이다. 옥황상제는 도교에서 붙힌 이름이다.

이 제석천왕은 도리천의 중심에 있는 선견성에 거주하면서 횡으로 펼쳐진 32개의 하늘을 관리한다. 그러니까 중앙 하늘 1개와 이 32개를 보태면 33천이 된다. 그래서 제야의 타종 때 33번을 친다. 이 우렁찬 종소리가 우리가 소속된 하늘 끝까지 멀리 멀리 울려 퍼져나가 일체 중생들 모두가 다 깨달음을 이루어 고통으로부터 벗어나라는 염원에서다.

범천왕은 색계의 초선천을 관장하는 왕이다. 색계는 18개의 하늘이 수직으로 중첩되어져 있다. 그 중에서 우리와 가장 가까운 하늘, 즉 욕계 6천 위에 첫 하늘이 바로 초선천이며 그 하늘을 담당하는 왕이 범천왕이다.

도리천주가 사천하를 관리하듯이 이 범천왕은 욕계 6천 전체를 관장한다. 그러므로 이 범천왕은 우리 불교사에 자주 변신의 모습을 나타내 중생계를 이롭게 해왔다. 어떤 때는 농부로 어떤 때는 무사로 또 어떤 때는 천인으로 변신을 하여 주로 마군을 물리치고 수행자들을 호위하는 역할을 해 주었다.

이 왕은 고오타마 싣다르타가 출가를 하여 대각을 이룰 것이라는 것을 미리 예견하고 그림자처럼 그를 호위하며 한시도 그의 곁을 떠나지 않았었다. 그가 위험에 빠질 때마다 그를 구해주고 고난을 겪을 때마다 그를 도와주었다.

그는 태자가 부처가 되어 중생을 제도한다면 중생계는 엄청난 이익을 얻을 것이라는 것을 예견하고 있었다. 그래서 부처가 착용할 청석발우와 황색가사를 손수 준비해 두고 대각을 이룰 날만 손꼽아 기다리고 있었다

그때뿐만이 아니라 그 전생에서부터 부처가 대각을 이루도록 음으로 양으로 엄청난 도움을 주었던 분이다. 석가모니 부처님이 대각을 이루시고 바로 열반에 들어가시고자 했을 때 한사코 그러시지 말라고 무릎 꿇고 빌었던 분이 바로 이 범천왕이기도 하다.

결국 이 범천왕의 지극한 간청에 의해 석가모니부처님은 보리좌에서 일어나 다섯 비구를 향해 첫 설법의 걸음을 옮기셨던 것이다.

그러므로 누구든지 대승을 수행하는 자가 있다면, 즉 자기 마음을 깨달아 고통에서 안락으로 나아가고자 하는 수행자가 있다면 이런 천왕들이 즉각 그 수행자를 호위하기 시작한다.

그러므로 구태여 뭐 신중기도니 중단불공이니 할 것이 없다. 수행자의 본분만 지키고 있으면 이 천왕들은 하지 말라고 해도 기어이 수행자를 안전하게 보필해 준다. 그게 그분들의 의무고 책무이기 때문이다.

하지만 수행자의 본분을 잃어버리면 어떻게 될까. 그때는 입장이 백팔십도로 바뀌게 된다. 즉 나를 모시던 천왕을 도리어 내가 모셔야 하는 처지가 되어 버리는 것이다.

설령 내가 지성으로 모신다 하더라도 보잘것없는 나로부터 떠나가 버린다. 난 그냥 실체가 없는 그분의 껍데기 모습에다 구원의 기도를 애타게 하고 예경의 절을 무릎 아프게 올리고 있을 뿐이다.

> 海東疏 一切世間所應歸趣 一切諸魔不能破壞 一切外道不能測量 一切世間不能與競 解云 上來十句對人顯大乘也

이것은 일체 세간 사람들이 반드시 타고 자기의 본래 자리로 돌아가는 것이라서 모든 마구니들이 절대로 파괴하지 못한다. 이 수레는 일체의 외도들이 능히 측량하지 못하며 일체 세간의 그 어떤 수레라도 능히 이것과 경쟁하지 못한다고 하셨다. 풀이해 말하자면 이 열 구절은 생명체를 들어 대승의 뜻을 나타내고 있다.

 이 수레는 밖에서 움직이는 수레가 아니다. 이것은 누가 공격할 수 있도록 보이는 수레가 아니다. 이 수레는 누가 질투심에서 부숴버릴 수 있는 수레가 아니다. 이 수레는 보이지 않는 곳에서 시동하고 아무도 없는 곳에서 정지한다.
 그러므로 누구에게서라도 공격당할 일이 없다. 가장 큰 적은 자기 자신이다. 자신이 이 수레를 녹슬게 하거나 못쓰게 만드는 것이지 외부에서는 그 누구도 이것을 공격할 수도 없고 경쟁할 수도 없다. 그래서 이 수레는 세상 그 어떤 수송수단보다도 더 안전하게 목적지인 마음의 근원으로 돌아갈 수 있다.
 그러므로 마구니들이 어떻게 이 수레의 진로를 훼방할 수가 없다. 또한 외도들이 어떻게 방해 놓을 수가 없다. 그 어떤 교통신호도 이것을 멈추게 할 수는 없다.
 이것은 도로에 나가지 않는다. 그러다 보니 페라리가 추월할 수 없다. 이것은 소리 없이 움직이다 보니 마이바흐가 따라 붙을 수도 없다. 그리고 전시장에서 판매가 되지 않다 보니 람보르기니 억만

대와도 바꿀 수 없다.

이것은 우리 마음의 근원으로 돌아가는 수레다. 나는 물론 가족도 같이 싣고 갈 수 있다. 좀 더 넓히면 일가친척도 다 탈 수 있다. 타이어가 없으니 주저앉을 리가 없고 밖으로 나가는 수레가 아니기 때문에 길을 잃어버릴 염려도 없다.

복덕만 계속해서 집어넣으면 자율로 주행한다. 기름을 먹지 않아 주유할 필요도 없고 도로가 필요하지 않다 보니 도로비 낼 걱정도 없다. 이것은 나도 살리고 세상도 살리는 이 세상 최고의 친환경 특수차인 셈이다.

이런 차가 수레라는 이름으로 나를 싣고 떠나려 하고 있다. 가장 아름답고 가장 평화롭고 가장 안락한 세상으로 가자고 계속해서 종용하고 있다.

아주 오래 오래 적부터 이 고통의 사바세계를 벗어나 기쁨의 열반세계로 떠나자고 계속해서 나에게 소리 없는 아우성을 지르고 있다. 진정으로 자기를 살리려고 하는 자들은 이 내면의 경적소리에 어떻게든 귀를 기울여야 한다.

범부의 대승이 작동하면 마구니와 이승, 천왕들과 보살들이 어떻게 반응하는지에 대해 이제까지 자세하게 설명해 왔다. 그만큼 이 대승의 수레는 이 세상에서 가장 훌륭하고 가장 수승한 운송수단이라는 것을 격찬하고 있는 것이다.

海東疏 依論明者 有七有三 三種大義 下文當說 言七種者 有二七種 一者 如大法論云 由與七種大性相應 故名大乘 何等爲七

논서에 의거해 밝혀 준다고 했는데, 거기에는 일곱 가지와 세 가지가 있다. 세 가지 큰 뜻은 아래 문장에서 확실히 설명해 줄 것이다. 일곱 가지에도 두 가지 종류의 일곱 가지가 있다. 첫 번째는 대법론에서 말한 일곱 가지다. 이 일곱 가지가 대승의 본성과 서로 맞아 떨어지다 보니 대승이라고 부르는 것이다. 그렇다면 무엇이 일곱 가지가 된단 말인가?

성사는 대승을 설명하면서 그것을 경전과 논서에 기준해 밝혀 주겠다고 하셨다. 그 말씀은 당신의 견해가 아니라 경전과 논서에 이런 내용이 들어 있으니 내가 말하는 취지를 의심없이 받아들이라는 뜻이다. 그래서 먼저 **허공장경**을 끌어와 증명을 시켜 주셨다.

이제 두 번째로 논서를 끌어와 대승이 어떤 것인지를 설명하고자 하신다. 첫 번째 증명을 삼는 논서는 **대법론**이다.

이 논서는 인도의 안혜보살이 16권으로 지었다. 이 분의 제자가 바로 **기신론**을 한역한 진제삼장이다. 그것을 현장법사가 번역을 하였다. 주된 내용은 6바라밀의 수행과 세상은 空하다는 대승불교의 이론을 집대성한 것이다.

여기서 눈여겨볼 사항은, 이 **대법론**과 뒤따라 나오는 **현량론**은 현장법사가 번역한 논서라는 점이다. 그런데 삼장법사 현장과 원효성사는 동시대에 살았던 분들이다. 기껏해야 3, 4십년 정도의 차이밖에 나지 않는다. 문제는 현장이 이 **대법론**을 번역하였는데 신라의 원효성사가 어떠한 경로로 이것을 손에 넣었느냐는 것이다.

황제의 조칙에 의하여 한역된 모든 경론들은 일차적으로 외부 반출이 금지된다. 현장은 인도에서 돌아와 황제의 위호 아래 주로 장안 백마사에서 역경사업에 몰두하였다.

한 권 한 권이 번역될 때마다 황실의 보물창고에 차곡차곡 순서대로 봉안되었다가 하루 길일을 잡아 큰 법회를 열고 봉정식을 거행하였다. 그리고 만백성 앞에 지금까지 어떠어떠한 경론이 번역되었는지를 엄숙하게 선포한다.

그리고는 주변 왕들이 있는 부속국가에 번역된 경론들을 사신과 함께 황제의 하사품으로 내려 보낸다. 물론 속국은 그에 대한 엄청난 대가를 지불하고 최고의 예우를 다하여 경전과 사신을 받들어 모신다.

그리고 그 경전들은 일단 왕궁 도서관으로 들어가 왕족들이 전용한다. 그런데 어떻게 그것이 왕궁 밖을 거지처럼 떠돌던 성사의 손에 들어갈 수 있었을까 하는 의문점이다.

이것은 불가능하다. 사사롭게 임의로 경전들을 밖으로 유출시켰다가는 국법에 의해 무거운 엄벌을 받게 된다. 당나라나 신라 모두 국교가 불교이기 때문에 번역된 경서는 국보와 마찬가지로 존귀하게 취급되었다. 그러므로 누가 한 부를 슬쩍 빼돌려 성사에게 갖다 줄 수 있지 않았겠느냐는 것은 어불성설이다.

이것을 보면 성사가 십지보살 이상 급이라는 데는 이설이 없다. 그분이 직접 지은 저술은 밝혀진 것만 해도 200권을 훌쩍 넘어간다. 인터넷 매체에서 온갖 정보를 마음대로 검색하고 컴퓨터 워드를 거침없이 치는 요즘에도 어느 누구든 200권을 쓰지 못한다. 그런데 특정한 주거지도 없이 서라벌거리를 유랑하던 성사가 누구 하나 도움

없이 붓으로 200권 이상을 몸소 쓰셨다는 것은 전 인류사를 통틀어 전무후무한 업적이다.

어쨌거나 성사는 **대법론**과 **현량론**을 이끌어와 대승을 증명하고자 하셨다. 대법론에 일곱 가지가 있어서 대승과 서로 맞아 떨어진다고 하셨는데 그 첫 번째가 무엇인지 살펴보자.

海東疏 一境大性 以菩薩道 緣百千等 無量諸經 廣大教法 爲境界故

첫째, 범위가 대승의 본성과 맞다. 수백 수천이나 되는 무량한 경전들의 광대한 가르침은 대승의 세계를 설하고 있다는 것이다.

대승경전은 소수의 소승경전을 포함할 때 대략 7천 권 이상으로 본다. 한두 권이 되는 독립된 경전에다 수십 수백 권으로 묶어진 경전들이 또 분단별로 엮어지면 수천 권의 분량을 넘어간다. 그만큼 대승에 대한 설법이 독보적으로 광대하다는 뜻이다.

세상은 넓고 중생은 무수하다. 그렇게 넓고 무수한 세계를 설하는 데는 오히려 시간이 부족하고 언어가 한정이 될 뿐이다. 그만큼 설해야 할 대상도 많고 구제할 중생도 많다는 것이다.

그러기에 이 사바세계에 남겨진 대승경전은 사실 수천이 아니라 수만 권이 되어도 오히려 부족하다. 부처님이 45년만 설법하셨기에 이 정도에 그치는 것이지 더 오래 사셨다면 이보다 더 많은 분량이 남겨졌을 것이다.

그분이 천 년을 사셨다면 천 년 동안의 경전이 쏟아졌을 것이고 만 년을 사셨다면 만 년 동안의 경전이 쏟아졌을 것이다. 왜냐하면 대승인 일심의 세계는 크기가 한량없고 그 용량이 끝이 없기 때문이다. 그러므로 대승의 범위는 무량무변하다 하는 것이다.

海東疏 二行大性 正行一切 自利利他 廣大行故
둘째, 수행이 대승의 본성과 맞다. 일체 중생을 상대로 오로지 자리이타의 수행을 닦는데, 그 수행이 넓고 큰 수행이라는 것이다.

　세상에서 제일 아름다운 행동은 자신을 다듬고자 하는 것이다. 사람으로 태어나 이것만큼 반드시 해야 할 일이 또 어디 있단 말인가. 그런데 대승은 자기는 물론 타인까지 다듬고자 하는 수행을 말하고 있다.
　중생세계에서 재물을 상대로 이익을 제시할 때 자신에게 이익이 되면 타인은 손해를 보게 되어 있다. 반드시 그렇다. 나도 이익 되고 타인도 이익 되는 이상적인 방법은 없다.
　이익이라는 것은 결국 상대적으로 얻어지는 것이기 때문에 내가 하나 잃을 때 상대방은 하나 가지는 것이 되고, 상대방이 하나 가질 때 내가 하나 잃는 것이 된다. 절대로 평등해지지 않는다.
　논리적인 사람들은 똑같이 나눠가지면 되지 않느냐고 한다. 그런데 그렇게 되지를 않는다. 인간은 태생적으로 탐욕이라는 것을 타고 났기 때문에 내 것만 가지는 데 만족하지 않는다.
　서로가 상대방 것까지 어떻게든 다 챙기려고 한다. 굶고 있는 사람 백 명에게 사과 백 개를 주면 똑같이 한 개씩 나눠가질 것 같지마는 마지막 몇 사람에게는 그 사과가 돌아가지 않는다. 반드시 중간에서 없어져 버린다. 결코 똑같이 한 개씩 나눠 갖지 못한다는 예기다.
 그러므로 이 사바세계에서 자기도 이익 되고 타인도 이익 되는 일은 없다. 어쩌다가 둘이 공평해지면 본전의 이퀄이 될 뿐이기에 따로 이익이라고 말할 게 없다.
 그렇다면 어떻게 해야 자리이타의 이익을 만들어 낼 수 있는가. 그것은 내가 전적으로 너라는 생각을 해야 그것이 가능하다. 남녀가 사랑을 하게 되면 한 몸이 되고 한마음이 된다. 그때가 되면 내 것을 다 주어도 하나도 아깝지 않다. 오히려 기분이 좋다. 왜냐하면 상대와 내가 하나가 되어 있기 때문이다.
 자식과 부모관계도 마찬가지다. 한마음이 되었을 때는 조금도 아까워하지 않고 전 재산을 다 건네준다. 하지만 마음이 틀어져 두 마음이 되었을 때는 김치쪽 하나라도 어림이 없다.
 대승 수행자가 중생과 더불어 자리이타를 이행할 수 있는 이유는 바로 중생이 나와 한 몸이라는 사실을 터득해야 그것이 가능하다. 그러면 나를 버리고 중생을 보살펴도 결코 힘들거나 피곤하지가 않다. 매양 고맙고 그저 기쁘기만 할 뿐이다.
 대승은 이처럼 통 큰 자만이 느낄 수 있다. 그러기에 대승 수행자는 自利利他行을 행할 수 있다. 여기서 더 나아가면 利他自利까지도 즐겁게 이행할 수 있게 되는 것이다.

海東疏 三智大性 了知廣大 補特伽羅 法無我故
셋째, 지혜가 대승의 본성과 맞다. 광대한 보특가라를 깨달으면 세상과 내가 없다는 것을 알게 된다는 것이다.

대승의 지혜는 우주를 넘어 허공을 삼킨다. 지혜는 나에게서 나오는 것이 아니라 내가 없어질 때 나온다. 나에게서 나오는 것은 지식이다. 지식은 치약 짜듯이 머리를 써야 조끔씩 나온다. 하지만 지혜는 가만히 있어도 저절로 나온다. 그것은 나와 함께 더불어 움직이며 나도 살리고 타인도 살리는 에너지다.

세상은 이미 모든 것을 다 알고 있다. 나만 그것을 모른다. 세상이 이렇게 밝은데 눈 봉사는 세상을 못 본다. 눈 뜬 자가 세상을 본다. 내가 세상을 본다는 것은 세상이 이미 밝게 빛나고 있다는 것이다. 그 밝게 빛남을 지혜라고 한다.

그 지혜가 내 안에 이미 들어와 있지만 어리석은 지식이 덮어 버렸다. 태양은 주구장창 빛을 쏟아내지만 먹구름이 가려 버린 것과 같다. 그런 지식을 많이 가진 자를 우리는 똑똑한 사람이라고 한다. 정말 그런 것인가.

범부는 지식을 습득하고 수행자는 지혜를 일으킨다. 지식은 정보에서 얻어지고 지혜는 정보를 차단할 때 나타난다. 지식을 가르쳐 주는 자는 선생이고 지혜를 일으켜 주는 자는 스승이다. 지식을 배우면 범부가 되고 지혜를 배우면 부처가 된다. 지식은 자신을 죽음의 세계로 이끌고 지혜는 모두를 안락의 세계로 이끈다.

대승은 지혜를 말한다. 지식으로는 도저히 이 세계를 가늠해 볼 수가 없다. 지혜의 세계는 일월과 같고 범부의 지식은 반딧불과 같다. 범부의 지식은 자기 머리로부터 나온다. 그것을 조종하는 리모컨은 오염된 마음이다. 그 마음을 보특가라Pudgala라고 한다.

지혜를 얻으면 범부의 마음은 없어진다. 범부의 마음은 연극하기 위한 연기자의 대사와도 같다. 연기가 끝나면 그것은 버린다. 그것은 내 마음이 아니다. 먹고 살기 위해 일순간 필요에 의해서 만들어진 가짜 내 마음이다. 범부의 세계도 마찬가지다. 드라마가 끝나면 배우도 세트장도 같이 사라지는 것이다.

지식을 가지고 살아가는 어리석은 자들은 그것들이 실재로 존재한다고 생각한다. 하지만 지혜는 그것들은 꿰뚫어 보고 전부 가짜라는 것을 깨닫게 한다. 그래서 대승의 지혜로 정확하게 비춰보게 되면 연기하는 중생의 我인 보특가라와 무대는 없다고 하는 것이다.

海東疏 四精進大性 於三大劫 阿僧祇耶 方便勤修 無量難行行故
넷째, 정진이 대승의 본성과 맞다. 삼대겁 아승기야 동안 방편을 부지런히 수행하면서 한량없는 어려운 수행을 다해 나가야 하기 때문이다.

완벽한 깨달음이라는 것은 하루 이틀 용을 써서 얻어지는 결과물이 아니다. 한 달 두 달도 아니고 일 년 이 년도 아니다. 십 년 백 년도 아니고 천 년 만 년도 아니다. 이것을 얻으려면 시간을 초월하고 공간을 뛰어넘는 수행을 무량겁 동안 해야 한다. 고작 몇 십 년 수행했다 하면서 깨달음을 운운 하는 것은 모기가 봉황이 되겠다는 것과 같은 용심이다.

초발심을 한 수행자의 신분으로서 부처가 되려면 정확히 3대겁 아승기야가 걸린다. 이것은 단지 큰 숫자로만 보았을 때의 시간이다. 얼마나 큰 숫자냐 하면 대겁이 3개나 된다. 그래도 뭐 3대겁이라고 하니 별거 아니라고 생각하겠지마는 하여튼 이것은 정말 엄청난 시간이다.

　중학생이 되는데 몇 년이 걸리는지 아는가. 뱃속에서 1년에다 유아원 유치원을 거치고서도 초등학생 6년을 보낸다. 그렇게 6년을 꼬박 공부하면 겨우 중학생이 되는 자격이 주어진다.

　중학교 1학년생은 어른의 눈높이로 보면 아직도 젖내 나는 어린 아이들에 불과하다. 철도 들지 않고 이차 성장도 하지 않은 병아리들이다.

　하지만 그렇게 한 명의 중학생이 되기 위해 거쳐 온 시간은 정확히 13년이다. 졸도할 정도로 놀랄 세월이다. 그렇게 많은 시간 동안 성장시켰는데도 아직 자기 몸 하나 먹여 살리지 못한다. 돈 버는 것은 말할 것도 없고 밥도 못하고 빨래도 못한다.

　그러다 군대를 다녀오고 대학을 나오게 되면 겨우 자기 몸 하나 건수할 능력이 나온다. 그러다가 이성을 만나 둘이 합치면 그때서야 자기 가족 정도는 부양할 수 있는 힘이 생긴다.

　부처는 우주의 주인이다. 전 중생을 보호하고 관찰한다. 영원히 영원히 돈 버는 직업을 가지지 않고서도 세상을 유영한다. 지나간 세월 동안 얼마나 많은 복덕을 쌓아 놓았기에 열반하신 지가 2천5백 년이 지났는데도 아직도 그분 앞에 끝없는 공양이 올라가고 다함없는 공경이 계속되고 있다.

　조그마한 나라에 임기 5년짜리 대통령이 되는데도 오랫동안 정치를 배우고 고난의 덕망을 쌓아가며 피 말리는 경쟁을 넘어서야 한다.

　그런데 한 사바세계, 즉 수십 개의 하늘과 수백 수천의 행성계를 56억 7천만 년이나 담당하는 한 분의 부처가 되려면 도대체 얼마

동안이나 끝없는 공덕과 내공을 쌓아야만 그것이 가능할 수 있단 말인가.

그렇게 하려면 정확히 3대겁 아승기야 플러스 알파의 시간이 필요하다. 그래서 큰 대수만 잡아 보통 3대겁 아승기야라고 한다. 3은 알겠는데 그렇다면 대겁은 무엇이며 아승기야라는 말은 무슨 뜻인가.

겁이라는 셈수 단위가 있다. 10단위는 유치원 아이들이 쓴다. 그들에게는 100조차도 너무 크고 난해하다. 어른이 되면 보통 억 단위 정도는 일상생활에서 소화한다. 하지만 그들도 조 단위나 경 단위를 말하면 버거워한다.

경 단위 위에 亥해가 있다. 인간들이 상상하는 최고 셈수의 단위가 해에 머물러 있다. 하나 둘을 겨우 세는 유아들에게 이 亥 단위의 숫자를 말하면 그 아이들의 반응이 어떨까. 아예 상상조차도 하지 못한다.

겁은 갈파Kalpa의 줄임 음역이다. 그것을 겁이라고 한다. 원래는 겁파인데 편의상 뒤 자는 떼어 버리고 겁만 사용한다.

겁을 설명하는데 두 가지의 방법이 있다. 하나는 겨자씨고 하나는 돌이다. 가로 세로 16킬로미터가 되는 정사각형 상자가 있다고 치자. 그 상자 안에 세상에서 제일 작은 알갱이인 겨자씨를 가득 채워 놓고 4년마다 한 개씩 꺼내 먹어 그 겨자씨가 다 없어질 때까지를 1소겁이라고 한다.

분명히 그 개수부터 어마어마하여 가늠조차 하지 못할 것이다. 차라리 세상의 해수욕장 모래알을 다 세라고 하면 다 셀 수 있을지 몰라도 이것을 상상한다는 것은 정말 불가능하고도 불가설한 일이 된다.

이것은 아무것도 아니다. 여기 이러한 1소겁이 천 개 모이면 1중겁이 된다. 더 나아가 1중겁이 천 개 모이면 1대겁이 된다. 위에서 수행자가 부처가 되는 데 걸리는 시간이 3대겁 아승기야라고 했다.

그렇다면 아승기야는 무슨 말인가. 아승기야는 무한수를 말한다. 셈할 수 없는 무량수를 뜻할 때 아승기야라고 한다. 그러니까 3대겁 아승기야라는 말은 3대겁이나 되는 무수한 세월이라는 뜻이다.

소겁은 성문이 쓴다. 겁 중에서도 작은 소수의 단위이기 때문이다. 중겁은 아라한이 쓰고 대겁은 십지보살이 쓰는 숫자 단위다.

그러므로 범부는 성문의 세계도 얼마나 광대한지 감이 잡히지 않는데 어찌 대승보살의 세계를 넘나볼 수가 있겠는가. 이것은 똑같이 물속에 산다고 해서 장구벌레가 흑고래를 말하는 것과 같다. 그러고 보면 정말 세상은 넓고 인식의 세계는 깊기만 하다.

부처는 이런 길고 긴 세월 동안 무수한 바라밀을 닦아 가면서 복과 덕을 쌓는다. 중생들을 상대로 끝없는 복덕을 축적하고 자신을 상대로 원명한 지혜를 닦아 나간다. 무량한 세월 동안 무변한 세계에 태어나 하염없이 줄기차게 계속해서 이런 방편과 실재의 수행을 간단없이 해 나간다.

그렇게 수행해서 3대겁이 꽉 차면 마침내 부처가 된다. 하지만 여기는 아니다. 예토에서는 부처가 되지 않는다. 우주에서 가장 정신적으로 낙후한 세계 가운데서도 거칠기 한량없는 곳이 바로 이 사바세계 욕계다.

부처가 어떻게 이런 볼품없는 욕계세계에서 대각을 이룬단 말인가. 말도 안 되는 소리다. **능가경** 말씀이다.

欲界及無色
佛不彼成佛
色界中上天
離欲中得道

욕계와 무색계에서는
부처가 성불하지 않는다.
색계 중에서도 가장 높은 하늘에서
욕망을 끊고 대각을 이룬다.

조사불교에서 말하는 것처럼 부처는 범부가 대 분심과 대 용맹심과 대 의문심을 가지고 화두를 터뜨려 부처가 되는 것이 아니다. 부처는 복덕과 지혜의 힘으로 자연적으로 되는 것이다.

그러므로 부처는 절대로 지구상에서 노력을 해서 부처가 되지 않는다. 그래도 누가 부처가 되었다면 그분은 화현이지 진짜부처는 아니다. 그렇다면 진짜부처는 어디에서 된단 말인가. 그것은 **해동소 5권**에 아주 잘 나오게 될 것이다.

海東疏 五方便善巧大性 不住生死及涅槃故

다섯째, 방편의 멋진 가르침이 대승의 본질과 맞다. 그렇다 보니 생사와 열반에도 머물지 않는다.

오늘날의 대승불교는 방편불교라 해도 과언이 아닐 정도다. 모두가 다 방편이고 수단이다. 방편은 목적을 위해 순수하게 사용되어져야 하는데 목적을 무시한 채 방편만 줄기차게 사용하다 보니 그것이 불행하게도 목적 그 자체가 되어 버렸다.

부처가 중생의 삶을 도와준다. 이것은 방편이다. 부처는 중생의 삶을 도와주지 않는다. 이것은 사실이다. 인간이 거울을 보고 화장을 할 수는 있지만 거울이 화장을 직접 도와줄 수는 없다.

그처럼 부처를 보고 중생이 스스로 이익을 만드는 것이지 부처가 개인의 손익에 관여할 수는 없다. 그렇지만 모두 다 그렇다고 알고 있다. 이것이 방편이다.

기도를 하면 보살이 도와준다. 방편이다. 보살은 중생의 삶을 도와주는 대신 그들의 잘못된 삶을 벗어나도록 유도하고 있다. 하지만 사찰마다 모두 다 지성으로 빌고 빌면 그 정성에 따라 도와준다고 말한다. 이것은 방편이다. 실재로는 그렇지 않다.

방편이라는 말은 방법과 편리가 모아진 말이다. 목적을 위해서는 수단이 필요하고 그 수단은 정당해야 한다. 그렇게 방편을 지혜로 잘만 쓰면 필요악도 목적을 위한 방편이 될 수가 있다.

그러므로 방편은 아주 지혜로운 자만이 부작용 없이 쓸 수 있다. 이것은 마치 독으로 독을 다스리는 방법처럼 대단히 훌륭하고 노련한 고수라야만이 운용할 수 있다. 잘못하다가는 방편 때문에 목적을 잃어버리는 어리석음을 범할 수 있기 때문이다. 그러므로 이것은 대승보살들만이 중생을 제도하기 위하여 최후의 수단으로 긴요하게 쓰는 것이다.

그래서 대승불교에서만 방편의 가르침이 나타났다. 근기가 낮다고 하여 부처님은 소승불교에서는 방편을 설하지 않으셨다. 그냥 있

는 그대로 모든 것을 냉정하게 직시하셨다. 예를 들어 칠칠맞은 마누라가 있다고 했을 때,

"저 이쁩니까?"
"……"

만약에 마누라가 안 이쁘다면 소승불교에서는 대답하지 않는다. 이쁘다고 말하면 거짓말을 하기 때문이다. 거짓말은 상당히 큰 죄목에 해당된다. 그러므로 그 자리를 피하든지 다른 말로 그 질문을 벗어나야 한다. 그러나 대승불교의 대답은 다르다.

"저 이쁩니까?"
"물론이지. 세상에 당신만큼 이쁜 여자가 어딨나?"

이렇게 방편을 쓴다. 그러면 여자는 두 가지 방향으로 행동이 나타나게 된다. 하나는 남편이 고마워서 더욱 더 최선을 다하는 것이고, 또 하나는 나처럼 이쁜 여자가 너하고 살아주는 것만으로도 고맙게 생각하라며 까탈스러운 교만을 부린다.

이 경우처럼 방편을 잘 쓰면 서로가 이익을 볼 것이고 못 쓰면 서로가 손해를 보게 된다. 그러므로 방편은 지혜로운 자가 어떻게 쓰느냐에 따라 결과는 천양지차로 벌어지게 되어 있다.

생사와 열반에도 머물지 않는다는 말은 어디든 주착하지 않는다는 뜻이다. 생사 속에 있을 때에는 중생들을 열반으로 이끌어 가고 열반

에 있을 때에는 인연 따라 중생계 속으로 들어가므로 일정한 주처가 없는 것이다.

구름은 청산을 향해 움직이지만 청산을 품고 사는 것이 아니다. 인연이 다하면 다시 청산을 떠나 허공을 자영한다. 소승의 성자는 무상정이라는 열반에 들어가 다시는 돌아오지 않지만 대승의 보살은 다시 사바세계로 돌아온다. 한 곳에 머물러 버리면 소승의 부분이 되지만 양변을 떠나 전체에 균등하면 대승이 되는 것이다.

海東疏 六證得大性 得如來諸力 無畏不共佛法等無量無數 大功德故
여섯째, 수행의 결과가 대승의 본성과 맞다. 부처가 되어 굉장한 능력을 얻으면 일체의 두려움으로부터 벗어난다. 그리고 불공의 법 같은 것을 증득한다. 그러면 무량하고 무수한 대 공덕을 얻게 되기 때문이다.

부처가 되면 뭐가 어떻게 됩니까? 라는 질문을 자주 받는다. 우선 육신이 받는 결과와 마음이 받는 결과로 나눈다. 육신은 뒤에서 언급할 것이므로 여기서는 마음에 대해 설명한다.

부처에게는 헤아릴 수 없이 많은 신통술이 있다. 거기다가 三事와 七佛性 四德에 이어 십팔불공법이 있다.

원문에 不共이라는 글이 있는데, 이것은 十八不共法십팔불공법 을 말한다. 이것에도 대 소승에 차이가 있다. 먼저 소승이 말하는 십팔불공법을 설명한다. 이것은 10력, 4무소외, 3념처, 1대비로 묶어져 있다.

10력이라는 말은 열 가지 힘이라는 뜻이다. 부처에게는 그 누구도 가지지 못하는 十力이 있다.

①설법하실 때와 머물러야 할 장소를 분명히 아신다.
②실타래같이 엉킨 과거사를 정확히 아신다.
③어떤 선정이든지 간에 모든 선정을 다 아신다.
④상대의 근기가 어떤지 정확히 다 아신다.
⑤어떤 종류와 족속인지를 모두 다 아신다.
⑥세상 모든 세계를 모두 다 꿰뚫어 보신다.
⑦움직이는 모든 것들의 미래를 다 아신다.
⑧중생의 마음과 생각을 다 읽어 아신다.
⑨생명 있는 자들이 얼마나 살고 언제 죽는지를 다 알고 계신다.
⑩중생의 번뇌와 죄업에 대해 다 알고 계신다.

아신다는 것은 지혜를 말하고, 지혜는 힘을 낳는다. 그래서 열 가지 힘이라고 표현하는 것이다. 다음으로 4무소외가 있는데, 무소외라는 말은 두려움이 없다는 뜻이다. 그러니까 네 가지 두려워할 일이 없다는 뜻에서 사무소외라고 한다.

①설법에 대한 자신감.
②증득에 대한 자신감.
③악법에 대한 자신감.
④열반에 대한 자신감이다.

부처는 일체 법을 깨달으셨기 때문에 위 네 가지에 대한 확신을 가지고 있다. 덜 깨닫고 자신이 없으면 설법이 매끄럽지 않고 더듬거린다. 깨달음에 대한 확신이 없으면 당당하게 나는 부처다 라고 말할 수 없다.

악법은 사법이다. 즉 외도의 수행법은 다 악을 낳는 사법이라고 포효하신 것은 불법만이 중생을 이롭게 할 수 있다고 하신 것이다. 이것은 가히 혁명적이었다. 천하가 뒤집히는 순간이었다.

이 한마디에 수천 년을 지배해 온 인도의 사성계급이 뿌리 채 뽑혀버렸다. 막강한 신권을 휘두르던 바라문들의 충격은 상상 이상을 초월하였다. 이것은 꼭 현재의 미국 대통령이 굉장한 세력을 가진 로마 교황 앞에서 당신의 종교는 거짓이다 라고 소리 높여 선포하는 것 이상으로 엄청난 충격을 주는 사자후였다.

부처님이 인도에 계실 때만 해도 큰 외도의 종교가 96종류가 되었다. 모두 다 그들 나름대로 엘도라도나 유토피아를 말하면서 어리석은 중생들을 유혹했다.

하지만 모두 다 그들의 사제나 종교를 위한 가식의 의식들이었지 진정한 중생 구제의 교리는 아니었다. 그것을 꿰뚫어 보신 부처님께서는 진정한 구제는 신을 믿어 구원을 받는 것이 아니라 자신이 열반을 취득하는 것이다 라며 그 세계를 정확하고 분명하게 드러내 보이셨다.

다음에는 三念處를 말한다. 부처님은 그 누가 칭찬하셔도 으쓱하지 않으시고 그 누가 욕설을 퍼부어도 평정을 유지하신다.

결코 인간의 언어와 행실에 대하여 마음이나 몸이 움직이지 아니하신다. 즉 인간에 의해 그분의 감정이 요동하지 않는다는 것이다. 그 중에서 설법에 대한 세 가지가 있다.

① 중생이 설법을 듣고 기뻐 환희해도 태연하시는 것.
② 설법하는 데 귀를 기울이지 않아도 자약하시는 것.
③ 위 두 부류에 대해서 차별을 두지 않으시는 것이다.

이제까지 열거한 것을 다 모으면 17개가 된다. 이제 마지막으로 한 개가 남았다. 그 한 개는 바로 대자대비라는 마음씨이다. 이것을 더하면 18개가 된다. 그래서 부처님에게는 18불공법이 있다고 말하는 것이다. 지면상 대승의 18불공법과 다른 법수는 생략한다.

海東疏 七業大性 窮生死際 示現一切 成菩提等 建立廣大 諸佛事故 此中前五是因後二是果也

일곱째, 하시는 일이 대승의 본성과 맞다. 중생의 생사가 끝날 때까지 곳곳에서 부처가 되는 방법을 시현하고 광대하게 부처가 되는 불사를 건립해 주기 때문이다. 이 일곱 가지 가운데서 앞의 다섯 개는 증득의 원인이 되고, 뒤에 두 개는 증득의 결과가 된다.

화신의 부처는 인연이 익은 곳을 찾아다니신다. 인간이 부처를 찾아다니는 것이 아니고 부처가 중생을 찾아 나선다. 즉 부처의 말씀을 알아들을 수 있는 자가 있다면 어디든 나타나 중생을 부처로 만드는 일을 하신다.

다른 종교는 어떻게든 사람을 가르쳐서 자기들의 권속이나 신도, 아니면 백성을 삼으려고 하지만 불교는 전혀 그렇지 않는 데에 위대성이 있다. 불교는 중생 모두를 부처와 동등한 지위인 부처로 만들고자 하기 때문이다.

그러므로 불교에 대해 적대감이나 반감을 가질 필요가 없다. 불교는 어리석은 중생들을 꼬드겨서 노예를 삼으려거나 전법의 도구로 이용하려 하지 않는다.

불교는 수익 중에 얼마를 내어놓으라는 수익세나 감사헌금 같은 것들도 요구하지 않는다. 불교는 무조건 믿으라고 강압하지도 않는다. 강압하면 그때부터 불교가 아니다.

불교는 부처님만을 절대적으로 믿으라고 하지 않는다. 부처님부터 나를 믿지 마라고 하셨다. 단지 나의 말을 믿으라고 하셨다. 이것은 꼭 판사를 믿을 필요 없이 법전을 믿으라고 하는 것과 같다. 다시 말하자면 선생을 믿지 말고 교과서를 믿어서 훌륭하게 성장하라고 하신 것과 같다.

불교는 Ehi Passiko를 말한다. 와서 일단 보라고 한다. 이성으로 판단해 결정하라고 한다. 불교는 대단히 과학적으로 접근하고 논리적으로 사고하라고 한다.

불교는 무조건 어떻게 하라는 것이 없다. 이 민주시대에 무조건이라는 협박성 말은 있을 수 없다. 불교는 또 미신을 조장하지 않는다. 그뿐만이 아니라 광신하라고 부추기지도 않는다. 정법을 정도로 믿고 가장 이치적인 수행을 하라고 한다.

부처님은 중생을 해방시키러 오셨지 중생을 억압하러 오신 분이 아니다. 부처님은 어리석은 중생들을 깨우치러 오셨지 무조건의 신앙을 요구하러 오신 분이 아니다.

그런 부처님은 고통 받는 중생들을 안락의 장소로 데려가는 것에 대한 보상을 조금도 말씀하시지 않으셨다. 일체 중생 모두를 다 구제했다 하더라도 구제했다는 생각조차 하지 않으신다고 **금강경**은 밝히고 있다.

그분을 찬양하라거나 그분을 노래하라거나 그분께 경배하라거나 그분께 영광을 돌리라는 등 유치틱한 발언은 아예 한마디도 하지 않으셨다.

그분은 오직 중생들을 위하여 오시고 머무르시고 설법하시고 가셨을 뿐이다. 어떠한 보상과 대가도 없이 오직 중생들의 안녕을 위해 길에서 태어나셔서 길을 가르치시다가 길에서 열반에 드신 것이다.

어떻게 하면 중생들 모두 부처로 만들 수 있는가 하는 자비심만 가지시고 일평생 한 개의 밥그릇과 한 벌의 가사만 걸치신 채 고고하고 왜왜한 삶을 사셨던 것이다. 그 삶이 바로 대승인 것이다. 그래서 대승과 맞다고 한 것이다.

海東疏 二者顯揚論云 大乘性者 謂菩薩乘 與七大性 共相應故 說名大乘 云何爲七

두 번째는 현양론에서 말하는 대승이다. 대승의 성질이라는 것은 말하자면 보살승에는 일곱 가지가 대승의 성질과 함께 하고 있다. 그렇기 때문에 대승이라고 한다. 이를테면 어떻게 일곱 가지가 되는가?

보살승이라는 말은 보살이 중생을 실어 나르는 가르침을 말한다. 乘을 붙여서 보살이 이 수레를 이끈다는 뜻을 가지고 있다. 대승불교는 보살불교라고 할 만큼 보살신앙이 보편화되어 있다. 이런 이상적인 수행자들이 등장함으로 해서 졸지에 남방불교가 소승불교로 자리매김 되어 버렸다.

소승불교에는 보살신앙이 없다. 부처님으로부터 시작해 부처님으로 끝난다. 보살의 도는 있어도 신앙의 대상은 되지 않는다. 그러나 대승은 보살신앙이 풍부하고 만연하다. 어디를 봐도 전부 보살들이다. 관세음보살 문수보살 지장보살 동진보살 화엄보살 무슨보살 무슨보살 하여튼 보살 천지다. 이런 분들은 自利만이 아닌 利他의 수행으로 중생을 이끌어 간다.

대승불교는 교리 자체가 일심사상이다. 이 일심의 근본은 모두가 다 같다. 그래서 나 혼자만의 안위로 끝나지 않는다. 나 이외의 모든 중생도 모두 다 나와 같은 한 몸이라는 교리에서 보살수행이 나오고 보살발원이 나오고 보살행법이 나온다. 그래서 대승불교를 보살불교라고 부르기도 하는 것이다.

"스님도 보살입니까?"
"물론이다. 우리도 보살계를 받는다."
"여자만 보살인 줄 알았습니다."
"중국불교에서는 여자도 거사라 부른다."

海東疏 一法大性 謂十二分敎中 菩薩藏所攝 方便 廣大之敎

첫째, 가르침이 대승의 성질과 맞다. 이를테면 12종류의 가르침 가운데서 보살장에 속하는 방편의 가르침이 광대하기에 그렇다.

12종류의 가르침이라는 말은 부처님의 설법을 열두 가지 종류로 나눈 것을 말하는데, 12분교 또는 12부경이라고도 한다.

① 수다라 : 산문형식으로 전개된 보통의 경전.
② 기야 : 경전 뒤에 그 내용을 운문으로 읊은 것.
③ 화가라 : 문답으로 해석하고 제자들의 미래를 예언한 것.
④ 기타 : 4언 또는 7언으로 된 운문의 글.
⑤ 우다나 : 부처님께서 스스로 설법하신 것.
⑥ 시타나 : 부처님을 만나 법을 들은 인연 등을 말한 것.
⑦ 아파타나 : 비유로 은밀한 교리를 명백하게 한 것.
⑧ 이제왈다가 : 부처님이나 제자들의 지난 세상을 말한 것.
⑨ 자타카 : 부처님이 지난 세상의 보살행을 말한 것.
⑩ 비불략 : 방정 광대한 진리를 말한 것.
⑪ 아부타달마 : 부처님의 신통력과 불가사의한 행적을 나타낸 것.
⑫ 우파제사 : 교법의 뜻과 이치를 논의 문답한 것이다.

이 12가지 가르침 중에서 보살장에 속하는 가르침이 많다는 것이다. 보살장이라는 말은 대승보살이 닦는 행법과 그 증과를 밝힌 내용을 엮어놓은 것을 말한다. 즉 부처님의 45년 경전 가운데서 보살수행에 대한 말씀이 독보적으로 주류를 이룬다는 뜻이다. 다른 말로 하자면, 부처님께서 설하시고자 하신 원초적인 말씀은 결과적으로 보살장에 있지 않았느냐는 것이다.

海東疏 二發心大性 謂已發無上正等覺心
둘째, 발심이 대승의 본성과 맞다. 말하자면 무상정등각의 마음을 일으키기 때문이다.

대승에서 본 소승의 궁극적 목표는 아라한이다. 이것은 작은 열반이다. 큰 열반은 깨달음 자체가 구경이고 원대하다. 그 깨달음을 무상정등각이라 부른다.

이것을 **반야심경**에서는 원어 그대로 아누다라삼먁삼보디라고 음역했다. 줄이면 대각이라고 한다. 이 대각은 대승불교에서만 가능하다. 그렇기 때문에 대승불교에서의 발심은 대각을 이루고 부처가 되어 대열반에 들어가는 것이다.

대승은 통이 큰 자가 수용하는 가르침이다. 받아들이는 용량이 작으면 작은 법을 받아들이고 용량이 크면 큰 법을 받아들인다. 대승은 가슴이 넓고 생각이 깊은 자들이 거짓 마음을 비운 자리에 받아들이는 큰 법인 것이다.

그러므로 소인배들처럼 무조건 반대하고 거부하지 않는다. 모른다는 엄살로 눈을 감고 귀를 닫지 않는다. 천천히 그러면서 묵묵히 향상해 가면서 능동적으로 받아들인다.

그리고서 그 가르침에 대한 믿음을 굳건히 일으키고 그것을 이해하려고 노력한다. 그처럼 받아들이는 용량이 크고 넓기 때문에 대승의 본성과 맞아떨어진다고 한 것이다.

마음은 바다와 같다. 들어가면 들어갈수록 점점 넓어지고 깊어진다. 어린아이는 얕은 곳에서 놀지마는 커갈수록 깊은 곳으로 들어간다. 마찬가지로 범부는 마음 언저리에서 놀지만 부처는 마음 자체를 가지고 놀다가 궁극에는 마음까지 버려버린다. 이것은 꼭 물과 분리되면 물을 겁내지만 물과 하나가 되면 물속을 마음껏 유영하다가 물에서 자유롭게 나오는 것과 같은 이치다.

[海東疏] 三勝解大性 謂於前所說 法大性境 起勝信解
셋째, 수승한 이해가 대승의 본성과 맞다. 말하자면 부처님의 가르침이 대승과 맞다고 하는 소리를 듣고 거기에 대한 수승한 믿음과 이해를 일으키기 때문이다.

애벌레는 종일 동안 움직여도 나무 한 그루를 넘어가지 못한다. 그들은 오로지 먹기 위해 존재한다. 쉬지 않고 먹고 잔다. 그리고는 고치를 짓는다. 날개를 만들어 허공을 날아다니기 위해서다.

인간은 평생을 움직여도 자기의 세계를 넘어가지 못한다. 인간도 오로지 먹고 살기 위해 존재한다. 쉬지 않고 일하고 먹고 싼다. 그리고는 늙어서 죽는다. 다음 세상을 위해 고치를 짓지 않는다. 벌레 같으면 애벌레의 삶으로 끝난다.

애벌레는 사는 목적이 있다. 자유를 찾아 하늘을 날기 위해서 부단 없이 자기 몸집을 키운다. 인간은 사는 목적이 없다. 그냥 줄기차게 먹고 싸면서 나이를 먹는다. 그러다가 더 이상 먹고 배설할 힘이 없으면 죽는다.

정확히 말해서 인간은 사는 게 목적이 있어야 하는데 목적이 없다. 성문이면 성문, 연각이면 연각, 보살이면 보살로 목적을 두고 치열하게 도약해야 하는데 그저 인간으로 살다가 인간으로 끝내 버린다.

그래서 부처가 이 땅에 태어나 인간들에게 삶의 과제와 목적을 제시했다. 복덕과 지혜의 등차에 의해 성문도 되고 연각도 되며 보살도 되고 부처도 되는 과정을 세밀하게 설명하셨다.

마지막 목적지는 바로 부처가 되는 것이다. 부처가 되어야 삶이 완성되는 것이다. 그 전에는 미완성의 상태로 방황하는 삶이라고 하셨다. 그것은 꼭 고향으로 돌아가지 못하고 바다를 헤매는 길 잃은 연어와 같은 삶을 사는 것이라고 하셨다.

이런 말씀에 신뢰를 갖고 믿음을 일으킨다면 대승의 수행자가 된다. 그렇지 않고 우선 마음의 평안만을 찾는다면 소승이 될 것이고, 마음보다도 육신의 안락만을 도모한다면 범부가 되는 것이다.

그러므로 마음의 근원에 환원하는 삶을 최고의 수행이라고 했을 때 그것을 신뢰하고 믿는다면 바로 대승이 싹트는 것이다. 그래서 대승불교를 말했을 때 근기가 수승한 자들은 바로 믿고 이해하므로 대승과 상응한다고 한 것이다.

海東疏 四意樂大性 謂已超過勝解行地 入淨勝意樂地

넷째, 즐거워하는 생각이 대승의 본성과 맞다는 것이다. 이를테면 해행의 지위를 훌륭하게 뛰어넘어 정승의락지에 들어가기 때문이다.

웃음도 정도가 있고 기쁨도 척도가 있다. 웃음에도 다양함이 있다. 입가를 살짝 움직이는 귀부인의 작은 웃음이 있는가 하면 앙천대소하는 호걸의 큰 웃음도 있다. 작은 웃음은 치아만 약간 드러나지만 큰 웃음은 창자가 곤추선다. 작은 웃음은 숨을 쉬는 데 전혀 장애가 없지만 큰 웃음은 숨을 못 쉬어 주먹으로 가슴을 두드린다.

기쁨도 마찬가지다. 작은 기쁨은 그저 뿌듯함을 느끼는 정도다. 하지만 큰 기쁨은 발을 굴리며 전신을 떤다. 세상에서 제일 큰 기쁨은 언제일까. 쇠똥구리들의 제일 큰 기쁨은 따끈한 소똥 한 덩어리를 얻었을 때이겠지만 인간은 언제가 가장 기쁘고 행복할까.

세상에는 크게 두 가지 방법으로 극한의 황홀감을 가진다. 하나는 인위적이고 또 하나는 자연적이다. 인위적인 것은 마약이고 자연적인 것은 생리적인 교접이다. 그러므로 정상적인 인간이 가장 큰 행복을 느낄 때는 서로 사랑할 때이고 가장 큰 기쁨을 느낄 때는 이성간에 교접을 할 때이다.

이런 황홀감이 없다면 누가 그 뒤 책임으로 아이를 낳고 땀 흘려 기르며 평생을 얽매인 삶으로 살겠는가. 입에 단 설탕이 단 것으로 끝나지 않는 것처럼 세상은 반드시 한때 기쁜 것이 있다면 뒤에는 그에 상응하는 고통이 따라 붙기 마련이다. 기쁨만 가지고 고통을 피하는 방법은 중생의 삶 그 어디에도 없다.

그러나 이런 기쁨보다 억만 배나 아니 그보다 더 억만 배나 큰 효과의 쾌락을 맛보고도 전혀 책임을 지지 않는 방법이 하나 있다. 히로뽕 100만 트럭분을 한꺼번에 들이마시는 엑스터시를 맛보고도 전혀 후유증이 없는 쾌락이 하나 있다.

가슴이 벅차오르고 말초신경이 마비되어 버릴 것 같은 대 황홀을 계속해서 느끼는 광희가 하나 있기는 있다. 이런 몰아의 희열은 인간으로써는 사실 상상을 하지 못한다. 인간 최고의 행복과 최상의 쾌감이라 할 수 있는 잭팟이 연이어 터지고 홀인원을 계속해서 맛보는 정도의 기쁨은 그저 마루 밑에서 단물 빠진 갈비 한 쪽을 빠는 강아지의 꼬리 흔듦에 지나지 않는다.

그렇다면 도대체 그런 무극의 황홀함을 어디서 언제 느낄 수 있단 말인가. 바로 정성의락지에 들어갈 때다. 십주를 넘어 십행과 십회향의 계위를 1대아승기겁 동안 수행하게 되면 드디어 십지인 초지에 들어간다. 그 자리가 바로 정승의락지이다.

중생으로 살아온 오염된 마음을 정화하기 위해 1대겁 아승기야 세월 동안 닦고 닦으면 드디어 그 마음이 맑아지게 된다.

그것은 꼭 희뿌연 안경으로 중생세계를 끝없이 헤매고 다니다가 이제 깨끗하고 맑게 닦은 안경을 코에 건 것과 같다. 그 청량하고 시원함은 당사자가 아니면 상상이 되지 않는다. 얼마나 그 기분이 시원하고 기쁜지 계위 이름조차 **화엄경**에서는 환희지라고 표현하셨다.

이 정승의락지인 환희지는 기쁨의 종극에 있다. 이제 이것을 넘어가면 기쁨이라는 것은 없다. 기쁨은 고통의 반대이기 때문에 이 지위를 넘어간 보살에게는 고통이라는 것이 없다.

그렇기 때문에 중생이 갖는 최고의 희열은 이 환희지에서 끝난다. 그러므로 중생이 감정적으로 최고의 기쁨을 맛보는 자리는 이 환희지가 극지점이 된다.

이 환희지는 보살 수행의 41계위에 있다. 그러므로 대승 수행자가 아니면 이 기분을 맛볼 수 없다. 그래서 본문에서 최고로 즐거워하는 생각이 대승의 본질과 맞다고 한 것이다.

海東疏 五資糧大性 成就福智二種大資糧故 能證無上正等菩提

다섯째, 물자와 양식이 대승의 본질과 맞다. 두 가지 큰 자산인 복덕과 지혜를 성취하여 무상정등각을 증득하도록 하기 때문이다.

복덕이 없으면 세상을 살아가는데 엄청나게 피곤하다. 누구 한 사람 나를 도와주는 자가 없다. 오로지 나 혼자서만 가시밭길 같은 인생길을 헤쳐 나가야 한다. 모두가 다 나를 무시하고 천대한다. 분통이 터지고 울분이 쏟아져도 나 혼자만이 삭여야 할 개인적인 일로 끝난다. 아무도 나의 사정을 알아주지 않고 누구도 관심을 기울여 주지 않는다.

지혜가 없으면 육체적으로 정말 힘든 삶을 산다. 고생을 하지 않아도 되고 손해를 보지 않아도 되는 일을 꼭 사서 고생을 하고 재물을 잃는다. 가만히 앉아 있으면 본전이라도 건질 수 있을 텐데 좀이 쑤셔서 그냥 있지를 못한다. 그 결과로 무엇이든 기어이 손해를 보고 손을 턴다.

그러니 어떻게 이 복덕과 지혜를 준비하지 않고 이 험난한 세상에 뛰어들 수 있단 말인가. 이것은 낙하산 없이 비행기에서 뛰어내리는 것과 같고 산소통 없이 바다로 잠입하는 것과도 같이 무모한 도전이라 아니할 수 없다.

어떻게든 살겠다는 용기는 가상하지만 이 두 개가 없으면 그 결과는 백전백패로 끝난다. 그래서 중생이 모두가 다 마지막에 지쳐 죽는 것이다. 그러므로 이 두 가지가 없으면 이 세상에서도 어렵게 살고 불교에 귀의해서도 힘들게 사는 것이다.

객지에서 돈을 많이 벌면 육신의 고향으로 돌아가고 싶듯이 복혜가 구비되기 시작하면 마음의 고향인 근원으로 회귀하고자 하는 욕망이 강하게 일어난다. 그것은 생명의 원초적인 본능이기 때문에 그렇다.

복덕과 지혜, 이것은 멀고 먼 귀환의 여행에 필요한 양식이 되어준다. 그러므로 이 두 가지는 부처가 되고자 하는 데 꼭 필요한 필수 준비물들이다.

작은 물줄기는 처음에는 수세가 없지만 또 다른 물줄기를 만나면 큰 강물이 되다가 결국에는 바다로 들어가듯이, 미미한 복혜라 하더라도 부처 쪽으로 방향을 잘만 잡으면 결국에는 복덕의 보고인 열반에 들어가게 되어 있다. 그때 복혜가 완성되면 부처가 된다. 그러므로 부처는 이 두 개의 원만성취에 의해 정신적으로나 육체적으로나 고통이라는 것이 없다.

불교 수행에 있어서 가장 중요한 재원이 바로 이것인 이유가 여기에 있다. 그래서 매양 절에서 복덕을 쌓으라고 강조하는 것이다.

"지혜는 왜 닦으라고 하지 않습니까?"
"복덕이 있어야 지혜가 닦아집니다."

복덕은 외적 작복에 의해 얻어지고 지혜는 내적 정진에 의해 얻어진다. 이 중에서도 삶의 일차원이 되는 것이 복덕이다. 이것이 없으면 지혜를 얻기 위한 정진을 할 수가 없다. 복덕이 바탕이 되지 않으면 어느 때거나 어느 곳에서나 항상 궁핍하고 어렵게 산다. 그것은 세간이나 출세간이나 마찬가지다. 그래서 대승불교에서는 자꾸 복덕 이야기부터 먼저 하는 것이다.

[海東疏] 六時大性 謂三大劫阿僧企耶時 能證無上正等菩提
여섯째, 시간이 대승의 본성과 맞다. 이를테면 삼대겁 아승기야 동안 수행해야 무상정등보디를 증득할 수 있기 때문이다.

이쯤에서 아무래도 52계위를 설해야겠다. 초장에서 언급했듯이 우리의 마음은 원래 부처의 마음인데 번뇌에 오염되어 중생이 되었다. 그래서 온갖 고난과 재액을 받아 고통과 괴로움이 끊이질 않는다.
그러므로 하루빨리 오염된 마음을 청정케 하고 원래의 마음자리로 돌아가야 한다. 그 자리가 부처인데, 그러면 모든 생사와 고통으로부터 벗어날 수 있다. 이러한 쪽으로 보는 시각을 앞에서 말했다시피 연기관이라고 한다. 그리고 그것을 설한 경전을 연기경전이라고 했다.
그렇다면 범부가 부처가 되는 과정은 무엇인가. 범부가 부처가 되려면 먼저 염생사고 구열반락하는 마음을 일으켜야 한다. 이 마음이 일어나지 않으면 절대로 불교를 믿지도 않고 결코 부처가 되려고도 하지 않는다.

그렇다면 염생사고 구열반락이라는 말은 무엇인가. 염생사고란 말은 인간으로 태어나서 힘겹게 살다가 고통스럽게 죽어야 하는 이 기막힌 삶은 이제 미치도록 싫다는 뜻의 한자어이다. 한자로 쓰면 厭生死苦인데 첫자가 싫어할 염자이다.

구열반락이라는 말은 열반의 즐거움을 구하겠다는 뜻이다. 열반은 생사가 떨어진 자리다. 생사에 고통이 있다면 열반에는 즐거움이 있기 마련이다. 이 삶은 어둡기에 고통이 있다면, 저 반대쪽은 밝음이 있으므로 즐거움이 있지 않겠느냐는 믿음을 확실히 가지는 것이다.

그러니까 이제 무슨 수를 써서라도 생사의 고통 대신 生死하지 않는 즐거움을 구하겠다는 의지를 강하게 일으키게 된다. 그것이 바로 求涅槃樂이다.

"인사 한번 합시다. 염생사고."
"구열반락."
"목소리가 작다. 더 크게."
"염생사고 구열반락."

내가 병이 들었다면 병원에 가서 치료를 받아야 한다. 내가 병이 들지 않았다면 병원이나 약국이 필요가 없다. 병이 들었다는 것을 알고 있는데 치료를 받지 않는다면 자기 포기이고 자기에 대한 방조 살인이다.

당신 가족이나 친구가 죽을병이 들었는데도 병원에 가지 않고 버티고만 있다면 그게 답답해서 가슴을 칠 것이다. 내말을 듣지 않는다고 길길이 날뛸 것이다. 병원에 가자고. 가면 낫는다고 소리 소리치며 닦달할 것이다.

이제 직접적으로 묻는다. 그러면 당신이 죽을병이 걸려 있다면 어떻게 할 것인가. 치료를 받을 것인가. 아니면 내가 무슨 죽을병이 걸려 있단 말인가 라고 언짢게 되물을 것이다.

중생은 모두가 다 이미 죽을병이 걸려 있다. 처음에는 그 증상이 보이지 않지만 서서히 병이 깊어져 골수에 파고든다. 그러면서 자기도 모르게 죽음으로 몰고 간다. 빨리 치료하지 않으면 조상들이 그랬던 것처럼 반드시 죽고 만다.

그들도 죽을병이 없다고 했지만 그 병이 심해서 이미 죽고 없다. 이제 당신은 어떻게 할 것인가?

소견이 좁은 범부는 눈앞에 벌어진 일에만 호들갑을 떤다. 먼 후일에 일어날 일에 대해서는 관심이 없다. 그래서 어리석다고 한다. 하등동물들은 미래를 보지 않기 때문에 먹이를 저장하지 않는다. 인간도 미래를 생각하지 않는 자는 저금을 하지 않는다. 얼마만큼의 미래를 미리 보느냐에 따라 어리석고 현명한 자로 나눠진다.

미래를 생각하지 못하도록 상황이 급박할 때가 있다. 오늘도 급급한데 먼 후일을 어떻게 걱정하고 있단 말인가. 내가 정확히 그랬었다.

인도비구로 있을 때 말라리아에 걸렸다. 병원에서 치료를 마치고 나와도 오한과 한기 때문에 견딜 수가 없었다. 밖의 날씨는 40도를 오르내리는데 아궁이에 장작을 땐 방구들목이 너무나 그리웠다. 따뜻한 방바닥에 누워 땀을 흘리며 한숨 푹 잤으면 여한이 없겠다 싶었다.

그러다가 길거리에서 우연히 녹슨 분유 깡통 하나를 발견했다.

걸식으로 살아가는 남쪽나라 사찰에는 부엌이 없다. 그러므로 주전자도 없다. 그것을 주워 수도원 밖에서 보리차를 끓였다. 뜨거운 보리차 한잔을 마시면 좀 나을까 싶어서였다. 들개들이 뭘 좀 얻어먹을게 없나 하고 어슬렁거리며 내 주위로 몰려들었다. 그 광경을 안타깝게 바라보던 영국스님 아비야나 비구가 놀라운 표정으로 말했다.

"그렇게 마시면 다음에 암 걸릴 수가 있습니다."
"다음이 문제가 아닙니다. 지금 죽을 것 같습니다."

그 스님 걱정대로 난 후일 위암에 걸렸다. 그렇게 말한 그 스님도 암에 걸렸다. 후두암이라고 했다. 놀랍게도 그 스님은 나보다 일찍 말레이시아에서 세상을 떠났다. 세월이 흐르고 난 뒤 스리랑카에서 그 소식을 듣고 난 아무도 모르게 통곡을 했다.

복이 없으면 미래가 없다. 지금이 현재고 미래다. 현재가 최우선이다. 돈이 없으면 지금 아파도 바로 병원에 가지 못한다. 내일 모레로 치료를 미룬다. 병원에는 가야 하지만 여건이 허락지 않는다. 그러다가 시기를 놓치면 큰 낭패를 본다.

복이 없는 자는 지금 생사의 죽을병이 들었다고 해도 큰 걱정을 하지 않는다. 치료는 내일 모레로 마냥 미룬다. 그러다가 시기를 놓쳐 직접 죽음을 맛본다. 모두가 그렇게 내일 모레로 미루다가 다 죽어갔다.

우리도 지금 이 상황에 정확히 처해져 있다. 죽음의 병을 치료해야 되겠다는 생각은 있는데 직접 나서지 못하는 것은 여건이 허락지 않고 있기 때문에 그렇다. 그 여건을 허락케 하는 것이 바로 복이다. 아플 때 돈이 있어야 병원에 갈 수 있듯이 복이 있어야 생사를 벗어나고자 하는 마음을 실행에 옮길 수 있다. 그래서 복을 지으라고 입이 닳도록 권하는 것이다.

복이 있어서 구열반락하는 마음이 강하게 일어나면 내 안에 쪼그리고 있던 내 진짜마음이 기지개를 켠다. 불교는 여기서부터 시작한다.

그때 나 자신을 우선적으로 구해야 되겠다는 강한 욕구가 일어난다. 그러면 그것을 도와주는 삼보가 보인다. 삼보는 불법승이다. 이제 삼보를 믿게 된다. 삼보는 내가 내 자신을 회복하는데 최고의 후원자가 되고 조력자가 되기 때문이다. 즉 나와 삼보, 이 네 가지에 대한 믿음을 일으키게 된다.

그러려면 복을 지어야 한다. 복이 있어야 이 네 가지를 믿게 된다. 그 복을 짓는 것이 바로 육바라밀이다. 육바라밀을 수행해야 복이 생긴다. 그 복은 이 네 가지를 믿게 만드는 원천이 된다. 지금 현재 모든 불교신자가 반드시 행해야 하는 당위가 여기에 있다.

하지만 불교신자는 복을 짓기는커녕 복을 얻으려 하고 있다. 그러니까 백 번 절에 다녀도 헛방이다. 복을 왜 지어야 되는지, 그렇다면 어떻게 지어야 되는지를 배우는 곳이 절인데 그것을 가르쳐 주겠다고 하면 바쁘다고 한다.

그래서 기도만 하겠다고 한다. 기도도 자기들은 바빠서 못하겠다고 한다. 그래서 돈을 얼마 줄 테니 스님들보고 대신 좀 해달라고 한다.

그들은 복을 직접 지어 갖는 데에는 관심이 없다. 무조건 얻으려고만 하고 있다. 얼마나 다급하면 그렇게 하겠느냐 하겠지마는, 그런 형식으로 다녀서는 자기도 절도 다 궁극적으로는 소득이 없다.

그래도 그들은 아직 복에는 관심이 있는 자들이다. 그런 복마저 떨어지면 인과를 믿지 않는다. 자신을 자신이 책임지지 않는다. 신에게 맡겨 버린다. 신의 의향대로 하소서이다.

신이 하는 역사를 무조건 따르고 받아들이겠다고 한다. 자기 목숨을 능동적으로 살리려는 것이 아니라 소극적으로 한 계단 낮게 취급해 버리는 것이다.

자기 목숨 하나 건수하지 못해 신에게 자신을 신탁해 버린 자들은 이제 겁이 없다. 무슨 죄든지 다 짓고 다닌다. 죄를 겁내지 않고 그 인과를 두려워하지 않는다.

그 어떤 나쁜 짓을 해도 자기들 신이 다 알아서 해결해 줄 텐데 뭘 겁내고 뭘 두려워할 것이 있겠느냐 하면서 대단히 대담해진다. 그래서 그들은 신의 이름으로 거침없는 살생을 하고 신의 이름으로 무자비한 전쟁을 쳐대는 것이다.

그런 사람들이 독재타도를 외치고 인권회복을 외친다. 세상에 제일가는 독재자는 자기들의 신이다. 지 멋대로 해도 누구 하나 찍소리하지 못한다. 무조건 항복이고 무조건 복종이다.

그런 신의 무지막지한 횡포에 대응해 독재타도를 마땅히 해야 하지 않겠느냐고 해도 그들은 아직 거기까지는 생각이 미치지 못하고 있다. 고작 인간 독재자만 눈에 보일 뿐이다. 조금 더 진전되면 분명 그들의 신에게도 반기를 들고 대항할 것이다.

인권회복도 마찬가지다. 불교는 이미 2천5백 년 전에 인권운동의 혁명이 일어났다. 부처가 신의 족쇄로부터 인간을 해방시켜 버린 것이다. 그런데 그들은 아직도 신으로부터 해방되지 못하고 있다. 그러면서 매양 인권타령 하고 있다. 코미디언 같은 모습이다.

일단 인과를 믿으면 52계위 중에서 첫 번째 계단인 1에 올라서게 된다. 이제 출발선상에 있게 되는 것이다. 그 밑으로 떨어지면 위에서 말했다시피 교회로 가야 한다.

그런 사람들은 자기 마음의 근원으로 환원하고자 하는 복이 없는 자들이므로 부처 쪽으로 향하는 출발선상에 올라오지를 못한다.

52계위를 세분화하면 10신과 10주 10행 10회향 그리고 10지이다. 十信은 열 단계로 믿고자 하는 생각을 일으키는 계위이다. 이 단계가 끝나면 十住에 오른다. 십주는 열 가지의 안주를 말한다. 그때가 되면 겨우 마음의 안정을 가진다. 그러면 움직여야 할 길이 보인다. 그게 바로 十行이다. 열 가지로 움직인다는 것은 복덕과 지혜를 닦기 위한 열 가지 수행의 행위를 말한다.

복덕과 지혜를 오랜 세월 동안 수습하게 되면 이것이 넘쳐날 만큼 쌓이고 쌓인다. 그때 그것을 중생들에게 베푼다. 그것이 열 가지로 중생들에게 베푸는 十廻向이다. 그러면 그 베풂에 이자가 붙고 또 그 이자에 복수이자가 붙어져 기하급수적으로 복혜가 늘어난다. 그러면 十地에 올라간다.

地라는 말은 땅을 말한다. 땅은 모든 초목을 생육시킨다. 마찬가지로 10지에 올라가면 공덕과 지혜가 봄날에 초목이 움트듯이 무량하게 솟아오른다. 그 힘에 의해 한 단계 한 단계 진전해 올라간다. 마지막 10단계를 무사히 다 오르면 이제 보살의 단계가 끝남과 동시에 부처의 세계로 들어간다. 그게 바로 51번째인 등각의 세계다. 그 세계를 거치면 이제 완벽한 부처가 된다. 그 자리를 부처의 계위라고 해서 묘각의 자리라고 한다.

"십지의 초지가 무엇이라고?!"
"모르겠는데요."
"우하하하하. 이걸 읽고 있는 그대도 모르십니까?"

이런 가르침은 연기경 전체에 해당된다. 중생이 부처가 되는 데 이런 과정 외에는 없다. 이것이 정규과정이다. 흡사 대학을 졸업하는 데 초등6년 중3년 고3년 대학4년을 거치는 것과 같다. 학사자격증을 따는 데는 이런 정규코스 말고도 가능한 방법이 있을 수 있지만 부처가 되는 데는 이 방법 외에는 없다. 있다면 그것은 가짜 부처거나 진짜부처가 아닌 연각부처일 가능성 뿐이다.

52계위 중에서 먼저 十信의 계위는 범부가 수행하는 단계다. 그리고 10주와 10행 그리고 10회향은 현자의 계위다. 이 계위는 소승의 아라한이나 대승의 초발심보살이 수행하는 지위가 된다. 그리고 10지는 대승불교의 보살들인 성자들이 수행하는 계위이다. 부처는 성자 중의 성자이기 때문에 이 계위를 뛰어넘어 있다.

이 52계위를 3대겁으로 나누면 다음과 같다. 십주 십행 십회향이 되는 삼현위, 즉 이 30계단을 넘어가는 데 1대겁 아승기야가 걸린다.

그리고 십지의 계위 중에서 제7지인 원행지까지 또 1대겁 아승기야가 걸린다. 그리고 마지막 1대겁 아승기야는 8지인 부동지에서 10지인 법운지까지 딱 세 계단을 넘어가는 데 걸리는 시간이다.

여기서 금방 알아차릴 수 있는 것은 위로 올라갈수록 상향이 더 어렵다는 것이다. 말하자면 처음 1대겁 아승기야는 30계단을 넘어가고, 두 번째 1대겁 아승기야는 7계단을 넘어가는데 마지막 1대겁 아승기야는 고작 3계단을 넘어가기에 그렇다. 그러므로 위로 올라갈수록 뭔지 모르게 더 어렵다는 것을 바로 느끼게 된다.

그렇다. 어리석음인 무명을 끊기가 위로 올라갈수록 더 어렵고 난해하다. 거친 번뇌는 끊기가 쉬운데 근원에 가까워질수록 그 번뇌가 미세하고 성세하기 때문에 여간해서는 잘 끊어지지 않는다. 그래서 마지막에는 고작 3단계를 뛰어넘어 가는데 1대겁 아승기야라는 어마어마한 시간이 소요되는 것이다.

3대겁 아승기야 속에 왜 범부의 계위인 십신위는 포함되지 않는 것인가. 왜 현자의 계위인 10주부터 시작하는 것인가에 대해 의아하게 생각할 것이다.

사실 제대로 된 수행은 11위부터 시작한다. 십신위에 있는 범부는 언제 그 수행을 그만둬 버릴지 모르기 때문에 수행의 시작을 10주부터 하는 것이다. 10주에 올라서야 만이 믿음이 성취되어 부처로의 회귀에 전심으로 전념할 수가 있기에 그렇다.

우리는 지금 부처로의 출발선상인 十信의 1위에 있다. 1위에 있는 자는 위로 올라가는 것보다 아래로 떨어질 확률이 상당히 크다. 떨어지면 교회에 가서 신을 믿고 자신을 맡겨야 한다. 그러면 염불 대신 찬양의 노래를 부를 것이다. 더 멋져 보일 것이다. 하지만 염불은 자신을 일깨우는 소리고 노래는 신을 찬양하는 소리다. 염불은 자신을 구제하는 소리고 노래는 구제해 달라고 애원하는 소리라는 사실을 알아야 한다.

자신의 구제는 내 스스로의 노력에 달려 있지만 신의 구제는 그 신 자신의 마음이 내켜야 구제해 주기 때문에 그 신의 마음을 움직이도록 비는 것이 더 어렵고 더 힘든 일이다.

하지만 복 없는 중생은 꼭 쉬운 길을 놔두고 어려운 쪽으로 방향을 잡아 손발을 고생시킨다.

그래도 1위에 아직 버텨 있는 것만도 어디인가. 하지만 이런 사람들은 자성의 복이 떨어질 만큼 떨어져 있는 사람들이므로 더 이상 복을 지어 올라간다는 것은 기적에 가까운 일이다.

그러려면 스승을 잘 만나야 되는데 자기 복으로 좋은 스승을 만날 수가 없다. 보이는 스님마다 사이비이고 만나는 스님마다 수준 이하다.

좋은 절을 찾아야 하는데 그 복으로 무슨 좋은 절을 찾겠는가. 절이라고 찾아다니는 곳마다 미신을 조장하고 죽은 조상을 들먹여서 그나마 갖고 있던 정나미에 만정이 더 떨어지도록 만들어 버린다.

결국 실망에 실망을 거듭하다가 교회로 간다. 그리고서 불교를 비방한다. 자기가 복이 없어서 그런 무지한 스님과 이상한 사찰을 만났다는 소리는 하지 않는다. 천지에 좋은 스님이 많고 지천에 좋은 사찰이 많지마는 복 없는 사람에게는 그런 스님과 사찰이 보일리가 없다.

다 자기 눈에 안경이라고 자기가 나쁘면 이 세상에 좋은 사람이 아무리 많이 있어도 보이지 않는다. 그러다보니 그런 사람은 평생 자신의 복 없음을 한탄하지 않는다. 매양 남을 탓하고 사회를 원망하면서 나보다 먼저 세상을 바꾸려 노력하는데 열정을 쏟아 붓는다.

海東疏 七成滿大性 謂卽無上正等菩提自體 所成滿菩提自體 比餘成滿自體 尙無與等 何況超勝

일곱째, 가득함을 이루는 것이 대승의 본성과 맞다. 이를테면 무상정등보디 그 자체로 인해 무상정등보디 자체가 이루어진 것이다. 여타의 그 어떤 자체가 원만히 이루어졌다 해도 이것에 비하면 결코 대등하지를 못하는데 어찌 이것보다 더 뛰어나고 더 훌륭하다 할 수가 있겠는가.

불교는 남의 것을 빼앗아 내 것을 만드는 방법을 가르쳐 주는 것이 아니다. 아니면 남의 것을 빼앗아 나에게 주도록 애원하는 종교도 아니다. 불교는 철저히 자기 것을 자기가 찾아내는 것이다. 그리고 그것을 쓰는 것이다.

그러므로 불교는 남에게 원한 살 일이 없고 스님은 남에게 미움 받을 일이 없다. 아니 자기 것을 자기가 찾아 쓰겠다는데 누가 왜 흉보고 손가락질을 하겠는가.

우리가 혹시라도 거지가 되어 갖은 고생을 다 하며 힘들게 살아가면 어쩌나 싶어서 아주아주 오래전에 부처님은 우리들의 가슴에다 금덩어리 하나씩을 넣어주시고 세상을 떠나셨다. 그것이 얼마나 번쩍이고 값비싼지 세상과 맞바꿀 만큼 큰 금액의 금덩어리였다.

하지만 우리는 어리석어서 그것을 쓸 줄 몰랐다. 어린아이에게 수

표를 주면 어떻게 쓰는지 몰라 버려버리는 것처럼 우리도 그것을 그냥 가슴에 품고서 삼계를 유랑하는 상거지 신세로 참 기구하게 살아왔다.

온갖 풍상과 갖은 고초를 겪으면서 말할 수 없는 신고의 세월을 살아왔다. 정말로 오랫동안 거칠고 힘들게 버텨온 세월이었다. 그런 초췌하고 파리한 삶은 여기 인간세상에서도 계속되었다. 그 가엾은 모습을 보다 못해 부처님이 다시 이 세상에 태어나셔서, 내가 옛날에 제각각의 가슴에다 금덩어리 하나씩을 다 넣어주었는데 어쨌는지 한 번 찾아보라고 하셨다.

우리들이 찾아보니 그 금덩어리가 그대로 있었다. 부처님이 말씀하시기를, 이제부터라도 필요할 때 그것을 팔아서 쓰면 고통의 삶이 없어질 것이다고 하셨다. 우리는 환호했다. 그러면서 모두 그렇게 하겠다고 했다. 그래도 부처님은 못 미더우셨는지 몇 번이나 우리를 보고 확인하셨다.

"잘할 수 있겠나?"
"걱정 마십시오. 우리가 뭐 바본 줄 아십니까?"

의존심이 강하고 게으른 자들이 있었다. 그들은 부처님께 대신 좀 맡아달라고 했다. 부처님은 그것은 너희 것이니 너희가 직접 가져야 한다고 하셨다. 그것을 관리하는데 도움이 필요하면 언제든지 나타나셔서 도와주겠다고 하셨다.

그리고선 우리들이 자립심을 잃고 마땅히 해야 할 일을 하지 않은 채 당신만 의지하고 있으면 안 될 것 같아 어쩔 수 없이 우리 곁을 떠나야 한다고 하셨다.

그렇게 그분이 떠나가시자 우리들은 또 그 당부를 잊어버렸다. 그래서 한 세상을 우리 힘으로 어떻게든 살아가려고 말할 수 없는 세상의 핍박을 당하고 있는 것이다. 때로는 뜨거운 눈물을 흘리고 때로는 절망에 몸부림치면서 정말 사는 것이 사는 것이 아니라 죽지 못해 다들 살고 있는 것이다.

그 중에서 무지하고 성격 급한 자들은 목구멍이 포도청이라며 전당포에 귀금속을 잡히듯 세상에 그것을 맡겨버리는 자들도 있고, 어떤 자들은 감당이 안 되어 신에게 그것을 갖다 바치고 그 신의 하인으로 전락해 가끔가다 긍휼이라는 이름으로 던져주는 푼돈을 받아먹으면서 그럭저럭 연명하는 자도 부지기수로 많은 세상이 되어 버렸다.

이럴 때 우리들 가운데서 똑똑하고 기억력이 좋은 자들이 있었다. 그들은 기적같이 부처님의 마지막 말씀을 기억해 내었다. 그래서 그들은 그 금덩어리를 찾기 시작했다. 더러는 찾아서 대자유의 삶을 살고 더러는 지금 찾으려고 그 행방을 뒤쫓고 있다. 우리가 정확히 그렇게 하고 있는 것이다.

그러므로 이것은 원래 우리 가슴속에 들어 있었던 것이다. 다른 곳에서 다른 사람들이 갖고 있던 것이 아니라 원래 우리 가슴속에 있던 것을 내 것으로 찾아내고자 하는 것이다.

금을 찾아 광산을 누비며 갱도를 들락거리는 사람들을 보았을 것이다. 목숨을 걸고 지하의 땅 속으로 들어가는 이유는 바로 금을 찾기 위해서이다. 금덩이만 있으면 모든 것이 해결되기 때문이다. 그런 금덩이 보다 억 만 배나 더 값어치 있는 금덩어리가 우리들 가슴에 깊이 들어 있다.

그것만 찾으면 삼계를 돌아다니면서 힘들게 살아가는 우리의 유랑은 끝이 나버린다. 이제 고향으로 돌아가는 것이다. 거기서 평안과 안락을 누리면 되는 것이다.

이것 외에 그 어떤 가르침이나 그 어떤 가치 있는 것을 가진다 해도 자기 내면에 원초적으로 들어 있는 이런 대승의 금덩어리에 비하면 정말로 형편없고 보잘것없는 것일 터인데 어찌 하물며 이것보다 더 수승하고 더 훌륭한 것이겠는가 하면서 대승의 본성에 대해 마무리를 짓고 있다. 그러니까 이것이 바로 대승의 본질과 맞아떨어진다는 것이다.

海東疏 瑜伽地持 皆同此說 瑜伽論云 此中若法大性 乃至 若時大性 如是六種 皆是圓證大性之因 圓證大性 是前六種大性之果 解云 如是二種七種大性 其雖數同 建立意別 建立之意 尋之可知 釋大乘竟

유가론과 지지론도 모두 이와 같이 말하고 있다. 유가론에서 말하기를, 첫 번째에서 여섯 번째까지는 일곱 번째의 원인이 되는 것이고, 원만하게 증득한다는 마지막 일곱 번째는 앞의 여섯 번째까지의 결과가 되는 것이다.

풀이하자면 대승의 성격에 대해 설명한 두 종류의 일곱 가지 성격은 비록 숫자는 같을지언정 건립한 뜻은 구별이 되고 있다. 구별되는 뜻은 찾아보면 알 수 있을 것이다. 대승에 대해 설명하는 것은 이것으로 마친다.

유가론의 말은 1에서 6번째까지는 대승을 회복할 수 있는 방법에 대해 설명한 것이고 마지막 7번째는 그 방법에 대한 결과를 설명한 것이다고 말하고 있다.

특이한 것은 현양론에서 7번째를 成滿이라고 하였는데 성사는 그 것을 圓證이라고 표현하시고 있다. 성만은 가득하게 이루어진 것을 말하고 원증은 원만하게 증득되는 것을 뜻하니, 성만이나 원증의 의미는 동일하다고 볼 수가 있다. 그래서 성사가 성만 대신 원증을 쓰신 것 같다.

성사는 대승의 성격에 대해 설명하시려고 경전과 논서들을 차례로 인용하셨다. 먼저 경전에 대해 말씀하시면서 허공장경을 인용하셨다. 거기에서는 20가지 법으로 자신을 끌고 갈 수레가 가슴속에 이미 준비되어 있다는 것을 밝히고, 뒤에는 10분의 생명체들을 들어 그 수레가 움직일 때 그 생명체들이 어떤 반응들을 하는가에 대해 설명하셨다.

논서에 들어와서는 대법론과 현양론을 인용해서 대승의 본성에 대해 풀이하셨다. 그렇게 경전과 논서를 차례대로 이끌어와 대승을 말씀하셨는데도 뭔가 마음이 놓이지 않으셨는지 이제는 유가론과 지지론까지 끌어오시면서 대승의 본질에 대해 확실한 근거를 제시하고 있는 것이다.

우리는 지금 원효성사가 대승기신론이라는 논서의 책 제목을 설명하시는 것을 보고 있다. 이제까지 대승이라는 것에 대해 장구하게 해설하시는 것을 들었다. 그것을 여기서 끝을 맺는다. 이제 다음으로 起信에 대해 설명하시는 것을 들어보자.

海東疏 言起信者 依此論文 起眾生信 故言起信 信以決定謂爾之辭
기신이라고 하는 것은 이 논서의 글로 인해서 중생들이 믿음을 일으키게 되기 때문에 기신이라고 하는 것이다. 그것은 결정적으로 무엇을 그렇다고 믿는 것이다.

믿음이라는 말은 참 좋은 말이다. 믿는다는 것은 중생이 가질 수 있는 가장 성스러운 마음이다. 그렇지만 믿어서 끝이 좋은 것이 뭐가 있었단 말인가.
믿음은 빛 좋은 개살구 같은 것이다. 그래서 믿음은 그저 아름다운 언어에 그칠 뿐이다. 믿음이라는 것은 우매한 인간들이 만들어 낸 자기위안의 허튼 언어에 다름 아니다. 그래서 우리의 믿음은 결과적으로 누구에게나 아무러한 이익을 주지 못하고 있다.
그러므로 중생세계에 믿음이라는 것은 없다. 아무도 믿지를 못하고 누구도 믿지를 못한다. 도대체 무엇을 믿는다는 말인가. 명예 권력 사랑 우정 신의 참 멋진 말들이지만 거기에 믿음이라는 것은 없다.
믿음이 일어날 때 그것들은 벌써 나를 배신하기 시작한다. 하늘처럼 믿었던 부모도 나를 버리고 돌아가셨고 철석같이 믿었던 내 마누라도 나를 등지고 사라지는 것만 보아도 세상에는 믿을 것도 없고 믿을 사람도 없다. 그것이 범부 쪽에서 보는 믿음의 정답이다.
뜨거운 물로 가득 채운 목욕탕에서 아버지가 자꾸 어린 아들을 부른다. 시원하다. 들어와 봐. 아주 시원하다. 너도 빨리 들어와 봐. 얼마나 시원한지 모른다. 아들은 그 말을 믿고 의심없이 바로 뛰어 들었다. 놀라 기겁한 아들은 소리쳤다.

- 세상에! 아버지조차도 믿을 수 없다. -

아버지는 자식에게 세상을 살아가는 아주 고귀한 교훈을 하나 가르쳐 주었다. 그러니까 아무도 믿지 말란 말이야. 아버지도 이런데 다른 사람들이야 말할 게 뭐 있겠냐. 절대로 사람을 믿으면 안 된다. 아들아.
  그래도 믿는다. 모든 것이 믿도록 만들었다. 더러는 믿도록 강요도 당했다. 아닐 거라고 생각하면서도 믿어야 했다. 형제를 믿었다. 이성을 믿었다. 친구를 믿었다. 사람을 믿었다. 법을 믿었다. 학설을 믿었다. 하지만 결과적으로 모두 다 나를 배신했다. 믿었던 사람은 가고 물건은 사라졌다. 모두 다 변하고 비틀어졌다.
  세상에 믿을 것이라고는 아무것도 없다. 그런데도 또 믿고 싶다. 안 믿고서는 내가 불안해서 견딜 수 없다. 또 믿을 것을 찾아 나선다. 그것을 어떻게 알았는지 동서남북 어디서건 모두 다 자기를 믿으라고 유혹한다.
  어떤 때는 마이크 소리로 시끄럽게 말하고 어떤 때는 은밀하게 속삭이듯이 자기를 믿고 따르라고 한다. 의심하지 말라고 한다. 굳게 믿으면 된다고 한다. 믿어보라고 한다. 믿으면 손해 보지 않는다고 한다. 하지만 모두가 다 거짓말이다. 그 결론은 상처투성이로 끝이 난다.

세상이 돌아가고 있다. 마음이 움직이고 있다. 세상이 돌아가고 마음이 움직이는데 어떻게 무엇을 기준으로 해서 믿는단 말인가. 내가 낳은 자식도 제 갈 길로 가고 한 침대를 쓰는 부부도 딴 꿈을 꾸는데 도대체 무엇을 믿는다는 말인가. 아무도 믿지를 못한다.

"여기 무엇하는 곳입니까?"
"기신론을 강의하는 곳입니다."
"뭐. 귀신요?!"

起信이라는 말을 사람들이 어떻게 알아들을까. 그들에게는 기신이 귀신으로 들리어진다. 그것이 정상이다. 그 사람들은 나를 이상하게 힐끗 쳐다보고 종종걸음으로 사라진다. 아마도 내가 귀신을 숭배하거나 귀신들린 사람이라고 생각한 모양이다.

起信寺 만큼 멋진 절 이름이 있을 수 있을까. 歸信寺는 또 어떻고. 하지만 이런 寺名은 죽어도 못 쓴다. 둘 다 귀신 발음과 비슷하기 때문이다.

사람들이 귀신을 혐오하고 있는 이상 이런 절 이름은 일단 최악이다. 하지만 더러 쓰는 스님이 있다. 절 이름만큼이나 제대로 정법을 가르치고 있다면 그분들께 경배하고 싶다. 그분들이야말로 진짜 배짱 좋고 심지가 굳은 분들임에 틀림없으니까 그렇다.

우리가 사는 세상 동서남북 천지 어디를 둘러봐도 믿을 것은 아무 것도 없다. 하지만 우리에게 딱 하나 믿어야 될 것이 있다. 가짜가 많다는 것은 역설적으로 어딘가에는 진짜가 있다는 말이다. 세상에 믿을 것이 하나도 없다는 말은 분명 어딘가에 믿을 만한 하나가 틀림없이 있다는 반증이기도 하다.

그렇다. 바로 그것이다. 하늘이 깨지고 땅이 뒤엎어진다고 해도 안 믿고는 못 배길 것이 딱 하나 있다. 오로지 그것만 믿으면 된다. 오직 그것은, 그것은 우리의 진짜마음이다.

진짜마음이 우리 속에 숨어 있다. 지금의 나는 가짜다. 진짜와 소통하여 어쨌든 이 가짜를 쫓아내야 한다. 그래야 내가 산다. 결코 믿기지 않을 것이다. 그것을 믿도록 **해동소**는 논리적으로 차근차근 도와줄 것이다.

海東疏 所謂信理實有 信修可得 信修得時 有無窮德
이른바 이치적으로 그것이 실제가 있다는 것을 믿는 것이며, 닦으면 가히 그것을 얻는다는 것을 믿는 것이며, 닦아 증득할 때에는 무궁한 공덕이 있게 된다는 것을 믿는 것이다.

우리 마음속에 진짜가 들어 있다고 했다. 중생은 가짜인 나를 먹여 살리는 삶을 산다. 그래서 평생을 살아도 산 것 같지 않다. 그것은 가짜를 위해 죽으려고 산 것이기 때문이다. 가짜는 일생 동안 나를 힘들게 하다가 마지막에는 나를 가차없이 죽여 버린다. 그래도 나는 모른다. 그 가짜가 나의 주인인 줄로만 안다.

뻐꾸기 새끼를 기르는 연약한 개개비를 보고 동정심을 말하지 마라. 범부들 모두가 다 이미 개개비 노릇을 하고 있다. 머리가 타는 번뇌를 일으키며 일평생을 모시고 보살펴 온 나의 육신과 나의 가짜 마음은 나를 배신한다.

그리고는 다음의 가짜에게 인도를 한다. 그러면 진짜는 가짜의 양도에 의해 다음 가짜 주인을 모시고 살아야 한다. 만딩고에 나오는 흑인 노예도 아닌데 끊임없이 자기들끼리 나를 인계하고 인수하면서 나의 주인노릇을 자처하고 있다.

개개비는 일 년 안에 그 비극적 삶이 끝나지만 나는 금생에 특단의 대책을 세우지 못하면 세세생생 그 비극적 삶을 살아가야 한다.

내 안에서 진짜의 마음이 조금이라도 꿈틀거리기만 하여도 무조건 가만히 있으라고 윽박지른다. 찍소리 말고 숨죽인 채로 엎드려 있으라고 위협한다.

양심이라는 이름으로 바늘만큼 비집고 나오려고 해도 용서하지 않는다. 무조건 자기가 하는 대로 따르라고 한다. 이제까지 따라도 뭐 하나 속 시원하게 해결된 게 없으면서도 무조건 자기의 결정만 따르라고 눈을 부라리고 으름장을 놓는다.

그러면 진짜의 나는 이내 기가 죽어 엎드린다. 기회를 엿보고 있지만 그리 쉽게 그 시간이 돌아오지 않는다. 그러다 보니 이제 거의 빈사상태로 내 속에서 엎드려 있다.

그렇게 구박받고 홀대받는 진짜 나는 분명히 내 안에서 숨죽인 채로 숨겨져 있다. 틀림없이 이치적으로 분명하게 있다. 허상이 아니라 실재의 모습을 가지고 분명 웅크리고 있다. 좁은 몸속에 이리 차이고 저리 차이면서 어느 한 곳에 힘없이 쭈그리고 앉아 있다.

집안에 강도가 들어와서 집주인을 묶어놓고 자기들이 주인노릇을 하고 있다. 사람들에게는 자기가 이 집 주인이라고 하지만 진짜 주인은 두려움에 떨면서 골방 어딘가에 깊숙이 갇혀 있다. 분명히 있다. 없지는 않다. 그것을 믿어야 한다.

닦는다는 것은 찾는다는 말이다. 마음을 닦는다는 표현은 덮어쓰고 있는 오물을 제거한다는 뜻이다. 찾는다는 말은 없는 듯 숨어 있는 자기라서 쉽게 모습을 드러내지 않는다는 말이다.

어쩌다 한 번씩 살겠다고 고개를 삐죽이 내밀었다가 무수한 봉변과 구박을 받아 왔기에 이제는 찾아도 쉽게 나타나지 않고 눈치만 살피고 있는 실정인 것이다.

하지만 분명 찾으면 나온다. 세세생생 모질게 괴롭힌 것을 참회하고 진정으로 찾으면 환하게 웃으면서 나온다. 단 이제는 확실하다는 보장이 있을 때라야만 나온다. 아니면 또 다시 큰 실망을 하고 더 깊이 숨어들어야 할 것이기 때문이다.

그러므로 진정성 있게 꾸준히 부르면 나 여기 있소 라고 하면서 반가운 목소리로 감응한다.

닦아 증득한다는 것은 찾게 되면 이란 뜻이다. 일단 내 마음을 찾으면 이제까지와는 전혀 다른 삶을 살게 된다. 그때부터는 진짜 나를 살리는 삶을 사는 것이다. 고생 끝 행복 시작이다. 나날이 즐겁고 달달이 웃음꽃이 만발한다.

그래도 이 정도의 행복은 아무것도 아니다. 억만금 중에서 십 원짜리 하나 정도의 행복에 버금가는 수준이다. 다음 단계로 나아가야 한다.

海東疏 此中信實有者 是信體大 信一切法 不可得故 卽信實有 平等法界

이 세 가지 가운데서 이치적으로 실다움이 있다는 것을 믿는다는 것은 바로 體大인 나의 본체가 위대하다는 것을 믿는 것이다. 하지만 나의 본체는 세상 그 자체이기에 그것은 얻는 것이 아니다. 즉 나의 실재는 법계와 하나라는 진실을 믿는 것이다.

믿을 자는 나 자신이다. 의지할 곳은 나의 마음이다. 이것은 진짜 나를 두고 하는 말이다. 가짜 나는 믿으면 안 된다. 의지해서도 안 된다. 그러면 언젠가 피눈물을 흘리게 된다. 믿고 의지할 자는 내 안에 갇혀 있는 참 나이다.

진짜인 나는 위대하다. 세상과 한 덩어리다. 세상은 가지는 것이 아니다. 부분은 가지지만 세상 전체는 가지지 못한다. 대신 내가 세상이 된다. 즉 진짜의 나는 세상 자체라는 것이다. 그런데 어떻게 된 심판인지 그렇게 큰 것이 쪼그라들대로 쪼그라들어 내 몸 안에 갇혀 있는 것이다.

이것은 가둬 놓으면 안 된다. 풀어주어야 한다. 풀어주면 세상 전체를 가진다. 이것은 공기와 같다. 내 안에 가둬 놓으면 부분으로 오염된다. 하지만 열어 버리면 세상의 공기와 하나가 된다.

그러면 허공처럼 세상 전체와 하나로 통한다. 그것이 우리의 진짜 마음이다. 그러므로 우리 마음을 열어 주어야 한다. 이것이 지각 있는 인간으로서 자기 자신에게 해야 할 가장 신성하고 가장 급선무한 일이다.

이렇게 자신 속에 진짜의 자신이 있다는 것을 믿기 시작하면 열 가지나 되는 공덕이 일어난다고 **석마하연론**은 밝히고 있다.

첫째는 심성이 맑아지고 깨끗하게 된다.
둘째는 어떻게 인생을 살아야 하는지 그 의미가 확고해진다.
셋째는 슬프고 암울한 날은 가고 기쁜 마음만 일어난다.
넷째는 경시하는 마음에서 모든 사람을 존중하게 된다.
다섯째는 복덕을 짓는 데 게으르고 싫증내는 마음이 없어진다.
여섯째는 남의 단점보다는 좋은 점이 먼저 보인다.
일곱째는 불법에 어떻게 하든지 순응하고자 하는 마음이 일어난다.
여덟째는 남의 복덕에 시샘보다는 칭찬이 먼저 일어난다.
아홉째는 자신이 언제나 자신을 살리고자 한다는 생각을 잊지 않는다.
열째는 일체 중생에 자비심이 일어나기 시작한다고 하였다.

海東疏 信可得者 是信相大 具性功德 熏衆生故 卽信相熏 必得歸原
닦으면 가히 얻는다는 것을 믿는다는 것은 바로 相大를 믿는 것이다. 이 相大는 그 본성에 온갖 공덕을 다 갖추고 있어서 중생을 훈습해 나간다. 곧 相大로 훈습하게 되면 반드시 근원으로 돌아갈 수 있다는 것을 믿는 것이다.

나는 세상에 태어나서 단 한 번도 타인을 이롭게 하지 못하였다. 오직 나 자신만을 위해서 살았다. 가끔가다 남을 위하기는 했다 하더라도 나의 기분을 좋게 만들기 위해서였지 그들을 진정으로 위해서 한 일은 아니었다. 왜냐하면 그들이 나의 기분을 상하게 해 버리면 바로 중단해 버렸기 때문이다.

동물도 아닌 사람으로 태어나 좀 좋은 일도 하면서 세상을 살아야 하는데 전혀 그렇지 못했다. 초목인 나무도 무수한 상처를 감내하면서까지 타 생명들을 품고 살아가는데 나는 내 마음에 상처를 입을까 싶어서 주위 모든 것에 아무것도 베풀지 않고 살아 왔다.

생각해 보면 참 이기적인 삶을 살았고 지금도 그렇다. 여유가 있건 없건 모든 생명 있는 것들을 힘닿는 대로 보살펴야 되겠다는 그런 마음조차 없다. 그런 마음도 일어나지 않는다. 하지만 진짜 나는 그렇지 않다. 혼자보다는 남을 먼저 이익 되게 한다. 그것은 남의 이익이 나의 이익이 된다고 여기기 때문이다.

정도에 따라 다르지만 위로 급이 올라갈수록 그 범위는 넓어진다. 초등학교 1학년 담임은 자기 몸보다 아이들이 다칠까봐 언제나 노심초사한다.

고급공무원은 부하직원이 잘 있어야 자기도 무사하고 사단장은 사단병력이 별일 없어야 자기가 무탈하다. 더 나아가 국민이 무사하면 대통령이 웃고 지구가 무사하면 지구방위대장이 안심한다.

마음이 더 커지면 중생이 안락해야 부처가 편안해지는데, 그런 마음은 바로 우리 마음속에 들어 있는 相大의 훈습 때문에 그런 것이다.

相大라는 말은 속성의 위대성이다. 그것은 본질이 포함하고 있는 내용이며 모습이다. 이 相大가 위대하기 때문에 부처가 되면 그렇게 거룩하고 웅위해지는 것이다. 왜냐하면 원천적으로 갖고 있는 속성의 바탕이 위대하기 때문이다.

진짜의 나는 자비롭고 슬기롭다. 그처럼 세상 중생들은 나의 경쟁 상대가 아니고 내가 거둬야 할 대상들이다. 가짜인 내가 보면 마누라도 적이지만 진짜의 내가 보면 세상 중생들 모두가 다 나의 핏줄이고 생명이다.

이것은 마치 시냇물이 빗방울의 선후를 가리지 않고 받아들여 강으로 데려 가는 것과 같고, 독수리를 본 어미닭이 미추를 가리지 않고 흩어져 있는 새끼들을 한 가슴으로 불러들여 안전하게 보호해주는 것과 같다.

그처럼 진짜의 우리 마음은 모든 중생들을 데리고 안전한 세계로 나아가고자 한다. 하지만 가짜의 내 마음은 오늘도 내 앞 자리에 앉아 있는 상사의 뒤통수를 사정없이 후려치고픈 심정이다. 도대체 이게 사는 건가. 저런 인간들하고 끊임없이 아옹다옹해야 하는 것이 참을 수 없는 비애다. 어쨌거나 참 더럽고 아니꼬운 세상이다고 느껴진다.

그러니 이런 세상을 탈출하고 싶은 사람들은 자기의 진짜마음에 관심을 기울여야 한다. 지금이라도 그렇게 생각해야 한다. 그러면 이 세상으로부터 벗어나는 방법이 보이기 시작한다. 물이 차면 넘쳐흐르듯이 그런 마음이 간절하면 빠져나갈 방도가 있게 되는 것이다. 그것을 기신론 해동소는 기쁘게 도와줄 것이다.

海東疏 信有無窮 功德用者 是信用大 無所不爲故
무궁한 공덕의 작용이 있게 된다는 것을 믿는다는 것은 바로 用大인

작용의 위대성을 믿는 것이다. 그것은 하지 못하는 것이 없기 때문이다.

우리의 진짜마음을 회복하면 못하는 것이 없다. 가짜마음이 만들어 낸 세상도 이렇게 대단한데 진짜마음이 만들어 낸다면야 무엇을 제대로 못 만들어 내겠는가. 마음만 먹으면 천하를 흔적 없이 없앨 수도 있고 천하를 다시 임의대로 짜서 만들 수도 있다.

못하는 것이 없고 안 되는 것이 없다. 안 되고 못하는 것이 있다면 차라리 마음의 근원을 회복하지 않는 편이 낫다. 이래도 문제고 저래도 문제라면 문제를 안고 있는 쪽이 낫지 뭣 한다고 마음을 찾으려고 된 수행을 계속하는 헛고생을 해야 한단 말인가.

하지만 그렇지 않다. 일단 마음의 근원에 돌아가면 자기는 물론 세상도 다 자기 마음대로 조절할 수 있다. 천지가 손안에 든 리모컨과도 같다. 하고 싶은 대로 다 하고 갖고 싶은 대로 다 갖는다.

아이들은 플라스틱으로 만든 총 하나라도 마음대로 못산다. 돈이 없기 때문이다. 하지만 어른들에게는 아무것도 아니다. 마음대로 사고 마음대로 버린다.

어른이 되어도 아파트나 자동차를 마음대로 사는 것은 버겁다. 하지만 재벌들은 손쉽게 사고 미련 없이 버린다.

돈 많은 범부도 그 정도는 제멋대로 하는데 마음을 회복한 부처가 뭣인들 못하고 뭣인들 불가능하겠는가. 그런 능력이 내 가슴속에 들어 있다. 그런 능력을 쓸 수 있게끔 먼저 그 방법을 배워야 한다. 비행기가 백 대 있어도 조종사가 없으면 장난감에 불과할 것이고 열차가 천 대 있어도 기관사가 없으면 고철더미에 지나지 않는다.

그러므로 내 속에 들어 있는 用大의 작용을 제대로 활용해야 한다. 그렇지 못하면 이 사바세계에서 거지처럼 찌질하게 살다가 죽을 것이고, 활용하면 왕후장상 그 백 배 이상으로 떵떵거리다가 가고 싶은 날 마음대로 갈 수가 있다. 어느 쪽을 택할 것인가는 당신에게 달려 있다. 어쩔 것인가. 이제.

海東疏 若人能起此三信者 能入佛法 生諸功德 出諸魔境 至無上道
만약에 사람이 능히 이 세 가지의 믿음을 일으키게 된다면 드디어 불법 속으로 들어가게 되는 것이다. 그러면 모든 공덕을 일으켜서 일체의 마구니를 벗어나 무상도에 다다르게 될 것이다.

위에서 말한 이 세 가지는 바로 내 진짜마음의 무한 잠재성이다. 이것에 대한 확실한 믿음이 일어나지 않으면 이것을 개발하려 들지 않는다. 이 믿음이 굳건하게 일어나야 그것을 찾겠다는 의지가 생겨난다. 그럴 때 불법 속으로 들어가는 부처의 후보자가 된다.
그러면 후일 이 세 가지를 회복해 부처가 되는 것은 따 놓은 당상이 된다. **대승밀엄경**에서, 믿음을 일으키고 의심을 품지 마라. 믿음은 해탈을 꼭 얻게 한다고 하셨다.
그래서 불자의 신행은 이 세 가지가 내 마음속 깊이 들어 있다는 것을 견고하게 믿는 것에서부터 출발한다. 육조스님은 그런 마음을 믿고 깨달으면 부처가 되고 그런 마음을 깨끗하게 하면 法이 되는 것이며, 그런 마음을 청정하게 하면 僧이 된다고 하였는데 바로 이것을 두고 한 말이다.

그런데 이 세 가지, 즉 體大와 相大 그리고 用大의 불법승을 자기 가슴속에다가 그냥 파묻어 놓고 바깥의 불법승을 찾아다닌다면 자기 옥답을 폐허로 둔 채 남의 논밭을 구경하러 다니는 것밖에 되지 않는다.

분명히 알아야 한다. 내가 농사를 잘 지으면 어디를 가도 농사를 잘 짓는 사람을 만나게 된다. 이처럼 내가 내 속의 三大를 잘 가꾸면 언제든지 불법승인 삼보를 만날 수 있지만, 내가 나의 三大를 가꾸지 않으면 바깥의 삼보가 결코 나에게 그 어떠한 영향도 줄 수 없다는 사실을 명심해야 한다.

삼보는 나에게 三大의 옥답에 공덕을 짓도록 만들어 준다. 이 공덕이 자라나 양식이 되어야 부처로의 행로가 시작된다. 양식이 변변치 못하면 중도에서 반드시 탈락한다. 양식이 많아야 마구니에게 이리 뜯기고 저리 뜯겨도 퇴전의 고비를 무사히 넘길 수 있다. 그래서 원문에 모든 공덕이 일어나게 되면 마구니의 경계를 벗어난다고 하신 것이다.

그러니까 마구니가 무상도를 막고 있는데, 누구든지 무상도에 나아가려고 한다면 공덕을 많이 지으면 된다고 하신 것이다. 그렇다면 마구니의 부대들은 어떤 무기들을 들고 우리들을 막고 있는지 **파다 나수타**의 말씀을 보자.

1. Lust 욕망
2. Discontent 불만
3. Hunger and Thirst 배고픔과 목마름

4. Craving 갈망

5. Sloth and Drowsiness 게으름과 졸음

6. Cowardice 소심

7. Doubt 의심

8. Hypocrisy and Stupor 외적 위선과 지각 마비

9. Gain, Fame, honour, and Celebrity falsely 이익 명예 명성 그리고 유명세 허위

10. Self-exaltation and the Despising of others 교만과 경멸이다.

어떻게든 한량없는 공덕을 지어서 이 열 가지 마의 장벽을 넘어가면 그때서야 대각을 이룰 수 있는 궤도에 무사히 올라서게 되는 것이다.

海東疏 如經偈云 信謂道元功德母 增長一切善根

저 경의 게송에 이르시기를, 믿음은 도의 근원이며 공덕의 어머니다. 그리고 일체의 선근을 증장시킨다.

경은 **화엄경**을 말한다. 믿음은 도의 근원이 된다고 하신 말씀은 믿음이라는 것이 있어야 깨달음의 길로 들어설 수 있다는 것을 의미한다. 근원이라는 말씀은 바탕이라는 뜻이다. 그러므로 믿음은 깨달음의 길로 들어서게 하는 최고의 동력이 된다 라는 말씀이다.

믿음, 절대적인 신뢰는 가짜인 나를 버림으로써 이루어진다. 지금처럼 가짜가 득세하는 삶을 살면 믿음은 결코 일어나지 않는다. 믿음

은 나의 머리로 증명되지 않는다. 증명이 되면 수학이다. 수학은 믿을 필요가 없다. 이미 그 결과가 나와 있기 때문이다. 믿음은 증명되지 않는 미지의 세계에 대한 보험이다.

그러므로 잘만 믿으면 그 결과가 엄청나다. 하지만 잘못 믿으면 그만큼 손해가 막심하다.

부처님이 깨달음을 이루시고 난 뒤 그분의 나라에 가셨다. 수많은 사람들이 그 깨달음에 대한 증명을 보여 달라고 요구했다.

부처님은 말씀하셨다. 저 산을 넘고 넘으면 바다가 나온다. 하지만 바다를 가지고 와서 보여줄 수는 없지 않는가. 바다를 보고 싶으면 산을 넘어가야 하듯이 나의 깨달음을 알려고 하면 나를 따라 수행할 때 비로소 알아지는 것이라고 하셨다.

이것은 어린아이가 미적분에 대한 이야기를 해 달라고 조르는 것과 같다. 미적분은 학문적으로 성장해야만 이해할 수 있는 고등수학이다. 아무리 가르쳐달라고 해도 어떻게 해 줄 수가 없다. 이 학문이 필요한 자들은 자신을 먼저 성장시켜야 한다. 그러면 자동적으로 이해가 되는 시기가 오게 된다.

그러므로 **범망경**에서, 모든 선행 중에서 부처님을 믿는 것으로 으뜸을 삼는다. 이것이 모든 덕의 근본이 되기 때문이다 라고 하신 것이다.

원문에서 공덕모라고 할 때 그 어머니는 땅을 의미한다. 땅 대신 어미를 넣은 글귀가 인상적이다. 地 자를 써도 될 텐데 일부러 母 자를 넣어 생육의 뜻을 강조하고 있다. 어미는 모든 것을 생산하고 육성하기 때문이다. 세상에 어미 없이 생장되는 것은 없다. 즉 공덕없이는 아무것도 이루지 못한다. 그러므로 이 믿음은 공덕을 만들어 내는 어미의 역할을 한다는 것이다.

그리고 믿음은 일체의 선근을 증장시킨다. 믿는 마음이 없다면 선근은 없다. 인과를 믿어야 선근을 심는다. 선근을 심어야 三大가 이해된다. 三大가 이해되면 자동으로 선근을 증장시킬 수밖에 없다. 이것은 서로 보완하면서 한량없는 공덕을 이루어간다.

그러므로 믿음과 선근 그리고 三大는 서로 서로를 증장시키는 촉매역할을 한다. 그 중에서도 믿음이 우선이다. 믿어야 그 다음 것들이 작동될 수 있기 때문이다.

海東疏 除滅一切諸疑惑 示現開發無上道
일체의 모든 의혹을 제거해주고 무상도로 나아가는 길을 열어 보여준다.

믿음이 없으면 부처님 말씀도 문학이다. 믿으면 종교가 된다. 문학은 인간의 삶을 풍요하게 만들고 그 질을 높여준다. 하지만 종교가 되면 인간의 삶 자체가 허위가 된다. 그러므로 실재의 삶을 찾아 나서야 한다. 그것이 불교가 지양하는 바의 목표다.

믿음이 없으면 부처님이 제시한 그 길로 나아가지 않는다. 앉아서 부처님 말씀만 쪼고 있다. 이리 쪼고 저리 쪼면서 구경하고 살펴본다. 하라는 것은 절대 하지 않고 버리라고 하는 것은 결코 버리지 않는다.

그것은 부처님 말씀을 따라 나선다 해도 그에 상응되는 보답이 확실히 주어지지 않으면 어떻게 할 것인가 하는 불신 때문이다. 재미있지 않는가. 不信과 佛信의 발음이 똑같다는 사실이. 하지만 그 결과는 극과 극으로 나누어진다.

믿음이 없는 자는 모두가 다 의심의 대상이다. 위대한 중생의 스승이 말씀하신 가르침조차도 믿지 않는다. 자기 기준을 버리고 부처님 말씀을 기준으로 살라고 해도 이것조차 자기 수준으로 받아들여 자기 삶으로 만들어 버린다. 바로 생활불교라는 것이다.

다시 말하지만 중생의 생활을 위해 불교가 나타난 것이 아니다. 중생의 삶은 불교가 없으면 더 활발하고 더 눈부시다. 불교는 그런 삶이 잘못되었다는 전제 하에 그런 생각을 바꿔주기 위해 나타난 가르침이다.

그런데 사람들은 불교를 자기들의 생활에 써먹으려고 한다. 그래서 불교를 자기들의 문화로 만들고 있다. 이게 바로 의심 많은 인간이 하는 짓거리다.

믿음은 다른 세계를 열어준다. 믿어야 다른 세계의 설명이 들어온다. 그래야 그 세계를 동경하고 그 세계로 나아간다. 그러므로 일단 믿어야 그 세계로 나아가는 길이 보인다. 그 길을 無上道라고 한다. 즉 위없는 깨달음의 길이라고 한다. 믿지 않으면 다른 세계도 없고 그 길도 없다. 오로지 믿으라는 말씀만 그들의 가슴에 남아 있을 뿐 그들에게 아무 이익이 없다.

海東疏 信能超出衆魔境 示現無上解脫道

믿음은 능히 많고 많은 마구니의 방해를 벗어나게 하고 최고 경지의 해탈 길을 보여준다.

깨달음의 길로 나아가지 못하게 막는 것은 마구니들의 짓이다. 마구니들은 어둠 속에서 활동하고 거기서 세력을 넓힌다. 수행자의 앞길을 막는 것들은 모두가 다 마구니의 둔갑이고 모습이다. 마구니들이 가장 싫어하는 것이 밝음이다. 밝음이 나타나면 즉각 어둠 속으로 숨어든다.

참 아이러니컬한 광경이 있다. 부처님오신날에는 점쟁이들 집에도 등을 걸고 불을 켠다. 그들은 부처님이 누군지를 모르고 있다. 부처님이 불이기 때문에 부처라고 한다는 것을 알면 그들은 매우 당황할 것이다. 불은 바로 밝음을 뜻하고 그들은 어둠 속에서 살고 있기 때문이다. 그러므로 불을 밝히면 어둠이 깨어지게 된다. 즉 자신들의 삶이 깨어져 버린다는 것이다.

불교는 사마외도 전체를 모두 다 마군으로 보고 있다. 마군은 魔마의 복수형이다. 이것을 마구니라고 부른다. 어떠한 신이든지 신을 숭상하고 있는 모든 종교들은 전부 마구니들이다.

그리고 사람의 사주를 봐주는 점쟁이나 천문을 보거나 역법으로 인간의 길흉화복을 예언하는 모든 자들을 전부 마구니로 보고 있다.

잡아함경 말씀이다. 어떤 중생이 점쟁이가 되어 많은 사람을 그릇되게 꼬여 재물을 구한다면 그 죄로 말미암아 지옥 속에서 한없는 고통을 받게 될 것이다고 하셨다.

그들은 남의 고통을 없애준다고 하면서도 정작 자기들의 고통이 바로 눈앞에 와 있다는 것을 모르고 있다.

부처님의 마지막 말씀인 **유교경**에서도 내 제자는 천문이나 사주를 보면 절대로 안 된다고 하셨다. 그런데도 그들은 이 말씀들을 어기고 있다. 그러면서 부처님오신날 등불을 켜고 있다.

이것은 외도인 기독교가 부처님오신날을 봉축해 주는 것과 같다. 그들이 믿는 신을 부정하고 그 신을 믿는 자들을 구출해 주기 위해 부처가 이 땅에 왔다는 사실을 알면 기겁할 것이다.

그런데도 그들은 봉축메시지를 날리고 있다. 우습기로 말하자면 그런 외도의 수장인 예수를 불교도들이 먼저 보살이라고 대변해 주는 꼴이 한 수 위가 되겠지마는, 이래저래 참 별꼴인 세상인 것만은 틀림이 없다.

외도는 인과를 부정하는 자들이다. **법구경**에 온갖 죄는 진리 아닌 것을 말하는 입과 내세를 배척하는 마음에서 생긴다고 하셨다. 외도들은 이 말씀들을 전면 부정한다. 그들에게는 믿는 구석인 그들의 신이 있기 때문이다.

공자가 병이 났다. 자로가 근심스레 하늘과 땅에 제사를 올리고 쾌유를 빌자고 했다. 공자가 말했다. 그런 것이라면 내가 평생을 해오지 않았느냐며 쓸데없는 제안을 하는 제자에게 타박을 주었다. 공감이 가는 의미있는 말씀이다.

불교는 인과를 말하고 있다. 원인에 의한 결과가 나오니까 결과가 무서운 것이라면 그 원인을 심지 말아야 한다는 논리다. 이것이 밝은 가르침이고 이것이 보편타당한 진리다.

그런데도 사마와 외도들은 언제나 이것과 반대편에 있다. 참고로 부처님 당시에 유명한 살인마 앙굴리말라의 이야기가 있어 번역해

싣는다.

파세나디라는 위대한 왕에게 훌륭한 정치적 멘토가 있었다. 그에게 한 명의 아들이 있었는데 이름이 아힘사카였다.

그는 대단히 영리한 아이였다. 나이가 차자 그는 타카시라는 스승에게 유학을 떠났다. 총명하고 똑똑한 그는 스승에게서 금방 특별한 제자가 되어갔다. 더 나아가 모든 대중들에게서 군계일학이 되는 데는 그리 오래 걸리지 않았다.

그런 그를 스승은 물론 스승의 부인도 극진히 아끼고 보살펴 주었다. 그뿐만이 아니었다. 스승에게 두 딸이 있었는데 그들도 친 오누이처럼 따뜻하게 그를 따르며 늘 함께했다. 그 중에서 유독 큰 딸은 아힘사카에게 연정을 품고 결혼 상대자로 생각하고 있었다.

이것을 보고 그의 몇몇 동료들은 심한 질투와 투기를 일으키기 시작하였다. 그래서 그들은 어떻게든 아힘사카를 꺼꾸러뜨리기 위하여 음흉한 음모를 꾸몄는데 그것이 바로 스승의 부인과 내통했다는 것이었다.

이 소문은 삽시간에 은밀히 퍼져 나갔다. 그것은 엄청난 충격에 이어 대폭발로 이어졌다. 스승의 부인은 창피함을 견디다 못해 스스로 자결을 하였고 큰딸은 쇼크를 받아 미쳐버렸다. 그리고 둘째 딸은 소문으로 몰려든 사람들에 의해 돌팔매질로 반신불수가 되어 버렸다.

스승의 분노는 하늘을 찔렀다. 그러다 이성을 잃어버렸다. 아힘사카가 사실이 아니라고 아무리 변명해도 이미 제정신이 아닌 스승은 그의 말을 조금도 들으려 하지 않았다.

마침내 스승은 그렇게 결백하다면 그 증명을 보여 달라고 했다. 어떻게 하면 되겠느냐고 묻자 스승은 순간 아주 무서운 생각을 일으켰다. 세세생생 이 아이에게 고통을 줘야 되겠다는 마음으로 누구도 할 수 없는 가공할 조건을 내밀었다.

"너는 너를 끔찍하게 아끼던 나의 처를 죽게 만들고 큰 딸을 미치게 만들었다. 그리고 둘째를 반신불수가 되도록 만들었다. 그 죄과를 어떻게 다 갚을 수 있는가?"

"어떻게 하면 되는지 그 방법을 가르쳐 주십시오."

"우리의 가정은 너에 의해 풍비박산이 났다. 너 때문에 자살한 아내의 원한이 하늘에 사무치고 있다. 그 원한을 풀고 그 영혼을 달래는 데는 살아 있는 사람 오른쪽 손가락 천 개가 필요하다. 그것으로 천제를 지내면 그 영혼이 천상에 태어날 수 있다. 그뿐이 아니라 천제의 영험으로 미쳐 있는 첫째 딸이 쾌유될 수 있고 식물인간이 된 둘째 딸도 거뜬해질 수가 있다. 어떻게 하겠느냐?"

"그렇게만 된다면 무엇이든 어떤 것이든 다 하겠습니다."

"좋다. 그 방법은 살아있는 자의 손가락이다. 이 말은 그것을 취하기 위해 사람을 죽여도 좋다는 뜻이다. 그 인과는 내가 책임진다. 그렇게만 한다면 나는 물론 내 가족도 너를 용서할 것이고 너도 이 죄과로부터 벗어날 수가 있다. 하겠는가?"

"하겠습니다."

"좋다. 기간은 일주일이다. 가라."

가엾고 불쌍한 아힘사카는 스승에게 그렇게 하겠다고 맹세하고 사바티 시내로 들어가 큰 칼을 하나 샀다.

그리고는 가차없이 사람들의 손가락을 자르기 시작했다. 사람들은 거칠게 저항했다. 그러자 한정된 기한 내에 임무를 완수해야 한다는 강박감으로 곧 무자비한 살육이 시작했다. 살아 있는 자보다도 죽은 자의 손가락을 취하기가 더 쉽다는 것을 알았기 때문이다. 사람들의 아우성과 솟아오르는 피 튀김에 순간순간 멈칫멈칫 하였지마는 곧 잔인하고 무자비한 살인자로 변해갔다.

그는 남녀노소를 가리지 않고 눈에 보이는 대로 사람을 죽였다. 그리고 그 증표로 오른쪽 엄지손가락을 서슴없이 잘랐다. 한 주먹이나 되는 손가락을 어떻게 처리할 수 없어서 주위에 있는 큰 나무 등걸 위에 올려놓았다. 그런데 다음 한 움큼을 갖고 와 보니 까마귀들이 그것을 다 낚아채 가버리고 없었다.

할 수 없이 그는 자른 손가락을 지키려고 노끈을 하나 구해 그것들을 목에다 걸고 다녔다. 그때부터 사람들에게서 앙굴리말라로 불리어지기 시작했다. 앙굴리라는 말은 손가락들이라는 말이고 말라라는 말은 화환같은 목걸이라는 뜻이다.

도시는 갑자기 공포의 도가니로 변했다. 누구 하나 밖에 나오려 하지 않았다. 바깥에 볼일이 있거나 장사를 하는 행상들은 두려움에 떨면서 숨어 다녀야 했다.

그 소문은 걷잡을 수 없이 빠르게 사바티 시내 전역에 퍼져 나갔다. 그가 한 동네를 망나니짓으로 휩쓸고 다음 동네로 가면 그 동네는 다시 살육의 도살지가 되었다.

이 가공할 테러에 군중들은 말할 수 없는 공포에 떨기 시작했다. 그래서 결국 사람들은 그 해결책으로 왕이 한시바삐 군대를 파견해 그를 살해해 달라고 청원하기에 이르렀다.

왕은 즉각 500명의 병사들을 동원해 저격조를 구성하고 그를 찾는 즉시 사살하라고 명령했다.

이 소리를 듣고 자지러질듯이 놀란 사람이 있었다. 바로 앙굴리말라의 어머니였다. 비록 수많은 사람들의 목숨을 뺏고 있는 살인자이지만 그녀에게는 아직도 어리고 연약한 한 명의 사랑스런 자식이었던 것이다. 그녀는 잠시도 지체하지 않고 한달음에 자식이 칼을 들고 설치고 있는 마을로 달려갔다.

이제 그는 999명의 손가락을 취했다. 즉 손가락 하나가 모자란 상태로 다음 타겟을 찾으러 바쁘게 다니던 중이었다. 그런데 그의 어미가 불시에 나타났다. 한 개만 더 취하면 그의 목적이 성취된다. 눈이 뒤집힌 그는 자기 어미에게 칼을 겨누고 뛰어갔다.

이 어이없는 순간을 부처님이 수도원에서 혜안으로 보시게 되었다. 그분은 황급히 분신을 나투어 앙굴리말라와 그의 모친 사이에 우뚝 섰다. 뜻밖에 나타난 부처님을 보고 앙굴리말라는 이제 부처님을 향해 덤벼들기 시작했다.

부처님은 천천히 돌아서서 조용히 걸음을 옮기셨다. 옳다 되었다, 기회는 지금이다 하면서 그는 칼을 다잡고 그분의 뒤를 쫓아갔다. 하지만 금방 잡힐 것 같은 거리인데 이게 웬일인가. 아무리 숨을 헐떡이며 뛰어가도 더 이상 거리가 좁혀지지 않았다. 어떻게 더 가까이 따라갈 수 없어 앙굴리말라는 큰 소리로 외쳤다.

"거기 가는 이상한 사람! 서랏. 당장!"

부처님은 나지막하게 그러면서 위엄있게 응대했다.

"나는 섰다. 앙굴리말라. 너야말로 멈춰야 한다.

이 짧고 의미심장한 말 한마디에 앙굴리말라는 순간 흠칫했다.

"무슨 말이냐? 그게!"

"나는 완전히 멈췄다. 모든 생명 있는 자를 향한 공격성은 그 어디에도 없다. 그런데 너는 아직 죽이고자 한다. 너야말로 그 잔인성을 멈춰야 한다."

앙굴리말라는 여기서 숨이 멎는 충격을 받았다. 그는 단번에 부처님의 신통과 위신력에 눌려 비 맞은 생쥐 꼴이 되고 말았다. 그는 풀죽은 모습으로 힘없이 칼을 떨어뜨렸다.

그러면서

"적어도 이 성자는 나를 구제하러 오신 분 같다."

고 나지막하게 중얼거렸다.

"당신의 말대로 나는 지금 이 순간부터 모든 악성을 버리도록 하겠습니다."

그리고는 부처님의 발아래 엎드려서 당신께 귀의하겠사오니 자신을 제자로 받아들여 달라고 간청했다.

"좋다. 그대는 지금부터 내 한 명의 비구 제자다."

부처님의 허락이 떨어짐과 동시에 앙굴리말라에게 걸쳐진 피 묻은 옷들이 스르륵 벗겨지고 대신 황색가사가 입혀졌다. 그것은 하늘의 범천왕이 바로 옷을 갈아입혀 주었던 것이다. 범천왕은 사람들의 눈으로는 볼 수가 없는 색계의 초선천왕을 말한다.

부처님이 앙굴리말라비구를 데리고 제타바나 수도원으로 돌아가는 길에 파세나디왕을 숲속에서 만났다. 그는 창칼이 번쩍이는 호위병사들을 앞세우고 살인자 앙굴리말라를 찾으러 후발로 직접 나섰던 것이다.

파세나디왕은 공손하게 부처님께 공경의 예배를 드렸다. 그리고 부처님 옆에 서 있는 한 명의 비구에게도 존경의 예를 표했다. 그러자 부처님이 뜬금없이 묻는 것이었다.

"무슨 일입니까? 대왕이시여. 이 수많은 병사들을 이끌고 어디로 가십니까? 혹시 이웃나라의 침범이라도 있는 것입니까?"

"아닙니다. 부처님이시여. 사바띠에 앙굴리말라라는 살인자를 찾아 나선 것입니다. 그는 천개의 손가락을 취하기 위해 수많은 시민을 무자비하게 죽였습니다. 저는 그를 체포해 사바띠에 평화를 지키려고합니다."

"대왕이시여. 만약에 앙굴리말라가 더 이상 살생을 하지 않고 자신의 죄업을 참회하고자 내 제자가 되어 머리를 깎고 황색가사를 걸치고 수행에 매진한다면 어떻게 하시겠습니까?"

그는 잠시 머뭇거리다가

"부처님이시여. 지금이라도 살생을 그치고 그렇게 한다면 얼마나 좋겠습니까. 부처님의 제자가 되어 참회로 일평생을 수행한다면 우리는 그에게 예경을 드릴 것입니다. 그리고 수행에 필요한 물품을 공급하겠습니다."

부처님은 당신 오른쪽에 조용히 서 있는 한 비구를 가리키면서

"대왕이시여. 이 사람이 바로 앙굴리말라입니다."

그 소리에 왕은 깜짝 놀랐다. 모골이 서늘했다. 그래서 바로 경계 태세에 돌입했다. 부처님은

"겁내지 마시오. 대왕이시여. 이 비구는 더 이상 남을 해치지 않습니다."

왕은 부처님을 믿고 앙굴리말라에게 다가갔다. 그리고 몸소 확인했다.

"당신이 정말 앙굴리말라입니까?"

"그렇습니다. 대왕이시여."

"그렇다면 앙굴리말라여. 놀랄 일입니다. 어쨌거나 부처님께 약속한 대로 내가 끝까지 수행하는 데 필요한 소모품을 다 공급하겠습니다."

왕은 여분으로 갖고 있던 생활용품들을 그에게 주려고 하였다. 그러자 앙굴리말라는

"됐습니다. 대왕이시여. 현재 걸치고 있는 이 옷만으로도 충분합니다."

며 완곡히 사양했다. 파세나디왕은 다시 부처님께 예경을 드리고

"정말 대단하십니다. 부처님이시여. 이것은 경이로운 일입니다. 길들이지 못한 자를 길들이고 거친 자를 부드럽게 하며 열반에 들지 못한 자들을 열반에 들게 하옵니다. 우리의 권력과 무기로는 절대로 할 수 없는 일을 부처님은 그렇게 하셨습니다."

그는 부처님의 위신력을 진심으로 찬탄하고 다른 용무가 있어서 궁궐로 급히 돌아가야 한다면서 그 자리를 떠나갔다.

앙굴리말라는 정식 비구가 되어서도 사람들은 그를 옛날의 무서운 살인자로 취급하였다. 그래서 그에게 먹을 것은 물론 다른 생필품 하나도 공양하는 자가 없었다. 그러다 보니 늘 대중의 그늘과 눈밖에 있으면서 고달픈 수행을 어렵게 해야 하였다.

그러던 어느 날 걸식을 하러 나갔다가 산고에 힘들어하는 산모를 보았다. 산모는 죽을힘을 다해 임산을 하고자 하였지만 야속하게도 아이는 쉽게 나오지 않았다. 그 위험한 고통과 힘든 신음소리를 듣고 있던 앙굴리말라는 허공을 향해 큰 소리로 외치기 시작했다.

"나에게 손톱만큼이라도 어떤 공덕이 남아 있다면 이 산모에게 아낌없이 모두 다 회향하고자 합니다. 그러니 아이가 순산하도록 도와주십시오."

이 자비의 절규에 의해 그렇게도 힘들어하던 임산이 순조롭게 이루어졌다. 애타게 지켜보던 그 가족과 산모는 느닷없는 앙굴리말라의 도움에 어찌할 줄 모를 정도로 감사해 했다.

이 인연을 계기로 그 가족들은 그때부터 앙굴리말라의 든든한 후원자가 되었다. 앙굴리말라는 이 가족들의 헌신적인 도움으로 간단없는 정진을 계속해 나갔다. 그 결과 그는 드디어 아라한과를 얻을 수가 있었다.

어느 날 법당에서 비구들이 모여 앙굴리말라의 이런 이야기를 주고받고 있었다. 이것은 정말 기적이다. 부처님은 그렇게 난폭하고 피에 굶주린 살인마 앙굴리말라를 단 한 번에 제압하고 바로 새사람으로 만들어 주셨다. 정말 이것은 부처님의 굉장한 신통이다고 감탄해 마지않았다. 그 소리를 우연히 듣고 부처님은

"그것은 기적이 아니다. 비구들이여. 그를 교화시킨 것은 내가 대각을 이루었기 때문이다. 하지만 그전에도 나는 한정된 지식으로 그를 한번 지도한 적이 있다."

고 하시면서 과거 전생의 이야기를 해 주셨다.

오랜 세월 전에 브라마다따가 바라나시를 통치하고 있었다. 그때 부처님의 전신이 구루왕조의 수도인 인다파따의 코라뱌왕의 아들로 태어났다. 그가 소마쥬스를 좋아하였으므로 사람들은 그를 수타소마왕자라고 불렀다.

그가 성장하자 그의 아버지는 그를 교육시키기 위해 타까실라로 보내었다. 동시에 브라마다따왕도 그의 아들인 왕자를 교육시키기 위해 그를 타까실라에 보냈는데 둘은 똑같은 길을 가다 도중에서 기이하게 조우하는 인연을 가졌다.

둘은 다까실라 관문이 보이는 언덕에 놓여있던 의자에 우연히 같이 앉게 되었다. 낯선 여행객의 신분이지만 연배가 비슷하다 보니 서먹하게 인사를 하였다. 막상 통성명을 주고받다 보니 둘 다 위대한 왕들의 아들로써 똑같이 한 스승에게 유학을 가는 길이라는 것을 알고 참 희한한 인연도 다 있다 라고 생각하였다.

둘은 금방 친해져 격의 없는 친구가 되었다. 서로 다정하게 챙겨주면서 다까실라에 있는 스승을 찾아 발걸음을 재촉하였다.

드디어 스승을 만나 그들이 온 이유를 말하고 스승의 제자가 되기

를 원하였다. 그 스승에게는 벌써 잠부디파에서 온 수련생 수백 명이 고명한 지도를 받고 있었다.

수타소마는 아주 뛰어난 제자였다. 그래서 그는 모든 학과에서 금방 노련한 숙련자가 되어갔다. 그의 막역한 친구 브라마다따왕자도 뜨거운 학구열정에다 수타소마의 개인적인 도움으로 다른 사람들이 보통의 과정을 밟고 있는 사이 특별한 과정을 모두 이수하기에 이르렀다. 마침내 그들은 전체 과정을 완벽하게 이수하고 타까실라를 떠나 그들의 고국인 왕궁으로 돌아가게 되었다.

스승의 격려가 끝나고 동료들의 배웅을 받자 수타소마는 동료들에게 어떻게든 계율을 잘 지키자고 하였다. 특히 살생만은 하는 일이 없도록 하자고 하였다.

그리고 보름이 되는 날은 중생을 살리는 포살날이기 때문에 우리 모두 꼭 지키는 자들이 되자고 하였다.

브라마다따왕자와 작별해야 하는 갈림길에서 수타소마는 간곡하면서도 특별히 그에게 살생을 하지 말고 방생을 많이 할 것을 권고하였다.

그가 브라마다따의 앞날을 여러 각도로 예측해 보니 그의 앞날이 그렇게 순탄할 것 같지 않아서였다. 더군다나 그가 후일 왕좌를 물려받고 난 뒤에 큰 위험과 마주할 것이라는 징조가 그의 얼굴에 언뜻 보였기 때문이었다.

그는 수타소마의 손을 잡고 감사의 인사를 하였다. 그러면서 그 권고를 진심으로 받아들이겠다고 하면서 헤어졌다.

고국으로 돌아가서도 브라마다따는 수타소마에게 자주 편지를 보냈다. 친구가 권고한 것은 나름대로 잘 이행하고 있으니 염려하지 말라고 하면서 청안한지 안부를 묻기도 하였다.

수타소마는 브라마다따와 그의 동료들이 정말 고마웠고 그렇게 계속해서 계율을 잘 지켜 나가도록 멀리서 용기를 불어넣어 주었다.

브라마다따왕자는 어릴 때부터 고기를 즐겨 먹었다. 이런 습관은 왕이 되어서도 계속되었다. 보름날이 되면 사람들이 도축을 하지 않았다.

보름날은 불교 수행자들이 포살을 하는 날이기도 하지만 모든 동물들이 왕성하게 교미를 하고 또 번식을 하는 날이기 때문이다. 그래서 왕의 요리사는 보름날에 먹을 고기를 미리 준비해 부엌 한쪽에 저장하는 일을 게을리 하지 않았다.

하지만 어느 날 요리사가 부주의한 틈을 타서 떠돌이 개 한 마리가 부엌에 들어와 그 고기를 물고 달아나 버렸다. 궁궐의 구석진 곳을 샅샅이 뒤져 그가 그 개를 찾았을 때는 이미 한 조각의 고기도 남아 있지 않았다.

큰일났다는 다급한 마음에 급히 시내로 나가 온 가게를 다 찾아보았지마는 고기 한 점을 새롭게 구할 수가 없었다.

절단 났다. 내일 식사에 고기를 올리지 못하면 왕이 나를 가만 두지 않을 것인데 이것을 어쩐다? 어떻게 해야 하지? 분명히 왕은 나를 죽일 것이다.

그는 필사적으로 고기를 구하러 다녔다. 하지만 별 뾰족한 방법이 없었다. 머리를 싸매고 한밤에 다시 마을로 들어갔다. 그때 그의 머리가 쭈뼛하는 기막힌 장소가 하나 떠올랐다. 바로 성 밖에 있는 행

려병자들의 시체처리소였다.

　시간도 한밤이고 인적도 드문 그곳은 모골이 섬뜩할 정도로 무서운 장소였다. 그는 이리저리 몇 구의 시체를 탐색하다 죽은 지 얼마 되지 않은 남자시체 하나를 발견하고 예리한 칼로 허벅지살을 도려내기 시작하였다. 병들어 오랫동안 먹지 못한 깡마른 시체가 갖고 있는 살이라 해봐야 겨우 바짝 마른 허벅지살밖에 남아 있지 않았기 때문이었다.

　주위를 둘러보니 다행히 아무도 보는 눈이 없었다. 그는 부들부들 떨리는 손으로 살점을 떼어낸 후 허겁지겁 그곳을 빠져 나왔다. 그리고는 아무 일도 없었다는 듯 왕궁으로 들어와 손을 씻고 잠자리에 들었다.

　이튿날 아침 여느 때와 마찬가지로 주방에서 왕의 음식을 장만하고 있었다. 누구도 모르게 시체에서 발라온 인육을 왕이 먹어도 절대로 눈치 채지 못하게 아주 잘게 다졌다. 그리고 그것을 볶고 거기다가 향료소스를 듬뿍 뿌려 본래의 육취를 철저히 감췄다. 그리고는 떨리는 가슴을 애써 진정시키고 왕에게 보통의 고기를 드리는 것처럼 그 음식을 올렸다.

　왕이 젓가락을 들고 그 음식을 입에 넣었다. 요리사는 마른 침을 꿀꺽 삼켰다. 숨이 턱턱 막혀 오는 순간이었다. 고기를 씹던 왕의 눈빛이 순간 아주 이상하게 빛이 났다. 요리사는 그 찰나를 놓치지 않고 그것을 보았다. 심장이 멎어버리는 것 같았다. 왕이 고개를 들고 그를 바라보자 그의 등은 씩은 땀이 주르륵 흘러내렸다.

"이 고기, 식감이 아주 좋다. 무슨 고기냐?

전생에 왕은 야차였다. 야차는 사람의 고기를 먹는다. 그래서 지난 과거에 수많은 사람들의 고기를 뜯어먹었다. 그렇다 보니 아주 작은 분량이지만 사람의 고기를 입에 넣는 순간 그 고기에 맛을 들인 죄업의 혀가 찰나적으로 예민한 반응을 보였던 것이다.

그는 이것이 무슨 고기 맛이지 하면서 여러 번을 씹어 보았지만 금생에 먹은 경험이 없다 보니 어쩌면 알 것 같으면서도 그 맛의 근원을 탐지해 내지 못하였다.

조리사가 바로 대답을 못하고 머뭇거리자 왕은 입안에 있던 고기를 접시 위에 뱉어내었다. 그리고 요리조리 살펴보면서 참 신기한 맛도 다 있다고 하면서 고개를 갸우뚱거렸다. 보다 못해 요리사가

"폐하. 아무것도 아닙니다. 그것은 보통의 고기입니다. 안심하고 드시옵소서."

"무슨 고기냐고 물었다. 무슨 고기냐?"

이 다그침에도 요리사는 즉답을 피했다. 대신 그의 몸이 사시나무 떨듯이 떨고 있다는 것을 눈치 챈 왕은 주위에 시위하던 호위병과 일체의 시종들을 저 멀리 밖으로 내 보냈다.

왕은 이제 옆에 아무도 없으니 안심하고 말해도 좋다고 하면서 아주 단호하고 위엄스레 이 고기가 무슨 고기냐고 캐물었다.

"무슨 고기냐?"

"평상시에 드시던 고기이옵니다. 폐하."

"아니다. 절대 아니다. 이 맛은 처음이다. 이것은 완전히 다른 맛

이다. 뭐냐?"

안 되겠다 싶었는지 왕은 드디어 칼을 뽑았다. 솔직히만 말하면 살려 주겠지만 또다시 얼버무리면 죽여버리겠다고 하였다. 요리사는 더 이상 어떻게 버틸 수 없다는 것을 직감하고 있는 그대로 사실을 이실직고 할 수밖에 없었다.

"폐하. 그것은 사람고기이옵니다."

"……!!!!"

왕은 기겁을 하였다. 그럼과 동시에 그의 입가에 아주 묘한 미소가 지어졌다. 왕은 손짓으로 요리사를 가까이 오라고 하였다. 그리고 그의 귀에다 대고

"누가 이 사실을 아느냐?"

"아무도 모릅니다. 폐하."

"이것은 절대 비밀이다. 너를 살려주는 대신 이제부터 매 때마다 그 고기를 식탁에 올리도록 하라."

"폐하. 그것은 매우 어려운 일입니다."

"어려울 것 하나도 없다. 그렇게 하라."

요리사는 어디서 그 고기를 계속해서 구할 수 있느냐고 물었다. 왕은 걱정마라며 엉큼하게 너털웃음을 쏟아내었다. 교도소에 있는 흉악범들이 있지 않느냐는 것이었다. 그들을 쥐도 새도 모르게 죽이면 된다고 하였다.

왕의 말대로 그날부터 죄수들이 하나둘 사라졌다. 왕은 점점 더 많은 양을 원했다. 전생에 야차였던 본능이 되살아나기 시작한 것이다. 그는 그 고기에 아주 흡족하면서도 게걸스럽게 먹어치웠다. 어느

덧 흉악범들의 감옥이 비워지게 되었다. 요리사는 비밀리에 왕을 찾았다.

"재료가 다 떨어져 가고 있습니다."

"걱정마라. 계속 조달할 수 있는 방법이 나에게 있다."

이 이야기는 길게 이어진다. 그래서 어쩔 수 없이 다음 2권으로 넘길 수밖에 없다. 독자들의 양해를 구한다.

마구니들과 밝음은 상극이다. 수행자가 믿음을 갖고 깨달음의 길로 나아가면 결국 지혜의 횃불을 들게 된다. 그 횃불의 밝음에 마구니의 궁전이 파괴된다. 그러므로 마구니들은 죽자 살자로 수행자가 앞으로 나아가지 못하도록 방해한다.

땅에서 부화한 거북의 새끼가 물새에게 잡히면 바다로 돌아가지 못하는 것과 같이 수행자가 마구니들에게 잡히면 앞으로 전진하지 못한다.

그러므로 마구니가 접근하면 나를 옭아매지 못하도록 있는 힘을 다해 발을 빼야 한다. 조금만 방심하면 콩밭에 나는 새삼처럼 전신을 감아 버린다. 그러므로 수행자가 가장 조심해야 하는 것이 바로 마구니들인 것이다.

이 마구니들은 지옥에서 온 사자들과도 같고 개미귀신과도 같다. 그들은 그물을 친다. 모두 다 천사처럼 따뜻하게 접근하지만 일단 그들에게 잡히는 날에는 소름끼치도록 무서운 흉모를 보게 된다. 지은 복이 일천한 관계로 재수가 없어 걸려드는 날이면 자기 힘으로는 결코 그 그물을 빠져나올 수가 없다. 천천히 아주 천천히 스스로 자각하지 못하는 사이에 어두운 지옥으로 끌려들어간다.

믿음은 이런 마구니들의 겉모습에 유혹되지 않도록 도와준다. 굳건한 믿음은 그 어떤 유혹과 장애도 훌쩍 뛰어넘는 힘을 준다. 믿음이 약한 자들만이 왕거미 줄에 참새가 걸리듯 걸린다.

그러므로 믿음을 강하게 가져야 한다. 강한 믿음은 세상을 다 준다고 유혹해도 마음이 흔들리지 않을 때 거기서 빛을 발한다. 그러면 드디어 눈앞에 해탈의 길이 훤하게 보이기 시작하는 것이다.

海東疏 一切功德不壞種 出生無上菩提樹

일체의 공덕을 일으키는 그 종자를 파괴하지 않고 무상보리수를 출생시킨다.

종자가 파괴되면 희망이 없다. 곡식의 종자는 일 년 농사를 망치지만 공덕의 종자가 파괴되면 무량한 세월 동안 고통의 세계에서 살아야 한다.

공덕은 그것이 조금이라도 남아 있을 때 지을 수 있다. 공덕이 떨어지면 새롭게 짓기가 여간 어려운 일이 아니다. 공덕은 마음에 정신적인 여유가 있을 때 그것을 지을 수 있기 때문이다.

마음에 여유가 없다면 공덕이라는 말은 사라진다. 지금의 시대가 바로 그런 시대가 아닌가 싶다. 누구 하나 이런 공덕의 말을 하지 않는다. 모두 다 자기 살기가 바빠 정신없이 뛰고 있다. 자기도 어려운데 남을 살펴볼 여유가 없다. 그런데 어떻게 공덕을 얘기할 수 있겠는가.

돈도 돈이 있을 때 모으기가 쉽다. 종자돈이 떨어지면 다시 일어서기가 정말 힘이 든다. 그때부터는 지출되는 돈이 감당이 되지 않는다. 둑에 물이 터지기 전에는 작은 돌멩이 하나라도 여력이 있다. 하지만 터지기 시작하면 감당이 불감당이다. 마찬가지다. 복이 일단 떨어지면 그때부터는 사는 것이 사는 것이 아니라 빚을 갚기 위해 사는 것이 된다.

물을 끌어올리는 펌프가 있다. 이 펌프는 물을 먹어야 물을 토해낸다. 그냥은 절대로 물을 내어놓지 않는다. 그래서 물이 필요하면 비상으로 놔둔 바가지 물을 집어넣는다. 이때 믿음이 일어난다. 이 물을 넣으면 반드시 물을 퍼 올릴 수 있다는 확신이다.

만약에 그 믿음이 일어나지 않으면 한 바가지의 물을 집어넣지 못한다. 대신 그 바가지 물을 마셔버리고 만다. 그러면 이제 다른 사람이 그 물을 마실 수가 없다. 그때 공덕이 없어진다. 그러므로 공덕과 믿음은 같이 간다. 공덕이 없으면 믿음이 생기지 않고 믿음이 없으면 공덕을 짓지 못한다.

믿음은 거대한 보리수나무 한그루를 싹트게 한다. 바짝 메마른 범부들의 가슴에 나무 한 그루쯤은 있어야 한다. 그것도 보리수나무라면 최고로 좋다. 황량한 사막 같은 가슴은 어떤 생명체도 끌어들일 수 없다. 하지만 깨달음의 나무가 자라는 가슴은 늘 촉촉하고 청량하다.

나무가 자라면 샘물이 흐르고 그 물이 고여 오아시스가 된다. 그러면 모든 생명체들이 그 속으로 모여들어 번성한다. 그로 인해 일체 공덕이 살아 숨 쉬게 된다.

부지런히 노력해도 공덕을 까먹는 사람이 있는가 하면 가만히 있어도 끝없이 공덕을 짓는 사람도 있다. 그 이유가 바로 이런 경우이다.

그러므로 누구든지 자기 가슴에 보리수나무 한 그루쯤은 키우고 있어야 한다. 그래야 자기도 살고 남도 살 수가 있다. 믿음은 이런 보리수나무를 가슴속에서 훌륭히 싹틔워 주는 것이다.

海東疏 信有如是無量功德 依論得發心 故言起信

믿음에는 이와 같이 한량없는 공덕이 있다. 그런 믿음을 이 논서에 의거해 일으킬 수가 있기 때문에 기신이라고 말한 것이다.

우리 마음에 부처가 들어 있다. 부처는 생멸과 고통이 없다. 그런데 내가 생멸과 고통을 받고 있다.

그렇다면 생멸과 고통을 받는 자는 내가 아니다. 그럼 누구인가. 그것은 진짜의 내가 아니다. 도둑이다. 도둑이 진짜인 나에게 그런 고통을 주고 있다. 믿어지지가 않는다.

나를 구제해 줄 불법승의 三大가 내 안에서 계속해서 작용하고 있다. 믿어지지가 않는다. 나 말고 또 다른 내가 내 속에 들어 있다는 것이 믿어지지가 않는다. 아무리 믿으려 해도 그것이 통 믿어지지가 않는다. 어떻게 해야 그것을 믿을 수 있단 말인가.

부처님이 45년 동안 목 아프게 그것을 믿으라고 설해 놓은 경전이 산더미 같이 많은데도 믿어지지가 않는다. 십지보살들이 때맞추어 이 사바세계에 출현하여 그것을 믿으라고 아무리 종용해도 그것이 믿어지지가 않는다.

남의 집 귀한 아들들이 끊임없이 출가를 하여 그것을 몸소 배우고 그것을 애써 가르쳐 주어도 믿어지지가 않는다.

모두가 다 남의 이야기하는 것 같고 전부 다가 꼭 구름 잡는 헛소리로 들리어질 뿐 내 가슴에 진동이 일어나지 않는다. 그렇게 하도록 가짜 내가 막아버리고 있다. 이 말씀이 내 속으로 들어가는 날에는 내 안에 들어 있는 三大가 춤을 추게 된다. 그러니까 어떻게든 가짜 나는 그것을 미리 막을 수밖에 없다.

하지만 범부들은 현재 그렇게 막는 자기가 참 똑똑한 사람이라고 생각한다. 그러나 실은 업장이 두터워 자기를 죽이는 짓을 하고 있는 것이다. 그 자신만 그것을 모르고 있을 뿐이다.

이러한 사실을 믿는 데는 복이 필요하다. 복은 믿음의 바탕이다. 오랫동안의 작복으로 인해 믿음은 내면으로 다져진다. 그러므로 믿음은 작복과 시간에 의해 성장한다. 항차 동물은 물론 사람 사이에도 신뢰와 믿음은 시간이 필요한데 하물며 보이지 않은 성인의 말씀을 받아들이는 데야 더 말할 게 뭐 있겠는가.

내려가는 물줄기를 흙으로 바쁘게 막으면 물이 다 새어 나간다. 그대로 물을 가둘 수는 없다. 하지만 논둑의 물은 흙이라도 그대로 갇혀 있다. 똑같은 흙으로 둑을 만들었지마는 오래도록 다져온 논둑과 급조로 만들어 진 흙둑은 분명히 그 기능면으로 이렇게 차이가 난다.

믿음도 마찬가지다. 갑자기 믿으면 바로 그 믿음이 소멸되어 버린다. 오랫동안 참고 기다리며 그 믿음을 받아 앉힐 자리를 마련해야 한다. 그래야만이 그 믿음이 제자리를 잡고 힘을 쓰게 되어 있다.

흙으로 만든 밥그릇 하나도 도공의 땀과 열정에 의해 만들어 진다. 그런 수고스러움이 없다면 아무 음식도 담을 수 없다. 항차 부처님에 대한 믿음을 담으려 하는데 이런 준비됨이 없다면 어떻게 그 큰 것을 담을 수 있겠는가.

그러므로 믿음은 작복과 고통스런 시간을 요한다. 하지만 사람들은 그렇게 하지 않으려 한다. 그들은 바쁘다고 한다. 오늘 듣고 오늘 바로 믿으려 한다. 깡통의 가슴과 즉흥적인 감정으로 용을 써서 믿으려 한다.

그런 사람들은 결국 불교의 진수를 정확히 받아들일 수 없다. 언제나 변방을 훑고 주위를 맴돌다가 그냥 멈춰버린다. 중심을 치고 안으로 들어가는 법이 없다.

그러므로 믿음의 공간을 만들 수 있는 복을 먼저 짓고 믿음이 싹틀 때까지 기다려야 한다. 그러면 믿음이 그 토양에서 발아하는 것을 서서히 느낄 수 있을 것이다.

海東疏 所言論者 建立決了可軌文言 判說甚深法相道理 依決判義 名之爲論

말한 논이라는 것은 완벽하게 깨달은 옳은 법도를 문자와 언어로 나타내고, 깊고 깊은 불법의 바탕 도리를 판별해서 설명해 놓은 것이다. 그러므로 깨달은 법도와 도리의 판별을 묶어서 논이라고 하는 것이다.

마지막으로 논이라는 명칭에 대해 설명한다. 논은 간단히 말해서 해설서이다. 부처님의 말씀을 완벽하게 이해한 명안종사들이 다른 중생들을 위해 알기 쉽게 풀어 놓은 설명서를 말한다.

원문에서 완벽하게 깨달은 옳은 법도라는 말은 경전을 완전히 이해한 분들이라는 뜻이다. 뒤에 불법의 바탕 도리를 판별한 것이라고 한 것은 중생들을 위해 알기 쉽게 풀어 놓은 것을 말한다.

위에는 사람이고 밑에는 설명이다. 이 둘이 제대로 만나야 절묘한 논서 하나가 탄생된다. 즉 논서를 쓰는 사람은 그 바탕 경전의 뜻이 무엇인지에 대하여 그 경전을 완벽히 이해한 자라야 가능하다는 것이다.

기신론 같으면 **기신론**의 바탕 경전은 부처님의 8만장경이 된다. 이 8만장경을 교본으로 삼고 있기 때문에 나름대로 삼장에 대한 안목이 열리지 않으면 해설서를 쓸 수가 없다.

그렇지 않으면 여기저기의 해설서적을 뒤져 자기 잣대의 모조 해설서를 쓰게 된다. 그러면 한 권의 책을 써도 본인 자신도 무슨 뜻인지 모르고 독자도 도대체 무엇을 말하고 있는지 감이 잡히지 않는다. 그러므로 먼저 자신이 확실하고도 해박한 전체의 키워드를 갖고 있어야 한다.

다음은 글재주다. 즉 깊고 깊은 법상의 도리를 어떻게 판별하고 시설하느냐는 것이다. 글이라는 것은 자기 생각을 다른 사람에게 전달하는 수단이다.

그런데 자기 생각이 정립되어 있지 않으면 쓰여 진 글들이 앞뒤 좌우로 심하게 엉켜져 버린다. 그러면 보는 사람이 도대체 무슨 말을 해 놓았는지 그 진의를 파악할 수가 없다. 교본인 경전보다 도리어 더 복잡하고 더 난해하게 만들어 버릴 수 있다.

그래서 해설서를 잘못 쓰면 해설서가 더 어렵다는 말이 나오게 된 것이다. 차라리 해설서를 내놓지 않았다면 독자들로서는 그 뜻이 혼돈되지 않아 순수한 마음으로 원문에 접근할 수 있어서 더 나을 수도 있다.

그러므로 논서를 세상에 내어 놓을 때는 먼저 논서를 쓰는 사람이 자기가 말하고자 하는 경전의 내용을 정확히 파악해야 하고, 둘째는 그것을 멋지게 표현해 내는 글재주가 있어야 한다는 것이다.

하지만 이 둘을 조화롭게 다 갖춘 자가 그리 흔하지 않는 데 문제가 있다.

눈 밝은 선지식은 글재주가 없다 보니 벙어리 용꿈을 꾼 것과 같아 그것을 어떻게 표현할 길이 없어 끙끙 대고, 글재주가 있는 자들은 자기가 깨우치지 못한 것들을 깨우친 것처럼 모방하다 보니 글장난이나 말장난에 빠지는 수가 있다.

세상 사람들은 진짜보다도 가짜에 혹하다 보니 전자보다 후자를 너무 좋아한다는 사실이다.

論은 발음 그대로 모든 곡식을 키워내는 땅이다. 논이 없으면 쌀을 생산해 내지 못한다. 쌀이 없으면 인간은 죽는다. 그러므로 논이라는 땅이 없으면 인간의 육신은 죽는다.

그와 같이 불경의 해설서인 論이 없으면 인간이 가꿔야 할 공덕의 논이 없어진다. 그러면 어디다가 공덕을 심어 마음이 산단 말인가. 그래서 인간의 마음과 육체가 같이 의존해야 하는 곳이 바로 논이라는 뜻에서 공통적으로 論이라는 똑같은 이름을 쓴 것이다.

"부동산은 좀 갖고 있습니까?"

"땅덩어리는 없어도 論은 하나 갖고 있습니다."

논에서는 쌀이 생긴다. 그것으로 밥을 지어 먹으면 육신이 산다. 論에서는 복이 생긴다. 그것으로 법을 배우면 마음이 산다. 밥은 위장을 다스리고 법은 마음을 다스린다. 둘을 같이 먹어야 하는데 사람들은 오직 밥만 먹으려고 한다.

밥과 법, 글자가 비슷하지만 작대기 하나가 안과 밖으로 다르다. 그것은 밥은 밖에서 들어오고 법은 안에서 일어나기에 그렇다.

海東疏 總而言之 大乘是論之宗體 起信是論之勝能 體用合擧 以標題目 故言大乘起信論也

결론을 내리자면, 대승은 논서가 말하는 핵심이고, 기신은 논서의 훌륭한 기능이다. 핵심과 기능을 묶어서 그 제목을 표시하다 보니 대승기신론이라고 한 것이다.

대승기신론이라는 논서가 하나의 이름을 달고 세상에 나오게 된 연유를 설명하고 있다.

기신론에서 말하고자 하는 핵심 어젠더는 대승이다. 대승은 우리 마음이라고 했다. 우리 마음을 좌우로 벌려 끝없이 분석하고 규명한다. 좌우는 연기와 실상이다. 즉 부처와 중생이다.

우리 마음은 원래의 위치인 부처의 자리로 되돌아가려고 한다. 그 작용을 환원의 작용이라고 한다. 모든 생명체는 반드시 자기가 시작된 원래의 자리로 돌아가려는 강한 의지를 가지고 있다. 물이 언제나 바다로 환원하려고 하듯이 우리도 우리가 시작된 마음의 근원으로 한사코 돌아가고자 하는 욕구를 갖고 있는 것이다. 그것이 바로 대승이라고 했다.

하지만 죄업이 심중하다 보니 자체적인 대승의 작용으로써는 이 죄업의 장막을 밀어낼 수가 없다. 어쩔 수 없이 외부적으로 복덕을 집어넣어 그 작용을 도와주어야 한다. 그 작업이 바로 起信이라는 방법을 쓰는 것이다.

즉 내 가슴속에 대승이라는 것이 작동하고 있다는 확실한 믿음을 주어서 그 대승이 힘을 얻도록 내 자신이 나를 도와주도록 만드는 것이다. 엔진이 약한 오래된 자동차가 시동을 걸 때 시동이 걸리지 않으면 뒤에서 밀어주는 것과 같은 이치다. 엔진은 대승이고 뒤에서 미는 것은 기신이라고 이해하면 바로 납득이 갈 것이다.

정리해서 말하자면 내 진짜 마음이 부처가 되기 위해 환원작용을 계속하는데, 그것이 믿어지지가 않으니 그것을 믿도록 도와주는 논서가 바로 **대승기신론**이라는 것이다.

海東疏 第三消文 文有三分 初三行偈 歸敬述意 論曰以下 正立論體 最後一頌 總結迴向

이제부터 대승기신론의 글을 풀이한다. 대승기신론을 크게 세 부분으로 나눈다. 먼저 앞에 세 줄이 나오는데 그것은 삼보에 귀경하는 내용에 이어 기신론을 쓰신 의도를 밝힌 부분이다. 그리고 論曰 한 그 이하 부분은 기신론의 중심내용을 말한 부분이고, 마지막에 있는 한 개의 게송은 논서 전체의 내용을 결론지어 그 공덕을 회향하는 부분이다.

그러니까 여러분들은 지금까지 **기신론**이 아닌 **해동소**를 본 것이다. 이제서야 **기신론** 원문에 들어간다. 그래서 **해동소**를 다 배우려면 대단한 인내와 끈기가 필요하다.

순간적인 기쁨의 감동과 일시적인 흥분의 도전으로는 결코 마지막까지 이것을 다 배우지 못한다. 3개월 또는 6개월 단기속성으로 **기신론해동소를** 들먹이는 곳을 찾아다니면서 졸업의 횟수를 자랑하고픈 사람들이라면 절대로 넘볼 수 없는 넘사벽의 논서가 바로 이것이기 때문이다.

그러므로 **해동소**는 두뇌가 명석하고 경제적으로 여유가 있는 사람들만이 진지하게 성사의 가르침을 받아들일 수 있다. 생각에 깊이가 있고 마음이 안정되어야 그분의 숨결과 사상을 생동감 있게 받아들일 수 있다는 것이다.

해동소가 좋다는 말만 듣고 대책없이 덤비다가는 모두 다 중도에서 탈락하거나 쓴맛을 보고 뒤로 물러나 버리는 이유가 여기에 있다. 이쯤에서 뜬금없이 이런 사람이 반드시 나타난다.

"**해동소**가 뭡니까?"
"헐!!!"

생뚱맞은 질문이다. 당신은 아시는가? **해동소**가 무엇인지.

III. 기신론의 내용을 해설함

1. 서론

1) 귀경삼보 게송

(1) 불보에 대하여

海東疏 初三偈中 卽有二意 前之二頌 正歸三寶 其後一偈 述造論意
첫 부분에 세 게송이 있다. 그 가운데 두 뜻이 들어 있다. 앞의 두 게송은 올바로 삼보에 귀경하는 내용이고, 뒤의 한 게송은 논서를 지은 뜻을 밝힌 부분이다.

　기신론을 세 부분으로 나눈다고 했다. 즉 서론과 본론과 결론이다. 서론에 세 줄이 있다. 두 줄은 삼보에 귀경하는 게송이고, 그 뒤 한 줄은 왜 기신론을 쓰게 되었는가에 대한 저자의 의도를 풀어놓은 것이다.
　게송이라는 말은 어떤 내용을 운문의 시송으로 읊어 놓았다는 뜻이다. 간단히 말해서 짧은 시구에 깊은 내용을 함축시켜 운율로 묶어 놓은 것을 말한다.

이제 대승기신론의 본문이 시작된다. 하지만 내용은 아직 나오지 않았다. 내용은 論曰 한 거기서부터 시작한다고 했다. 어쨌거나 이제 기신론의 원문 첫 두 줄과 처음으로 대면한다. 그 중에서 먼저 한 줄을 풀이한다.

起信論 歸命盡十方 最勝業徧知 色無碍自在 救世大悲者

세상 어디에서나 가장 훌륭한 일을 하시면서 완벽한 지혜를 갖추신 분, 형상은 있으나 걸림이 없어 자유자재하시는 분, 세상을 구하시되 대자대비의 방법을 쓰시는 분인 당신께 목숨을 바쳐 귀의하옵니다.

海東疏 初歸敬中 有二 歸命二字 是能歸相 盡十方下 顯所歸德

첫 번째로 귀경하는 게송 가운데 두 가지 뜻이 들어 있다. 귀명이라는 두 글자는 올바른 능귀상이고, 진시방 이하는 소귀덕을 나타내고 있다.

귀명은 목숨을 걸고 귀의한다는 뜻이다. 이것을 성사는 올바른 능귀상이라고 말씀하셨다. 능은 자발적이라는 말이고 귀상은 귀의하는 모습을 말한다. 그러니까 능귀상이라는 말은 자발적으로 귀의하는 모습이라는 뜻이다.

눈여겨보아야 할 글자 하나가 있다. 능귀상 앞의 是 자다. 이 是는 옳음을 말하므로 올바른 마음자세로 삼보에 귀의한다는 의미를 가지고 있다.

삼보에 귀의하는 모습은 어떤 것일까. 첫째로 올바른 마음을 가져야 하고, 둘째 자발적이어야 하며, 셋째 목숨을 걸어야 한다.

올바른 마음이란 귀의하는 목적이 분명해야 한다는 뜻이다. 아이가 없으니 아이를 낳도록 해 주십시오 라는 소원의 귀의는 틀렸다. 자식이 대학에 들어가야 되는데 시험 좀 잘 치도록 도와주십시오 라는 기원의 귀의도 틀렸다. 남편의 승진을 이번에는 꼭 살펴 주십시오 라는 애원의 귀의도 틀렸고, 사업이 안 되니 사업이 잘되도록 가피를 내려달라는 기원의 귀의도 틀렸다. 다 틀렸다. 부처님께 귀의의 절을 할 때 이런 종류의 기원은 전부 다 틀린 것이다. 아무리 빌고 귀의해도 소용이 없다. 전부 다 헛방이다.

아이가 없으면 산부인과에 가면 되고 자식의 시험은 좋은 학원에 보내면 된다. 남편의 승진은 자기 상관에게 가 알아봐야 하고, 사업의 성공은 투자설명회에 가서 그 방법을 배우면 된다. 구태여 부처님을 상대로 시위하듯이 무릎 꿇고 절을 해 가면서 힘들게 빌지 않아도 된다.

둘째는 자발적이어야 한다는 것이다. 종교는 지극히 자발적으로 해야 한다. 이것을 능동적이라고 표현한다. 종교의 행위가 자발적이지 않고 누구의 강요와 협박에 의해 움직인다면 그 순수성이 사라진다.

그러므로 신행은 반드시 자발적으로 움직여야 된다. 그래야만이 귀경의 진지함과 공경의 예경심이 진하게 배어 나온다.

이런 마음을 가지려면 반드시 내가 왜 이분께 절을 해야 하는지 그 이유를 분명히 알아야 한다. 그런 당위가 없이 귀의의 절을 한다면 손발만 고생할 뿐 아무러한 이익이 없다.

셋째는 목숨을 걸어야 한다고 했다. 이 뜻은 뒤에 성사가 잘 풀이해 주실 것이다.

원문에서 소귀덕이라고 한 것은 귀명의 예경을 받을 만한 이유를 말한다.

사람들은 부처님이 어떤 분이신지도 모르고 그냥 엎드려서 소원을 빈다. 아니면 두 손을 모아 지성으로 예배를 드린다. 더 나아가 지심귀명례까지 한다. 내가 말한다. 목숨을 걸고 귀의한다고 하면서 왜 귀의를 하는지 모른다면 당신은 목숨 가지고 장난하는 것 아닌가 하고 되묻는다.

만약에 목숨을 건다고 천날만날 절을 하다가 부처가 당신의 생각과 전혀 다른 분이라는 것을 뒤늦게 알게 되었을 때는 어떻게 하겠느냐고 묻는 것이다. 아무 말도 못한다.

그래도 그렇지 아무리 급해도 목숨 가지고 그렇게 쉽게 거니 마니 말하는 게 아니다 라고 한다.

이제 알게 될 것이다. 왜 목숨이라도 바쳐야 할 만큼 부처님이 대단하신 분인가 하는 것을 곧 이해하게 될 것이다. 그것을 알고 난 뒤에, 즉 목숨을 걸어야 할지 안 걸어야 할지 정확히 판단하고 나서 절해야 하는 것이다.

남이 하니까 나도 그냥 무작정 무릎을 굽혀 절을 한다!? 절하는 당위도 이유도 없이 남에게 뒤질세라 막 따라한다?! 입으로는 지심귀명례를 남발하면서. 결코 있을 수 없는 몸짓이다. 오직 법당에 먼지만 날릴 뿐이다.

海東疏 能歸相者 敬順義 是歸義 趣向義 是歸義
능귀상에 들어 있는 경순의 뜻 이게 올바른 歸의 뜻이고, 취향의 뜻이게 올바른 歸의 뜻이다.

자발적으로 귀명하는 그 모습에 두 뜻이 들어 있다. 하나는 경순이고 하나는 취향이다. 경순은 공경과 효순이다.

불교신자는 부처님을 공경한다. 어디서든 공경의 의미로 절을 하거나 정성스레 합장을 한다. 하지만 효순은 하지 않는다. 효순은 모시고 따른다는 뜻이다. 이것이 어렵다.

공경은 쉬운데 그 유지를 받들고 따른다는 것은 정말 어렵다. 그 유지가 뭔지 쥐뿔도 모르는데 어떻게 따른단 말인가. 그냥 마 엎드려 절하면서 지성으로 공경하고 만다. 이것이 그들이 할 수 있는 귀명의 표시 전부 다이다.

이러면 아무러한 이익이 없다. 아이들에게 세종대왕이 훌륭하니 공경하라고 한다. 그 앞에 서서 공경한다. 그것이 다라면 그들에게 무슨 이익이 있겠는가.

그러하니 너희들은 한글을 사랑하고 중국과 러시아를 넘어가는 국력을 키우도록 하라고 할 때 아이들은 미처 몰랐던 한글사랑을 하게 되고 더 큰 포부의 국가관을 갖게 되는 것이다.

그처럼 부처님을 공경으로 끝내서는 일종의 동상에 공경하는 참예 밖에 되지 않는다. 그 유지를 받들어 모실 때 부처는 우리의 일상 속에서 우리와 함께 살아 움직이며 우리를 변화시킨다. 어떻게 변화시키느냐 하면 여기서 살지 말고 어디로 자꾸 가라고 하신다. 그곳이 어딘지 다음 구절에 잘 나타나 있다.

취향은 부처님이 말씀하신 곳으로 나아가는 것을 말한다. 즉 방향이다. 불자들은 결코 이 방향으로 움직이지 않으려 한다. 도리어 부처님을 자기 쪽 방향으로 끌고 오려고 한다. 그러면서 생활불교니 민중불교니 한다.

歸의 뜻은 취향의 뜻이다. 불교에 귀의한 자는 반드시 부처가 제시해준 방향으로 나아가는 삶을 살아야 한다.

그 방향은 부처로의 방향이다. 뒤에서는 이것을 청정한 세계로 표현하고 있다. 어떻게든 중생세계로부터 나와서 부처의 세계로 방향을 잡아야 하는데 불자들은 그 방향을 모른다.

그래서 나이가 많으면 절에 다니지 않는다. 가야 할 목적지가 뚜렷하지 않기 때문이다. 내세관이 정확하게 잡히지 않는데 어떻게 신앙이 마무리 져 지겠는가. 누구나 다 어중간한 상태에서 그만둬 버린다.

한사코 죽어도 그 길로 나아가야 되겠다는 확고한 의지를 갖고 목숨이 끝날 때까지 밀어붙이지 못하는 자들의 이유가 바로 여기에 있다. 즉 취향점이 분명하지 않다는 것이다.

海東疏 命爲命根 總御諸根 一身之要 唯命爲主

목숨은 명줄의 뿌리다. 그것은 모든 감각기관을 관리한다. 그래서 일신 가운데서 가장 중요한 것이므로 유독 목숨으로 주인을 삼는다.

천지간에 가장 소중한 것은 누가 뭐래도 목숨이다. 목숨이 없어진다면 세상을 다 준다 해도 무슨 의미가 있겠는가. 그래서 마누라를 잃으면 인생의 반을 잃고 건강을 잃으면 인생 자체를 잃는다는 말이 나왔다.

모든 생명들은 다 자기 목숨을 부지하기 위해 움직인다. 항차 미물인 지렁이조차도 밟히면 꿈틀하는 이유가 여기에 있다.

사람들, 누구 할 것 없이 전부 자기 목숨 하나 건수하려고 온갖 수단으로 살아가는 방법을 모색한다. 그것은 이 목숨이 끊어지면 멀쩡하던 사람이 즉각 혐오스러운 시신이 되어 버리기 때문이다.

그러면 조금 전까지 나를 보고 웃던 사람들이 나를 보고 기겁을 한다. 경찰이 달려오고 기자가 원고를 송고하고 신문과 방송에서 요란을 떤다. 여기에 시신이 있다고.

그래서 사람들은 시신이 되지 않기 위해 별의별 방법을 다 써가면서 어떻게든 살아가려고 한다.

목숨! 살다보면 하나뿐인 목숨을 던져야 할 곳도 많다. 남자로 태어나면 군대를 간다. 아침마다 연병장에서 목이 터져라 조국을 위해 목숨을 건다고 소리친다.

그 다음에는 사랑에 목숨을 건다. 남녀 간의 사랑! 목숨 걸고 맹세한 사람들 참 많이도 있을 것이다.

그 이후에는 가족을 위해 목숨을 건다. 여분도 없는 목숨, 이리저리 담보 잡히면서 힘들게 일평생 버텨간다. 그러다가 결국 지 목숨 지가 어떻게 하지 못하고 불쌍하게 죽어야 한다. 그때가 되면 귀하고 귀한 목숨이 파리 목숨처럼 보잘것없어지게 된다.

많은 사람들이 자기 한 목숨 투자할 곳을 찾지 못하고 그냥 머무적거리다가 아까운 기회를 다 날려 버린다. 소중하게 써야 하는데 쓸 곳이 마땅치 않아서이다. 그렇다고 해서 그 목숨이 그대로 보존되는가 하면 그렇지도 않다. 가치 있게 한 번 써 보지도 못하고 그냥 없애

버리는 것이다.

海東疏 萬生所重 莫是爲先 擧此無二之命 以奉無上之尊 表信心極 故名歸命

목숨은 모든 생명들이 가장 소중하게 생각한다. 이 목숨보다 앞서는 것이 없다. 이 둘도 없는 목숨을 가지고 부처님을 받드는 것이다. 이것은 믿는 마음이 지극함을 표시하는 말이다. 그래서 귀명이라고 한다.

이제 그 둘도 없는 목숨을 세상에서 가장 값지게 쓰는 데 사용하고자 한다. 그것은 바로 삼계의 도사이시며 사생의 자부이신 우리들의 영원한 스승 석가모니 부처님께 갖다 바치는 것이다.

목숨은 누가 보아도 극도로 가치가 있는 곳에 바쳐야 그것이 더없이 값지고 고귀하다. 깡패의 의리 때문에 목숨을 버리는 멍청이도 있고 어리석은 정치 놀음에 희생당하는 목숨도 있다.

하지만 이 땅에 의식 있는 하나의 생명체로 태어나서 가장 값지게 그 목숨을 던질 수 있는 곳은 바로 부처님이라는 것이다. 아깝다고 그냥 둬도 결국 시들어 버리는 목숨, 가장 값나가고 가장 존귀할 때 제대로 온전히 한번 써먹는 것이다.

진짜인 내가 살려면 가짜인 내가 죽어야 하고, 가짜인 내가 살려면 진짜인 내가 죽어야 한다. 가짜 내가 진짜 나를 위해 가장 거룩하고 장엄한 기회를 한 번 주는 것이 바로 이 한 목숨 부처님께 갖다 바치는 순간이다. 그것이 아깝다면 당신은 아직도 자신을 살릴 준비가 되어 있지 않는 것이다.

　우리나라의 조석예불은 독창적이다. 다른 불교나라에서는 하지 않는 우리만의 독특한 예불문이 있다. 거기에 지심귀명례라는 어귀가 있다. 목숨을 걸고 머리를 조아려 당신께 예배를 드립니다 라는 뜻이다. 여기에 나오는 목숨을 걸고라는 말이 바로 이 귀경게에서 나오는 첫 글자 귀명을 따온 글귀다. 자주 묻는 질문이다.

　"至心귀명례가 맞는 것인가? 志心귀명례가 맞는 것인가?"
　"……"

　다수의 불자들은 앞의 것이 맞다고 한다. 하지만 뒤의 것이 맞다. 한번 뜻을 세운 마음으로 목숨을 다해 당신께 머리를 조아려 예배를 드립니다 라는 뜻이다.
　이 엎드림의 귀명소리가 가슴을 울리고 그 진동이 귀로 들릴 때 무한의 공덕이 일어난다. 이것은 사나이 한 목숨을 가장 멋진 곳에 바칠 때 나오는 비장의 떨림음이기 때문이다.

海東疏 又復歸命者 還源義 所以者 衆生六根 從一心起 而背自原 馳散六塵

다시 돌아가서, 귀명은 환원의 뜻이다. 환원을 해야 하는 이유는 중생의 六根은 모두 일심으로부터 나왔지만 자신의 근원인 일심을 등지고 六情인 외부세계를 향해 어지럽게 쫓아다니고 있기 때문이다.

又復라는 말을 다시 또 라고 해석하는 사람이 있다. 그렇게 보면 틀린다. 정확한 뜻은 다시 돌아가서 라는 뜻으로 봐야 한다.

성사는 내가 보아온 글 중에서 가장 두드러진 말씀 하나를 하시고 있다. 환원이다. 난 이 글을 보고 전율을 느꼈다. 이 글 하나에 **기신론** 전체가 완전히 다르게 보였다. 그래서 **기신론 해동소**에 깊이 매료되었다.

성사는 귀명을 환원으로 보셨던 것이다. 누구에게 목숨을 거는 것이 가장 아름답고 값진 것이냐 했을 때 이제까지는 외적인 삼보였었다. 그런데 이제 더 가치 있는 귀명이 나왔다. 그것은 바로 자신의 근원에 환원하는 것이 귀명이라고 하신 것이다. 즉 내적 삼보로의 귀명을 말씀하신 것이다.

내 안에 이미 삼보가 들어 있다. **육조단경**과 조사어록의 골자가 전부 이것이라 해도 과언이 아니다. 하지만 성사가 **해동소**에서 말씀하신 이 환원이라는 말은 나에게 수소폭탄 같은 파격적 충격을 주었다.

똑같은 말을 해도 누가 하느냐에 따라 받아들이는 느낌이 다르다고 하더니만 나에게는 성사의 말씀이 그 누구의 말씀보다 더 크고 우렁차게 들렸다. 그래서 나에게 누가 묻는다면 이렇게 답한다.

"스님은 어느 종단 스님이십니까?"
"사바불교 석가종입니다."
"그 사상은 무엇입니까?"
"자신으로의 회귀인 환원사상입니다."

내 마음의 근원으로 환원, 거기에 삼보가 들어 있다. 부처가 있고 법이 있고 승이 있다. 부처는 바로 마음의 본체인 體大이고 법은 마음의 속성인 相大이며 승은 마음의 작용인 用大다. 마음을 대승으로 보면 대승의 體相用이 바로 중생의 마음에 고스란히 들어 있는 것이다.

환원을 하면 부처가 된다. 연어도 제자리에 돌아오면 길고 긴 여정이 끝난다. 그러나 범부는 범부 맘대로 제자리에 돌아갈 수가 없다. 제자리로 돌아가려고 마음속에서 끝없는 생존의 아우성을 쳐도 범부는 그 소리를 듣지 못하고 밖으로만 헤맨다.

범부의 감각기관은 六根으로 나눠져 외부로 튄다. 육근은 여섯 개의 감각기관이다. 눈과 귀, 코와 혀, 그리고 살갗과 생각은 외부의 적응에 잘 훈련되어져 왔다. 어디에 적응하느냐 하면 색상과 소리, 냄새와 맛, 그리고 촉감과 상상의 세계에 민감하게 반응하도록 진화해 왔다.

우리의 마음은 8식이다. 이것은 가슴 저 밑에 깊숙이 자리 잡고 있다. 이것을 우리는 근본의식이라고 한다. 그 다음 얕은 곳에 잠재의식이 있는데 이것이 7식이다. 그 다음 제일 바깥에 표면의식이 있는데 이것이 6식이다.

6식에서 다섯 가지 감각기능이 나온다. 즉 눈 귀 코 혀 살갗이다. 이것을 우리는 전5식이라고 부른다.

이 전5식은 분명 6식인 의식에 예속되어 있다. 손가락이 다섯 개지만 손목에 연결되어 있는 것과 같다. 하지만 이 전5식은 제각기 따로 움직인다.

바깥에 보기 싫은 한 사람이 다가온다. 6식인 의식은 무의식적으로 피한다. 그런데 눈의 기관은 이미 그 사람을 보고 있다. 표정이 어떤지, 머리 스타일이 어떤지, 옷은 어떤 것을 입었는지 모두 다 스캔하고 있다.

의식은 안 보고 싶은데 자기는 다 보고 그 정보를 의식의 세계로 전달한다. 환장할 노릇이다. 소리를 듣는 귀도 그렇고 냄새를 맡는 코도 그렇고 맛을 보는 혀도 그렇다. 마지막에 상상의 세계도 나에게 허락 없이 자기 마음대로 모든 것을 다 그려내어 내 잠재의식 속에 던져 넣어 버린다.

사실 주인 노릇은 내가 알아서 결정해야 하는데 내가 이 여섯 가지 감각기관인 6근을 통제하지 못한다. 그냥 멍하니 바라만보고 있다가 감각기관이 저질러 놓은 청구서만 받아들게 된다.

그때 의식인 6식은 황당하다. 자기가 저질러 놓은 것도 아닌데 자기가 책임지려니 억울하다. 그래서 그것을 7식에게 던져 버린다. 7식은 어찌할 수 없어 다시 8식인 마음에게 갖다 준다. 그 결과로 마음은 세세생생 갚아야 할 청구서만 산더미처럼 쌓아놓고 있다.

8식인 마음은 완전히 빚쟁이다. 단 한 번도 자기가 직접 사용한 적이 없다. 모두 자기의 허락없이 7식과 의식, 그리고 감각기관이 저질러놓은 죄업의 청구서들이다. 죽을 지경이다.

그런데도 6개의 감각기관은 지금도 바깥세상을 훑고 있다. 꼭 홈쇼핑 프로에 빠져 있는 질러들과도 같다. 좋은 것을 보거나 나쁜 것을 보면 정신없이 반응한다. 나에게 허락 받으라고 해도 마이동풍이다.

도대체 나의 주인은 누구인가. 감각기관인가. 표면의식인가. 아니면 잠재의식인가. 아니면 근본의식인가. 정녕 누가 주인인가. 전부 주인노릇을 하고 있다. 모두 상명하복의 계통을 지키지 않는다. 다 내가 주인이다 하면서 내 말을 듣지 않는다.

감각기관뿐만 아니다. 육신은 내 것이라고 하지마는 머리칼 하나도 내 말을 듣지 않는다. 제멋대로 자란다. 자라지 말라고 해도 자란다. 흰머리도 허락 없이 계속 난다. 주름살도 제 멋대로 마구 는다. 내 몸이라고 나에게 보호를 받으면서도 모든 것은 다 제멋대로다. 먹이고 입혀 가며 내가 다 돌보는데 내 말은 지독스럽게 듣지를 않는다. 속된 말로 뭐 이런 고깃덩어리가 다 있나 할 정도다. 진짜 이거 짜증난다.

海東疏 今擧命總攝六情 還歸其本一心之原 故曰歸命 所歸一心 卽是三寶故也

이제 목숨이 주인이라는 사실을 알게 하여 모든 감각기관을 관리하도록 한다. 그래서 모든 기관을 일심의 근본인 근원에 돌아가도록 한다. 그렇기 때문에 귀명이라고 한다. 그 돌아가는 곳은 일심이다. 그곳이 바로 삼보인 것이다.

이것을 인정하면 이제 여기서 확실히 상하의 위계질서를 잡아야 한다. 이 몸에 목숨이 떨어지면 눈이 있어도 보지 못하고 귀가 있어도 듣지를 못한다. 코가 있어도 냄새를 맡지 못하고 혀가 있어도 맛을 보지 못한다. 살갗이 있어도 촉감을 느끼지 못하고 상상의 나래도 펴지 못한다는 이 사실을 분명히 각지시킨다.

그러므로 오늘부터 모든 자유권을 통제하고 그 통제사령부를 목숨으로 국한한다고 계엄령을 선포해 버린다. 그러면 몸에 붙어 있는 일체의 부속 기관들이 절대적으로 목숨의 말을 듣게 된다. 그러면 목숨이 자신의 몸과 자신의 생각을 마음대로 통제할 수 있다. 이제 누가 이 몸의 주인인지 확실히 일깨워주는 것이다.

그러면 감각기관뿐만이 아니라 육신마저 내 말을 거역하지 못한다. 죽어라 하면 숨이 멎을 것이고 살아라 하면 죽었다가도 내 육신은 나의 의지대로 살아날 것이다. 내 허락 없이는 이제 제멋대로 죽고 제 마음대로 살지 못한다.

여기서 하나 짚고 넘어갈 것이 있다. 바로 수행자의 죽음이다. 사람들은 스님이 죽을 때를 당하면 마냥 쉽게 죽는 줄 알고 있다. 그것은 열심히 수행하신 스님들은 그 수행력 때문에 큰 고통 없이 육신을 벗을 거라는 막연한 생각에서다.

이것은 사실 전혀 그렇지 않다. 역설스럽게도 수행을 많이 한 스님일수록 죽을 때 혹독한 고통을 느끼면서 힘들게 죽는다. 그것은 수행의 힘에 의해 자신 속에 들어 있는 진짜의 자기가 살아 움직이고 있기 때문이다.

진짜의 자기는 부처. 우리의 진짜 주인은 부처다. 부처는 죽지 않는다. 죽는 것은 나를 끌고 다니는 가짜 주인이다. 그러므로 부처는 따라 죽지 않으려 발버둥 친다. 가짜가 부처를 죽이려 한다. 부처는 반항하고 저항한다.

여기서 죄업의 힘이 센 자들은 자기부처를 꼼짝 못하게 가둬둔 채로 자신과 함께 잔혹하게 죽여 버린다.

수행을 하게 되면 자기 속의 부처는 본연의 위치를 찾으려 한다.

그 위치는 불생불멸이다. 그러므로 안 따라 죽겠다고 한다. 그러면 내부적 고통이 일어난다. 안 죽겠다는 자는 부처고 죽겠다는 자는 자기다. 이 둘이 싸우는 힘이 비슷할 때 가장 큰 죽음의 고통이 야기된다.

죽음의 세력이 강하면 그냥 힘없이 죽는다. 동물들이나 삶을 포기해 버린 사람들이 주로 이 부류에 속한다. 그들의 죽음은 담담하다. 뭐 아쉬울 것도 없고 아까울 것도 없다. 그냥 죽어버리면 된다. 그래서 수준 낮은 인간들도 다 그렇게 죽으면 된다고 그런 방향으로 살고 있다.

하지만 가진 것이 많은 사람들, 해야 할 일이 많고 세상에 한이 많은 사람들은 욕망 때문에 죽는 것이 어렵게 된다. 미련과 아쉬움이 많아 그냥 인생을 쉽게 포기할 수 없다고 할 때 이런 고통이 처절하게 일어날 수 있다. 이런 사람들의 죽음은 가히 단말마적이다.

그 위에 수행자의 죽음이 있다. 수행자들은 위에서 말했다시피 생각보다 어렵게 죽는다. 뭐 앉아서 죽는다느니 서서 죽는다느니 하는 것은 그냥 전해져 내려오는 선사들의 이야기일 뿐이다.

보통의 수행자들은 절대로 그렇게 자유자재하게 죽음을 맞이하지 못한다. 그런 능력이 있다면 그분은 벌써 범부의 지위를 벗어나 있는 현자임에 틀림없다.

수행자의 죽음은, 죽지 않아야 되는데도 그 죽음을 받아들여야 하는 죽음이기에 대단히 고통스러울 수밖에 없다. 부처님 역시 열반하실 때 인연으로 만들어 진 육신의 죽음이 얼마나 큰 고통을 수반하는지 그것을 직접 모든 제자들에게 보여 주셨다.

알고 받는 고통은 모르고 받을 때보다 더 깊고 더 극심하다. 하지만 그 고통이 장차 다가올 평안을 보장한다면 그 고통은 웃음으로 참아 넘길 수 있다.

오래된 고질병을 치유하기 위해 커다란 대침을 맞는 환자처럼 죽음으로 자유로워질 수 있다면 얼마나 아름다운 고통이 될 수 있겠는가.

그러므로 부처님은 고통 속에서 편안히 열반에 드실 수 있었던 것이다. 그렇지마는 범부는 죽음도 고통이고 그 다음 삶도 고통으로 연속되기 때문에 거기에 더 큰 문제가 있다고 하는 것이다.

海東疏 盡十方以下 顯所歸德 此中應說 三寶之義 義如別說

진시방 그 이하는 소귀덕을 나타낸 부분이다. 거기서 삼보의 뜻을 정확하게 말하고 있다. 이제 그 뜻을 분리해서 설명한다.

위에서 말했듯이 所歸德소귀덕이라는 말은 귀명을 하는 곳이다. 귀명이 주체라면 이 소귀덕 부분은 객체가 된다.

귀명은 목숨을 걸고 귀의한다는 뜻이라고 했는데, 그렇다면 어디에 귀의한다는 말인가. 도대체 어떤 가치와 공덕을 담고 있기에 이 세상에서 가장 소중한 목숨을 바쳐가면서까지 거기에 기꺼이 귀의하고자 한단 말인가이다.

선가귀감에서, 예배는 공경하는 것이고 굴복하는 것이다. 무엇을 공경하고 어떤 것을 굴복한다는 말인가. 그것은 참다운 본성을 공경하고 무명을 굴복시키는 것이다고 하였다.

그렇다면 **기신론**은 무엇에 귀명하며 그 귀명해서 얻어지는 공덕은 무엇이기에 하나밖에 없는 목숨을 초개처럼 여기며 귀의한단 말인가.

海東疏 今且消文 文中有三 謂佛法僧 寶之內亦有三意 先歎心德 次歎色德 第三句者 擧人結歎

이제 여기서 기신론의 글을 풀이한다. 문장 가운데 세 부분이 있다. 이를테면 불법승이다. 불보 가운데 또한 세 뜻이 있다. 먼저는 부처님의 마음에 대한 공덕을 찬탄하고, 다음에는 부처님의 육신에 대한 공덕을 찬탄하고, 세 번째는 그분이 어떤 분인가를 들어 그분을 찬탄하고 결론짓는 부분이다.

소귀덕 속에는 불법승이 들어 있다고 성사는 말씀하셨다. 불보에 또한 세 가지 뜻이 들어 있는데, 부처님의 마음과 그분의 육신, 그리고 우리에게 무엇을 어떻게 해 주시는 분인가를 밝혀 주는 부분이라고 하셨다.

불법승은 잘 알고 있다시피 부처님과 그 말씀과 그 말씀을 따르는 일체 수행자를 말한다. 이 셋은 세상에 보물과 같은 존재들이라는 뜻에서 뒤에 보물 **寶**자를 붙여서 삼보라고 부른다.

궁지에 몰린 사람들이 숨겨 놓은 보물을 팔아 다시 재기하는 것처럼 이 삼보는 중생들이 어려움에 처했을 때 그 진가를 아낌없이 발휘한다.

세상에서 가장 어려운 처지에 당면할 때가 언제인가. 그것은 바로 죽음을 눈앞에 둔 상태다. 이 시점을 우리는 절체절명의 순간이라고 부른다. 이때 이 삼보는 그 가치를 유감없이 드러낸다. 그 외의 삶에는 잡다한 보석쪼가리들로도 충분하다.

문제는 사람들 자신이 죽어가고 있다는 이 긴급한 위기를 전혀 실감하지 못하는 데 있다. 그러다 보니 이 삼보에게 화급한 도움을 청하지 않는다. 육신이 병들어 죽게 되면 영약이 필요하고 정신이 병들어 죽게 되면 삼보가 반드시 필요한 데도 그들은 삼보 대신 육신만을 위해 영약만을 찾아다니고 있다.

병든 정신을 고치지 않으면 이승에서의 고통은 말할 것도 없고 내생에서는 이보다 더 큰 고통을 감수해야 한다. 그래서 **지장경**에서는 이 삼보를 무시하면 무간지옥에 떨어진다고 하셨다.

제법집요경에서는, 삼독을 치료할 수 있는 힘은 삼보밖에 없다. 이 삼보를 믿으면 그 공덕으로 내생에는 하늘의 주인인 천주가 될 수 있다고 하셨다. 또 **최무비경**에서 누구든지 삼보에 귀의하는 자는 그 복덕이 헤아릴 수 없다고 하셨다.

그와 같은 공덕과 힘을 일으킬 수 있는 능력이 이 삼보에 들어 있다. 이것은 중생 모두에게 내려진 우주 최고의 선물이다. 그러므로 누구든지 삼보를 모시고 있는 자는 자기 전용의 수호천사를 끼고 있는 셈이다.

삼보에는 여섯 가지 공덕이 있다. 진귀함과 청정, 불변과 장엄, 그리고 힘과 가치라고 **구경일승보승론**은 말하고 있다.

삼보는 진귀하다. 돼지에게 보석을 던져주면 똥 묻은 발로 밟아 버린다. 아이들에게 보석덩어리를 쥐어주면 돌멩이처럼 던져 버린다. 마찬가지로 덜 여문 사람들에게 이 삼보의 진귀함을 말하면 그저 이리저리 훑어보면서 구경만 할 뿐 소중하게 수용하려 하지 않는다. 그래서 그 진가를 알아보는 사람이라야 삼보의 보물을 제대로 지닐 수 있다.

삼보는 청정하다. 먼지를 덮어쓰고 있는 보석을 본 적이 없을 것이다. 보았다면 그것은 가짜다. 진품은 언제나 맑고 깨끗하다. 그것을 닦고 어루만지기만 해도 마음의 큰 안정을 얻는다. 귀중한 것을 소유하고 있다는 위안감 때문이다.

삼보는 불변한다. 보석은 일단 변하면 안 되는 것이다. 원형의 모습이 변하면 그것은 보석이 아니다. 삼보는 이 땅에 중생이 하나도 없을 때까지 조금도 그 속성이 변하지 않고 끝까지 중생을 지키고 보호한다.

삼보는 장엄이다. 반짝이는 머리핀을 꽂은 소녀를 보았을 것이다. 그것이 그 소녀를 더 아름답고 더 예쁘도록 돋보이게 해 준다. 삼보를 갖고 있으면 그 사람이 더 존귀해 보이는 이유가 여기에 있다. 보통의 돈 많은 사람들은 반지를 끼고 목걸이를 하여 자신을 장엄하지만 내면의 복이 있는 자들은 삼보의 보물을 지녀서 자신의 마음을 한층 더 장엄시키고 있다.

삼보는 힘이다. 마구니는 천하를 쓰러뜨리는 힘을 갖고 있다. 하지만 삼보만큼은 털끝 하나를 건드리지 못한다. 삼보는 전 중생계에 지선으로 공급되는 특고압선과도 같다. 겁 없이 함부로 대하다가는 자신부터 먼저 타버리게 된다. 그러므로 삼보는 조심히 모시고 잘 써야 자신에게 큰 이익이 되는 것이지 방자하게 다루다가는 정말 혼쫄나게 된다.

　삼보는 엄청나게 비싸다. 보석은 광석에 들어 있지만 삼보는 지혜롭고 복 있는 사람들에게 들어 있다. 그러므로 광석의 보석과는 그 가치가 질적으로 무량한 차이가 난다. 세속의 보석은 육신을 장엄하는 힘밖에 없지만 삼보는 그 중생을 죽음으로부터 구출해 내는 영약의 역할을 한다.

　그러므로 세속의 그 어떤 가치있는 것이라고 해도 이 삼보에게는 견줄 수가 없다.

　이 여섯 가지의 공덕으로 중생을 고통에서 구제해 주기 때문에 사람들은 반드시 삼보를 지성으로 공경하고 예배하며 친해야 한다고 하였다.

海東疏 歎心德中 歎用及體 初言盡十方 最勝業者 是歎業用 謂現八相等化衆生業

마음의 공덕을 찬탄한다는 것은 그분이 하시는 일과 그분이 갖고 있는 본체의 성품을 찬탄하는 것이다. 처음에 세상 어디에서나 가장 훌륭한 일을 하시는 분이라고 하였는데, 이것은 바로 그분이 하시는 일과 그 작용을 말하고 있다. 이를테면 8상 등으로 중생을 교화하시는 일을 말한다.

　먼저 부처님은 어떤 마음을 갖고 계시는지 알아본다. 그분은 다른 마음이 없으시다. 오로지 하나의 마음만 갖고 계신다. 그것은 바로 중생을 부처로 만드는 일을 하시고자 하는 원력심이다.

모든 부처님은 여덟 가지 모습으로 중생을 제도하신다. 이것은 제불의 공통적인 제도방법이다.

첫 번째는 하늘에서 내려오신다. 부처는 반드시 위에서 하강하신다. 밑에서 올라오는 부처는 없다. 우리보다 한 수 아래에서 올라온 부처는 공신력을 얻지 못하기 때문에 중생들이 믿지를 않는다. 그러므로 교화하는 데 장애가 많다. 그래서 부처는 우리보다 한 계단 위의 세계인 천상에서 내려오시는 방법을 택하시고 있다.

둘째는 아름다운 곳에서 태어나신다. 부처가 될 분은 복이 많으시다. 그러므로 세상 가장 아름다운 곳에서 출생하신다. 그래야만이 사람들이 우러러본다. 부처의 후보가 마구간에서 태어났다든지 동굴에서 태어났다고 하면 누가 그분을 믿고 따르겠는가. 아무도 그를 존경하지 않고 그 말을 믿으려 하지 않는다.

그래서 선동과 회유가 필요하다. 나는 원래 그렇게 태어나야 하는 자가 아닌데 그대들과 똑같은 흙수저가 되기 위해 어쩔 수 없이 그런 곳에서 태어났다고 목이 아프도록 변명해야 한다.

하지만 부처는 그렇지 않다. 중생을 교화하는 데 가장 힘든 것이 의심이다. 한번 의심거리를 주게 되면 가르치기가 여간 어려워지는 것이 아니다.

그러므로 의심의 빌미를 아예 제공하지 않는다. 그게 부처가 택한 가장 이상적인 교화술이다. 그래서 그분은 꽃피는 사월 룸비니 동산에서 출현하셨다. 모든 천신과 보살들의 끝없는 축복을 받으시면서 왕자의 신분으로 고귀하게 태어나셨다.

셋째는 생로병사를 직접 목격하시는 모습이다. 복 없는 사람은 어릴 때부터 보지 말아야 할 험한 꼴들을 부지기수로 봐가면서 삐딱하게 자라게 된다. 지긋지긋한 부모의 싸움, 가족 간의 불화, 이웃들의 무시와 냉대는 사람을 한없이 지치게 만들고 보이지 않는 속병을 키우게 한다.

세상에 나와서도 끊임없는 시련과 좌절, 사람들의 기망, 믿음 속에서의 배신, 억압과 폭력들을 겪으면서 죽지 못해 살아간다. 보지 말아야 할 것들을 숱하게 봐야 하고 듣지 말아야 할 말들을 귀가 따갑게 들어가면서 한평생 이 몸 하나 어떻게든 부지하는 데 진짜 지치고 버겁기만 한 삶을 산다.

그런 사람은 평생을 좋은 것과 맛있는 것을 모르고 살아간다. 좋고 맛있는 것을 수용할 수 있는 복이 되지 못하기 때문이다. 누가 좋은 것이라고 사다 주면 밑에 깔린 돈이 뭐 아야 하더냐면서 빈정대고, 누가 맛있는 거 먹으러 가자고 하면 한 숟갈 먹고 배만 부르면 되지 뭐 별 맛이 있다고 그 먼 데까지 가냐 하고 삐죽거린다.

복 있는 사람들은 반대로 생각한다. 언제나 좋고 맛있는 것을 우선으로 한다. 무엇 하나를 봐도 좋은 것으로 기준을 삼고 어떤 하나를 먹어도 맛으로 평가한다. 삶의 질과 보는 시각이 완전히 다르다. 그래서 복 없는 사람들은 뭘 사줘도 못 입고 뭘 갖다 줘도 못 먹는다고 하는 것이다.

사과 한 상자를 선물로 받았다. 복 있는 사람들은 그 중에서 가장 싱싱한 것부터 먼저 먹는다. 하지만 복 없는 사람들은 그 중에서 가장 안 좋은 것부터 먼저 먹는다. 복 있는 사람은 맛있는 사과를 먹고 복 없는 사람은 사과 한 박스를 다 먹는다 해도 사과 같은 사과는 한개도 못 먹는다.

그처럼 부처가 될 후보는 복이 많아서 언제나 좋은 것만 보고 좋은 것만 입고 좋은 것만 생각한다. 그러다 보니 인생에 불만이 없다. 보편적으로 얼굴에 수심이 없다 보니 그 모습이 언제나 훤하게 보인다.

그러다가 결정적으로 안 좋은 모습 하나를 보게 되면 큰 충격을 받는다. 예를 들어 사랑하는 가족 중에 누가 갑자기 죽어버릴 때와 같은 특별한 경우를 말한다.

복 없는 사람들은 그런 모습들을 일상처럼 보아왔기에 동요가 없지만 복 있는 사람들은 인생에 큰 혼란을 겪는다. 그들은 말할 수 없는 깊은 상심에 젖어든다.

서민은 부모가 죽어도 이튿날 되면 눈물을 거두고 각박한 삶의 현장으로 뛰어가야 한다. 하지만 기와집에 살고 있던 이조의 사대부집 안들은 부모가 죽으면 꺼이꺼이 울면서 3년 동안 시묘를 했다. 그것은 먹고 살만한 양식이 충분했기 때문이다.

부처님은 태자로 있을 때 아무도 죽은 사람이 없었다. 심하게 늙거나 병든 사람은 그의 시야로부터 격리되었다. 그러다 보니 궁중은 근심 하나 없는 별천지였다. 철마다 꽃이 피고 그 꽃이 지면 또 다른 나무가 꽃을 피워 일 년 내내 꽃향기가 떨어질 날이 없었다. 그야말로 낙원의 생활이었다.

그러다가 인연이 무르익었던지 바깥세상을 구경하고 싶은 생각이 강하게 일어나기 시작했다. 성 밖의 세상은 어떨까. 누가 무엇을 어떻게 하면서 살아갈까. 어떤 꽃들이 피며 어떤 과일들이 달렸을까.

산은 어떻게 생겼으며 물은 어디로 흘러가고 있을까.

궁금함에 번민하던 어느 날 부왕의 감시가 허술한 틈을 타 태자는 마부 찬타를 불렀다. 그리고는 성 밖의 세상을 구경하게 되었다. 그는 말할 수 없는 큰 쇼크를 받았다. 거기서 참혹한 생로병사의 현장을 직접 보았던 것이다.

생존본능으로 고함을 지르는 허기진 사람들과 지팡이에 의지한 채 겨우 숨만 깔딱이는 퀭한 늙은이, 아픔의 통증에 시달리는 병든 자, 그리고 길바닥에 널브러져 있는 죽은 시체가 그를 충격의 도가니로 몰아넣었다. 그것은 평온하기만 하던 그의 머리가 굵은 쇠망치에 사정없이 얻어맞은 것 같은 큰 타격적 사건이었다.

"이게 누구에게나 다 똑같이 일어나는 현상이라고?"
"그렇습니다. 그 누구도 피할 수 없습니다."

동물들은 이런 현상을 나날이 보아도 아무런 반응이 없다. 마찬가지로 복 없는 사람들은 이런 모습을 자나 깨나 보아도 별다른 느낌이 없다.

그러나 복 있는 태자는 다르다. 미칠 것 같은 두려움이 엄습해 온다. 언제 이런 고통들이 나와 내 사랑하는 가족들에게 예고 없이 밀어닥칠지 모른다고 생각하니 질펀하게 놓여진 산해진미가 모래를 씹는 것 같고 열린 창문인 데도 가슴이 답답해 숨을 제대로 쉴 수가 없다.

정녕 그 고통의 굴레를 벗어나는 방법이 없단 말인가. 문제가 있는

데 왜 해답이 없단 말인가. 분명히 해답은 있다. 못 찾아서 그렇지 분명히 거기에 해답이 있다. 자물통이 있으면 열쇠가 있듯이 반드시 해답이 있을 것이다. 그 숨겨진 해답을 내가 직접 풀어야 되겠다고 태자는 다짐한다.

넷째는 출가하는 모습이다. 태자는 출가를 결심하고 왕궁을 떠나고자 한다. 하지만 부모가 있다. 아내와 아이가 있다. 가족들이 그를 보내주지 않을 것이다. 그는 이 나라의 적자로서 왕위를 계승해야 하는 신분이다. 그는 안다. 그가 가면 가족도 분해되고 나라도 붕괴되어 버린다는 것을. 그는 일주일 동안 밤낮으로 고민에 고민을 거듭한다.

그러다가 드디어 찬타를 불렀다. 오늘 저녁 아무도 몰래 왕궁을 빠져 나간다. 준비하라. 의연한 그의 모습에 찬타는 할 말을 잃었다. 마구를 손질하면서 하염없이 눈물을 흘렸다. 눈치를 챈 듯 태자의 애마도 목이 멘 이별의 울음소리를 슬프게 내었다.

밤이 되었다. 세상은 죽은 듯이 고요하다. 태자는 마지막으로 아들이 잠자고 있는 아내의 방으로 들어갔다. 아이는 엄마의 품에서 새근새근 편안하게 잠들고 있다. 인기척에 약간의 미동을 하던 아내도 다시 평정을 찾아 안락의 꿈속으로 들어갔다. 갑자기 영어 찬불가 가사 하나가 생각난다.

My fond young wife, oh fare -ye-well.
I leave your side to come again.
A sage of sags, king of kings,

This holy hour tho'full of pain.

나의 사랑하는 아내여, 잘 있어라.
당신 곁을 떠나지만 다시 돌아오리다.
성자 중의 성자, 왕 중의 왕으로
고통으로 생각에 찬 이 무서운 시간을 넘어.

This palace vast is small to me,
I cannot breathe nor lie at rest,
The vaster world bids me to leave,
This vanity for what is best.

이 왕궁은 크지만 나에게는 작기만 하다.
숨 쉴 수도 편히 누워 쉴 수도 없어
광대한 세계가 출가를 부르고 있다.
이 공허함을 떠나 최고의 세계로.

So fare thee well, my only son,
Reclining in the mother's arms,
I go to build the realm of truth,
Hence leave I all with folded palms.

잘 있어라, 하나뿐인 아들이여.
어미의 팔에 안겨 자고 있구나.
나는 진리의 세계를 건립할 것이다.

그래서 떠난다. 진심으로 합장하고서.

And mount my horse, and fly thro' time,
To conquer pain and birth and death,
To find a way to reach that bliss,
Leave behind this passing wealth.

울고 있는 애마여. 날아가자. 시간이 되었다.
고통과 생사를 극복하기 위해
환희에 다다르는 길을 찾기 위해
모든 부귀를 뒤로하고 여기를 떠나가자.

자식과 아내에게 인사를 한 태자는 다시 부모님의 방 앞으로 갔다. 그리고서는 이제까지 헌신적으로 키워주고 돌봐주신 부모님께 최상의 예의로 감사의 예를 올리고 어쩔 수 없이 왕궁을 떠나는 자식의 마음을 이해해 달라는 눈물어린 작별의 인사를 올렸다.

"나는 가족과 중생을 위해 그 해답을 기필코 찾아내고야 말겠습니다."

비장한 각오를 다지며 찬타가 애마에게 안장을 얹어놓고 기다리는 대기 장소로 갔다. 말도 울고 찬타도 울고 있다. 슬퍼하지 말라며 그들을 토닥이고 드디어 애마 위에 올라탔다.

그는 마상에서 왕궁을 돌아보았다. 깜깜한 그의 궁궐은 어둠에 묻혀 조용하게 또 다른 새벽을 준비하고 있었다. 그는 혼자말로 야무지게 중얼거렸다.

'나는 반드시 돌아온다. 이 어둠을 밝히는 횃불을 들고서.'

나가자! 찬타여. 시간이 되었다. 말이 앞발을 한번 굴리고서 무겁게 걸음을 옮기자 어어어어 이게 웬일인가. 말이 공중에 그대로 뜨는 것이 아닌가. 깜짝 놀라 내려다보니 사천왕이 언제 하늘에서 내려왔는지 각자 말 다리 한 개씩을 떠받들고 왕궁의 성벽을 나는 듯이 그대로 넘어가고 있는 것이 보였다.

그렇게 설산으로 가서 수행하는 모습이 다섯 번째 상이고 거기서 모든 마군들의 항복을 받아내는 것이 여섯 번째 상이다. 드디어 깨달음을 얻어 사성제를 설법하는 것이 일곱 번째 상이고 마지막으로 열반에 드시는 것이 여덟 번째 상이다.

이 여덟 단락의 모습이 모든 부처님께서 중생에게 보여주신 일생 동안의 짜여 진 교화 시나리오다. 물론 석가모니 부처님도 그 루트를 따라 교화하신 것은 말할 것도 없다.

海東疏 盡十方界 徧三世際 隨諸可化 作諸佛事 故言 盡十方 最勝業
시방의 허공세계 끝까지 삼세의 시간을 초월하여 교화가 가능한 모든 중생들을 상대로 불사를 하시기 때문에 시방의 허공세계에서 가장 훌륭한 일을 하시는 분이라고 하는 것이다.

부처는 중생을 부처로 만들어 내는 일을 하신다고 했다. 이것이 부처가 이 세상에 나타나신 진짜 이유다.

중생인 부모는 우리를 낳아 그들을 닮은 한 명의 범부를 만드는 데 혼신의 힘을 다 바친다. 학업을 닦도록 물심양면으로 도와주고 결혼해서 새 보금자리를 꾸미도록 애정을 다 쏟는다. 그리고는 늙고 병들어 선대를 따라 세상을 떠나가신다. 이게 부모가 우리에게 보여주시는 그분들의 일관된 역할이다.

그러나 부처는 다르다. 부처는 부모가 해주지 못하는 일을 해 주신다. 부모는 우리를 중생으로 만드는 데 그 목적을 두고, 부처는 우리를 부처로 만드는 데 그 목적을 두신다. 두 분 다 우리의 안락을 위해 노심초사하지마는 한쪽 분은 우리를 죽음의 길로 인도하시고 또 다른 한쪽 분은 우리를 영원의 길로 당겨주신다.

부모인들 우리가 죽음의 길로 나아가는 것을 바라시겠느냐마는, 그분들이 배운 것이라고는 중생의 삶밖에 익히지 못했으니 우리를 그쪽으로밖에 인도하지 못하는 것이다.

그처럼 부모에게서 배운 것만을 답습하면 조상이 간 길을 레밍떼처럼 따라가게 된다. 그것은 죽음의 길이다. 그 죽음의 길로 부모는 끈을 이어 이끌고 있다.

그러므로 죽지 않으려 한다면 완전 그 반대의 길로 가야 한다. 부모가 가르쳐 주지 않는 길, 부모가 생각하지 못했던 또 다른 세계, 부모가 회초리를 들고 한사코 반대하는 또 다른 방향으로 나아가면 예정되어 있는 죽음의 운명을 피할 수 있다.

우리는 두 지점의 중간에 서 있다. 한쪽은 부모가 부르고 다른 한쪽은 부처가 부른다. 하나는 사바세계고 다른 하나는 열반의 세계다.

부모의 바램을 따르면 중생이 되고 부처의 훈육을 따르면 부처가 된다.

이제 어떻게 할 것인가. 부모를 더 믿는다면 죽음의 길로 가는 수밖에 없다. 그것이 일반 범부들이 선택하는 보편적 방향이다. 과거부터 해 내려오는 습관이기에 익숙할 대로 익숙해져 그 길로 나아가는데 별 어려움이 없다. 그저 무난하게 다른 범부와 앞서거니 뒤서거니 하면서 같이 더불어 움직이면 시류에 어긋나지도 않고 하는 일이 생소하지도 않을 뿐만 아니라 거북스러움도 없다.

그래서 좋은 게 좋은 거라고 모두 다 그쪽으로 꾸역꾸역 그렇게 나아가고 있는 것이다. 그것이 지금 범부들의 일반적인 삶이다.

그러나 부처 쪽으로 방향을 틀면 하는 움직임이 모두 다 자신에게 어설프고 거슬린다. 모든 것이 어렵고 서투르다. 금생에 시작한 담배도 그리 끊기가 어려운 일인데 하물며 억겁으로 익혀 온 죄업의 습관이 그리 쉽게 바뀌어지겠는가.

오랫동안 고정해 둔 정형외과의 깁스를 풀고 재활을 시작하는 데도 근육이 찢어지는 아픔을 참아야 하는데, 죽음의 방향으로만 세팅되어진 우리의 의식구조가 반대방향으로 유턴할 때 그 고통이야 어찌 말로 다하고 글로 다 표현할 수가 있겠는가.

그래서 사람들은 쉬운 길로만 가는 것이다. 조상이 가고 부모가 가는 그 길의 DNA를 받아 자기들도 그쪽으로만 가는 것이다.

그것을 보신 부처님이 더 이상 그냥 두고 볼 수가 없어서 죽음의 길로 나아가는 우리들의 길목을 두 팔로 막아선 것이다. 그쪽으로 가면 죽는 길이니 돌아가야 한다고 하신 것이다.

학교 쪽으로 가면 학생들의 무리가 보이고 시장 쪽으로 가면 시장

가는 사람들의 무리가 보이듯이, 이쪽으로 가면 범부들의 무리가 보이고 저쪽으로 돌아가면 부처 쪽으로 가는 무리들의 행렬이 보일 거라고 포효하신 것이다.

그러므로 이 죽음의 대열에서 과감히 돌아서면 생사가 끊어진 자리로 들어가게 된다. 그러면 부처가 된다. 그래서 부처는 중생들을 부처로 만드는 일을 하신다고 한 것이다.

그러므로 범부가 죽음의 대열에서 이탈하려면 부처의 훈육을 따라야 한다. 그러면 범부가 아닌 부처가 된다. 부처로 만들어 주는 조건은 그 말씀을 전적으로 믿고 따르는 것이다.

그래서 성사는 교화 가능한 중생을 부처로 만들어 주신다고 말씀하시고 있는 것이다.

이 일이 이 세상에서 가장 훌륭한 일이 되는 것이다. 이것 말고 더 훌륭한 일이 사실 뭐가 있단 말인가. 아니, 중생을 부처로 만들어 주시는 이 일 말고 또 어떤 훌륭한 일이 있을 수 있단 말인가. 그래서 마명보살이 부처님을 보고 세상에서 가장 훌륭한 일을 하시는 분이라고 한 것이다.

海東疏 如大法論云 業大性者 窮生死際 示現一切成菩提等 建立廣大諸佛事故 彼擧三世 此顯十方也

대법론에서 말하기를, 행업의 위대한 본성이란 생사가 다하도록 일체 중생들에게 깨달음 같은 것들을 보여 주시면서 광대한 불사를 만들어 내는 것이라고 하였다. 거기서는 삼세를 말하였지만 여기서는 시방을 나타내고 있다.

절에 가면 불사라는 말을 듣는다. 불사는 글자 그대로 부처의 일을 말한다. 그 일은 중생을 부처로 만드는 일이다. 그러므로 단지 건물을 짓는 것만을 불사라 하지 않는다. 또는 종을 만들고 불상을 조성하는 것만을 불사라 하지 않는다. 불사의 근본은 중생을 부처로 만드는 일인 것이다.

그렇다면 다른 불사는 다 무엇인가 하고 의아해 할 것이다. 그것은 부처가 되는 방향으로 인연을 만들어 주고자 하는 것이다. 그 인연이 무르익으면 그때 가서 부처가 되기 위해 방향을 틀 것이다.

처음부터 부처님 말씀을 믿고 바로 유턴하는 자는 정말로 드물기만 하다. 모두 다 전생부터 수많은 외적 불사에 공덕을 닦고 인연을 쌓아온 공덕의 힘이 이어져 왔기에 가능한 일이다.

그것이 바탕이 되다 보니 금생에 그 축적된 힘으로 유턴하게 되는 것이다. 그래서 외적인 건물 불사를 해도 불사라고 편의상 부르는 것이다.

대법론의 원문에는 **窮生死際**궁생사제 라고 쓰여 있다. 이 말은 생사가 다하도록 이란 뜻이다. 그런데 **기신론**에서는 **盡十方**진시방 이라고 시작하고 있는데, 이것은 허공의 세계가 다하도록 하는 뜻이다. 둘 다 한 개씩만을 언급하고 있다.

대법론은 시간만 말하고 있고 **기신론**에서는 공간만 말하고 있다. 그렇게 한 개씩만 언급하고 있다 하더라도 그 뜻은 두 가지 다를 이미 말하고 있다고 성사는 말씀하시고 있다.

十方을 시방이라고 읽는다. 十 다음에 자음인 ㅂ이 오면 십방을 시방이라고 읽는다. 이것은 不 다음에 ㅈ이나 ㄷ이 오면 불정이 부정으로 읽혀지는 것과 같다.

海東疏 言徧知者 是歎智體 所以業用周 於十方者 由其智體 無所不徧故也 智體周徧 故言徧知

완벽한 지혜를 갖추신 분이라는 뜻은 지혜의 본체를 찬탄한 말이다. 하시는 행업이 시방에 고루 작용하는 것은 그 지혜의 체성 때문이다. 그것은 천지에 두루하지 않는 바가 없다. 지혜의 본체가 고루 두루하기 때문에 완벽한 지혜라고 하는 것이다.

중생을 제도할 때 가장 중요한 것은 지혜다. 이것이 결여되면 전혀 예기치 못한 뜻밖의 문제를 야기시킬 수가 있다. 의도는 좋은데 그 결과가 엉뚱한 방향으로 나타날 수 있다는 것이다.

이것은 꼭 돌팔이 의사가 환자를 치료하는 것과 같다. 아픈 사람은 어디에나 있지만 제대로 된 의사는 드물 듯이, 제도 받아야 할 중생은 어디에나 있지만 지혜로운 구제자는 우담바라 꽃처럼 드물게만 나타난다.

명의가 아니면 환부를 더 덧나게 만들어 버릴 수가 있다. 지혜 없는 가짜 구제자는 중생들이 갖고 있는 생사의 문제를 이상하게 꽈버린다. 그렇게 꽈버린 덧난 환부는 치료하기가 정말 어렵다. 그와 같이 가짜 구제자를 만나면 생사의 문제가 풀리기는커녕 손쓸 수 없이 더 난감하게 도지도록 만들어 버린다.

그래서 구제를 하려면 정확성이 있어야 한다. 그것이 바로 지혜다. 환자의 상태가 어느 정도인지 면밀히 진단을 하고 난 뒤 단 한 번에 치료를 끝내야 한다. 명확한 진단 없이 여기저기를 건드리며 빙빙 찔러대는 자들은 이미 지혜로운 치료자가 아니다.

구제하는 자는 먼저 상대방의 그릇과 근기를 알아야 한다. 칼을 줘야 하는 사람에게는 칼을 주고 망치를 줘야 하는 사람에게는 망치를 줘야 한다.

그런데 집을 짓는 사람에게 칼을 주고 요리사에게 망치를 준다면 아무런 도움도 되지 못한다. 도리어 혼란만 초래한다. 그런 구제라면 가만히 있는 게 서로 간에 백 배 낫다.

사냥을 하던 사냥꾼이 배가 고파 쓰러져 있다. 나도 배가 고프다. 한 개의 빵덩어리를 나누어 먹으면 둘 다 살 수가 있다. 어떻게 할 것인가. 사냥꾼을 살리면 나 때문에 무고한 다른 생명들이 죽는다. 그냥 두면 어떻게 사람이라 할 수가 있는가. 그때 나는 이 사람을 구제해야 하는 것인가, 말아야 하는 것인가.

약을 먹지 않는 환자에게는 약을 주면 안 된다. 약의 신뢰성을 떨어뜨려 버리기 때문이다. 그러면 다음에도 그 환자는 약을 먹지 않는다. 약은 먹겠다는 환자에게 주어져야 한다. 마찬가지로 구제는 구제의 준비가 되어 있는 자에게만 그 구제가 내려져야 한다. 그것을 잘 아는 자가 바로 지혜로운 자다.

부처님은 단 한 번도 당신이 하신 일을 후회하신 적이 없다. 말씀을 번복하신 적도 없다. 누구를 평생 미워해 본 적도 없다. 증오하신 적도 없다. 한 번만 더 그러면 그냥 두지 않겠다는 협박도 한 적이 없다. 이런 몹쓸 마음들은 모두 다 무엇을 미리 예견하지 못한 상태에서 일어난 통한의 회한이다.

주로 어쭙잖은 신들이 이런 회한을 많이 한다. 너를 잘못 보았다느니, 나에게 어떻게 그럴 수가 있느냐느니, 내가 너를 어떻게 대했는데 그러느냐니, 은혜를 원수로 갚느냐느니, 하는 뉘우침과 한탄을 한다.

그들은 지혜가 없다. 예견도 없다. 인간처럼 자기감정에 의해 상대를 믿고 실망하고 한탄하고 저주하고 있을 뿐이다.

부처님은 그런 적이 없다. 행동에도 그런 적이 없고 생각에도 그런 적이 없다. 왜냐하면 그분은 아누다라샴막샴보디라는 깨달음을 얻으셨기 때문이다. 이 깨달음을 대각이라고 하는데, 이 작용이 부처님의 체성, 즉 지혜인 徧知변지라는 것이다.

海東疏 如攝論云 猶如虛空 徧一切色際 無生無滅變異 如來智亦爾 徧一切所知 無倒無變異故 歎心德竟

저 섭론에서, 그분의 지혜는 허공과 같아 일체의 물상에 두루 작용한다. 허공은 생기고 없어지고 변하고 달라지고 하지 않는다. 여래의 지혜도 그러해서 일체를 모두 다 알고 계시되 틀리거나 변하거나 달라지지 않는다고 하였다. 이제 부처가 갖고 있는 마음의 공덕을 찬탄하는 것을 마친다.

그분의 지혜는 호롱불이나 램프불처럼 주위를 겨우 희미하게 비추는 것이 아니다. 그분의 지혜는 태양보다도 더 밝고 허공보다도 더 변재하다.

그러므로 혹시 나를 보지 못하는 것이 아닌가 하고 초조할 필요는 없다. 또는 사람들 틈에 끼어 있다 보니 그분의 눈에 띄지 않을까 염려되어 높은 산으로 올라갈 필요도 없다. 혹시 내 목소리가 작아서 그분께 내 기도가 전달이 잘 안 되나 싶어서 기도소리를 높일 필요도 더더욱 없다.

그분의 지혜는 공기처럼 전 우주에 충만하기 때문에 어느 한 곳인들 보지 못하는 부분이 없다. 그분의 지혜는 천신동자처럼 어떤 때는 번뜩이고 어떤 때는 그 기지를 발휘하지 못하는 것이 아니다.

섭론은 무착보살이 지은 **대승섭론**을 말한다. 이 논서는 대승의 요지를 정확히 짚어주고 있다. 거기서 그분의 지혜는 허공처럼 변함없이 우리를 훑어보시고 있다고 하였다. 그것은 구제를 받을 준비가 되어 있는지 없는지를 자애롭게 살펴보시고 있다는 말씀이다. 이것은 꼭 바구니를 들고 잘 익은 과일을 찾아다니는 농장주와도 같은 마음이다.

그러므로 그분께서 내리는 구제의 손길이 아직도 느껴지지 않는다면 내가 그분의 구제를 받아들일 수 있는 그릇이 덜 되어 있다는 사실을 먼저 깨달아야 한다.

불교에서는 통성기도나 구원기도라는 것이 없다. 부처는 중생들의 마음을 이미 알고 계시기 때문에 바깥에 드러난 소리로써 그 진위 여부를 판단하지 않는다.

그러므로 자기의 다급한 마음을 들어보라고 울고불고 할 필요가 없다. 인간처럼 말을 해서 알아듣는 신이라면 그 신은 더 이상 믿고 의지할 가치가 없다. 바로 걷어차 버리고 차라리 권력 있는 인간에게 가서 눈물로 하소연하는 편이 백 배 더 빠른 효과를 만들어 낼 수 있다.

정리하자면 중생을 제도하는 데는 반드시 지혜가 곁들여져야 한다는 것이다. 지혜 없는 제도는 큰 부작용을 낳고, 제도 없는 지혜는 한낱 연각에 그칠 뿐이기 때문이다.

그러므로 제도와 지혜는 언제나 같이 작용하게 되어 있다. 그래서 부처님은 세상 어디에서나 가장 훌륭한 일을 하시면서 완벽한 지혜를 갖추신 분이라고 원문에서 마명보살이 말씀하신 것이다.

부처님이 중생을 향해 갖고 계시는 마음은 이런 것이다. 즉 한 개의 마음으로 두 개의 작용을 하시는 것이다. 한 개의 마음은 중생을 제도하시겠다는 일념이고, 두 개의 작용은 구제와 지혜를 같이 쓰시는 것이다.

이제 그분이 갖고 계시는 마음의 공덕에 대한 찬탄은 이것으로 마친다.

海東疏 次歎色德 於中亦爾 色無碍者 歎色體妙 言自在者 歎色用勝

다음에는 그분이 갖고 계시는 육신의 공덕을 찬탄한다. 거기에 두 뜻이 들어 있다. 형상은 있으나 걸림이 없다는 것은 형상으로 된 육체가 아름답다는 것을 찬탄한 것이고, 자재라고 말한 것은 그 형상의 작용이 대단하다는 것을 찬탄하고 있다.

중생을 향한 부처님이 갖고 계시는 공덕이 세 개가 있다고 했다. 첫 번째는 그분의 마음씨인데, 그것은 구제와 지혜였다. 이것을 본원과 능력이라고 표현할 수도 있다. 그분은 이런 마음을 갖고 중생을 부처로 만들어 내는 일을 하시고 있다.

하지만 보통의 중생들 눈에는 그분이 그렇게 고맙게 보이지 않는다. 왜냐하면 그분의 이름과 형상으로 저질러지는 기분 나쁜 일들이 곳곳에서 중생들을 실망시키고 맥 빠지게 만들어 버리고 있기 때문이다.

신라와 고려시대 때에 지어진 고찰들은 풍수지리와 도참사상의 영향으로 심산의 명당과 길지에 주로 건립되었다. 그런 결과로 산세가 수려하고 기세가 안온한 자리에 절터를 잡았다. 그래서 풍광이 계절마다 빼어나 쉴 새 없이 사람들이 몰려든다.

그러므로 명산대찰에는 어느 시절 어느 장소에 가더라도 온갖 사람들이 사방으로 북적대고 있다. 하지만 그들이 그 사찰에 있는 대웅전의 부처님을 뵙기까지가 그렇게 녹록하지마는 않다.

대부분 자가용으로 움직이다보니 먼저 주차비를 내어야 한다. 그들은 궁시렁거리기 시작한다. 사찰에 들어갈 것인데 무슨 주차비냐고 한다. 문화재가 쌓여 있는 박물관이나 먹을 것을 파는 식당이라도 따로 주차비는 받지 않는다고 한다. 그러면서 그들은 주차비를 떨떠름한 기분으로 마지못해 내고 만다.

그 다음 단계가 사찰입장료다. 그들은 또 투덜댄다. 무슨 사찰입장료가 이렇게 비싸냐고 야단이다. 도대체 사찰에 뭐 볼 게 있다고 이런 비싼 입장료를 받느냐고 수군거린다. 그러면서 어쩔 수 없이 또 입장료를 내고서 들어온다. 그들은 이미 두 군데서 사찰에 대한 불만의 마음을 일으켰다.

그나마 다행한 것은 공원입장료를 언제부턴가 받지 않는다는 것이다. 그 입장료까지 내고 사찰에 들어올 때는 정말 불만과 비난이 쇄도했었다. 그것 하나라도 해결되어 준 것이 우리로써는 천만다행한 일이 아닐 수 없다. 아니면 그 원성까지 우리가 모조리 다 덤터기로 덮어쓸 수밖에 없었을 것이니까 그렇다.

일단 절 땅에 들어올 때 사찰입장료를 내라고 하면 그들의 표정은 흙빛이 된다. 산적들에게 통행세를 내는 기분이다며 아주 못마땅해 한다. 더러는 대법원 판례까지 들먹이며 거칠게 항의를 하다가 결국 포기하는 심정으로 입장료를 사들인다.

운전석 차 유리문을 올리면서 그들은 불교 전체를 싸잡아 욕을 한다. 매표하는 남자들을 욕하는 것이 아니라 사찰을 욕하고 스님들을 비난한다.

그 원성을 듣고 있는 차 속의 동승자나 뒷좌석의 아이들은 불교에 대해 어떤 반응을 일으킬까. 아마 보이지 않은 트라우마나 알레르기가 일어날 것이다. 거기서 기분이 잡칠 대로 잡쳐진 그들의 눈에 들어오는 법당 불상과 사찰 모습들은 이제 어떻게 보이고 어떻게 비쳐질까.

주차비와 입장료를 뜯기듯이 내고 사찰을 향해 허덕허덕 올라간다. 그때 심심찮게 매연을 뿜으며 스쳐 지나가는 다른 승용차들을 본다. 그 절 신도라면서 바로 사찰로 직행하는 승용차들이다.

그것을 보고 누구는 주차장에 차를 대고 걸어서 올라가는데 누구는 스님들을 안다고 승용차로 직행하냐고 비아냥거린다. 그들은 대웅전에 다다르기 전에 이미 기분이 상할 대로 상해져 있다. 겉으로 말을 하지 않아서 그렇지 내면으로는 상당한 불평과 불만이 팽배해 있다.

산속으로 들어가 보면 암자 부근 구석구석에 사찰과 인연 있는 승용차들이 산재해 있다. 산속에서조차 친소로 차별받는다는 언짢은 기분을 누르며 위대한 영웅이 모셔진 대웅전까지 툴툴거리며 올라간다.

그제야 법당 내부를 구경한다. 거기에 크고 작은 여러 불상들이 줄지어 있다. 이제 그들의 눈에 보이는 그 황금색 불상들은 어떤 모습으로 비쳐질까. 감정의 골이 깊어질 대로 깊어진 그들의 시야에 들어오는 그 불상들은 어떤 느낌을 주게 될까.

기분이 언짢으면 보이는 것도 언짢게 보인다. 주차장 요금에다 사찰입장료 때문에 속이 뒤틀려져 있는데 법당에 불상이 뭐 그리 대단하고 존경스럽게 보이겠는가.

그런 그들이 보는 불상에는 자비성도 없고 아름다움도 없다. 그저 큼지막하게 얼굴이 넓은 황면우상이 장승처럼 무덤덤하게 앉아 있는 모습으로만 보일 뿐이다. 그런 표정과 모습에 공경의 마음이 일어나지 않는다. 더 나아가 무릎을 꿇고 예경하고픈 마음은 아예 일어나지 않는다.

법당 한구석을 차지하고 있는 죽은 자들의 위패들과 영정사진들을 보고 그들은 또 무슨 생각을 하고 갈까. 거기에 한자로 쓰여 진 색색의 종이번이 주렁주렁 달리고, 사구려 향내가 탁하게 피어오르는 영가단에 쌀밥과 탕국이 올라가고, 북을 치며 요령을 흔드는 집전승려들을 보고 그들은 또 어떤 생각들을 하고 갈까.

인류의 도리를 강조한 공자의 가르침을 철저히 외면하고 냉정하게 출가한 불교승려가, 공자가 죽어야 사람이 살 수 있다고 하는 이 시대에 아직도 구태의연하게 그런 푸닥거리 같은 유교식 제사를 산속 깊은 법당에서 행하고 있는 것을 보고 그들은 과연 불교를 어떤 수준으로 보고 갈까.

얼마의 돈 때문에 불교 전체의 이미지가 훼손되어 그 고유의 가치가 계속해서 떨어지고 있는데도 정작 불교 당사자는 모르쇠로 일관하고 있다. 우선 단것이 곶감이라고 나중은 생각하지 않고 현재의 이익만 쫓고 있다.

그런데 어떻게 사람들이 불교에 호의적일 수 있겠는가. 호의가 있어야 호감이 생긴다. 호감이 있어야 관심이 있고 관심이 있어야 부처가 제대로 보이고 부처가 제대로 보여야 부처의 말씀이 들어오는데 어떻게 부처님을 믿는 불자가 계속 증가할 수 있겠는가.

그런 사람들은 끊임없이 불교를 욕하고 조소한다. 그리고 폄훼한다. 정확히는 지금의 불교가 그들에게 그렇게 욕을 해 달라고 하고 천대해 달라고 요구하며 부추기는 것 같다.

오늘도 명산에 오르는 수많은 등산객과 사찰을 찾는 무한의 사람들이 무시로 스님들을 욕하고 내려간다. 스님들의 대표는 부처님이다. 이런 이상한 제자들 때문에 아무 잘못도 없는 부처님만 결과적으로 천날 만날 욕을 바가지로 얻어먹고 있는 셈이다.

산에서 뿐만이 아니다. 저자 속에서도 간단없이 스님들이 욕을 얻어먹고 있다. 탁발을 핑계로 가게를 들락거리며 거지처럼 손을 벌리는 가짜스님들 때문에 상가에 목탁소리가 나면 상인들이 긴장한다. 그들이 나감과 동시에 그들은 상소리를 섞어가며 모든 스님들을 통으로 비난한다.

팔자걸음으로 거리를 오가며 식당을 드나드는 품위 없는 스님들에 이어 대형마켓에서 사람들과 부대끼며 경망스레 카트수레를 끌고 다니는 스님들의 모습도 존경하고는 거리가 멀다.

길거리에서 펼침막을 들고 주먹을 내지르는 정치적 스님들도 그렇고, 텔레비전에 나오는 개그적 광대승까지, 오늘 하루만 해도 수백만 명의 불특정사람들이 그런 스님들을 비토하고 있다. 그런데 어떻게 불교가 언감생심 살아남을 수 있겠는가. 어떻게 불교신도가 줄지 않고 배겨낼 수가 있겠는가.

구경할 것이 마땅찮던 시절에는 뒷산에 있는 조그마한 절도 찾아가고 싶은 인기장소였다. 그들은 삼삼오오 시간만 나면 산속에 있는 절을 찾았다. 기와집들이 주는 고전적 아늑함과 세속과 동떨어진 적막의 고요함이 그들을 매료시켰다.

사찰 속을 흐르는 맑은 물줄기에다 잘 정돈된 조경담장에 이어 한 가로이 피고 지는 야생화들이 그들을 끌어들였다. 거기다가 간간히 들려오는 풍경소리와 목탁소리는 세속에 지쳐 있는 그들의 마음을 무한히 청량하게 만들어 주기도 하였다.

그러나 지금은 전혀 다르다. 그들의 눈에 비치는 사찰은 이미 세속의 정보로 혼탁해져 버렸고 거기에 살고 있는 스님들은 그들과 조금도 다를 바 없는 자본주의적 삶을 추구한다고 생각하기에 이르렀다.

그래서 그들의 눈에 비친 사찰은 더 이상 신성한 장소로 여겨지지 않고, 거기 사는 스님들도 깨달음을 구하는 구도자들의 모습과는 거리가 먼 신분으로 치부한 지가 오래 되었다.

그런 그 속에 천 년이 넘는 소중한 문화재가 있고 세계적 가치를 지닌 불교조각품들이 있다고 해도 그들은 감동하지 않는다. 우리가 박물관에 갔을 때 거기에 진열되어 있는 문화유산을 보고 어떤 감동도 일어나지 않듯이 그들도 사찰 속에 들어 있는 불교유산을 봤을 때 그저 멀거니 바라만 볼 뿐 거기에 특별한 느낌이 일어나지를 않는다.

더군다나 세상을 자유로이 드나드는 이 시절에 유럽과 인도차이나, 남미에 즐비한 고대유물들을 훑어보고 온 사람들이라면 아무리 애국심으로 호소한다 해도 우리의 불교문화유산은 그들에 비해서 특별히 대단하고 우뚝한 것이 사실 없다는 데 대해서는 인정하지 않을 수 없는 현실이 되었다.

이제 사람들은 점차 사찰을 찾지 않을 것이다. 한번 갔다 온 고찰은 이제 더 이상 고액의 입장료를 내고 가지 않으려 할 것이다. 그들은 손쉽게 동남아 여행 속의 사찰을 찾거나 사찰 주위에 있는 숙박업소만 편의상 이용하려 들지 힘들게 그 위에 있는 절에는 가지 않으려 할 것이다.

그러면 절은 사람들로부터 점차 고립되어 갈 것이다. 그러다가 어느 정도 세월이 지나면 산속의 사찰은 현재 우리가 보고 있는 유교의 충렬사나 서원에 이어 기념관이나 재실같은 건물로 방치되어지고 말 것이다.

그러면 누가 계속해서 그토록 거룩하고 아름다운 산속 부처의 모습을 보고 신심을 일으킬 수가 있단 말인가. 누가 그 대비와 원력이 깊게 서려 있는 부처의 자애로운 모습에 경외심을 일으키고 무릎을 꿇는다는 말인가. 그리고 두 손을 모아 지성스런 발원을 할 수 있단 말인가.

[海東疏] 初言色體者 如來色身 萬行所成 及不思議 熏習所成

형상으로 된 육신이라는 말은 부처의 몸은 수만 가지 수행으로 이루어지셨다. 그리고 불가사의한 훈습에 의해 성취되어지셨다.

이제 둘째로 그분의 육신에 대해 찬탄한다. 그분의 육신에도 두 가지 특이한 점이 있다. 하나는 그분은 아름답기 그지없는 육신을 가지고 있다. 하지만 그 육신은 세상 어떤 장벽에도 걸림이 없다. 또 하나는 그렇게 아름다운 육신을 필요에 따라 자유자재하게 마음대로 적재적소에 쓰신다는 것이다.

원문에 보면 색신이 나온다. 이 색신은 형상으로 된 육신을 말한다. 노인들이 날씨가 궂으면 삭신이 아파 죽겠다고 하는데, 바로 이 색신에서 나온 말이다.

부처도 색신인 육신을 가지고 있다. 육신이 없으면 잡신이거나 귀신이다. 그러므로 부처도 중생의 눈높이에 맞는 몸을 가지고 있다. 이게 바로 범부가 보는 부처의 모습이다. 범부는 진짜의 부처 몸을 볼 수가 없다.

무생물의 태양도 일순간 똑바로 못 쳐다보는데 그 태양보다도 억만 배나 더 찬란한 진짜의 부처를 그 눈으로 어떻게 빤히 쳐다볼 수 있겠는가.

뭐 눈엔 뭐만 보인다고 범부는 인식할 수 있는 것만 본다. 부처는 인식의 세계를 벗어나 있다. 예를 들어 범부는 눈을 가지고도 물속의 사물은 볼 수가 없다. 고작 보는 부분은 햇빛에 의해 나타난 가시적인 물상뿐이다.

햇빛이 없거나 더 깊은 곳은 눈이 있어도 볼 수가 없다. 그처럼 부처님의 몸은 범부의 시각 수준 저 너머에 있다. 때문에 범부에게 보이는 진짜부처는 없다. 눈에 보인다면 방편으로 조작한 임시 부처다. 그 부처를 우리는 화신불이라고 부른다.

화신부처는 진짜부처가 아니다. 하지만 그 부처를 통해서 진짜부처를 볼 수가 있는 길이 열린다. 굽은 도로에 반사경을 세워 놓으면 보이지 않는 부분을 볼 수가 있다. 그처럼 범부의 눈으로는 보신부처를 볼 수가 없으므로 화신부처가 나타나 거울 역할을 해 주고 있는 것이다.

화신부처는 인간이 갖출 수 있는 가장 아름다운 모습으로 나타난다. 부처의 육신은 두 가지 조건에 의해 형성되어졌기 때문이다. 하나는 외적인 수행이고 다른 하나는 내적인 수행으로 이루어진다. 그래서 화신부처의 육신 또한 이 세상 그 무엇보다도 신비하고 오묘하다.

달리기를 많이 하면 다리에 근육이 생긴다. 역기를 많이 들면 어깨가 벌어진다. 몸짱을 만들기 위해 육체미 운동을 많이 하면 역삼각형의 근육질 몸매가 만들어 진다.

그대신 아무것도 하지 않고 나이만 먹으면 거미같은 몸 형태가 나온다. 거미 몸은 배와 가슴은 통통한데 팔다리는 가늘기 짝이 없는 모습을 말한다.

부처님은 이 세상에서 가장 아름다운 몸을 가지고 계신다. 그것은 그렇게 아름답도록 하였기 때문에 아름답게 나타난 것이다. 수만 가지 수행을 하신 결과로 그렇게 된 것이다. 아름다운 데는 다 그만한 이유가 있고 비호감의 몸일 때는 다 그만한 연유가 반드시 있는 법이다.

여름이 되면 제자들의 등살에 떠밀려 해운대를 간다. 경향 각지에서 온 잘생긴 사람들의 모습을 보기 위해서이다. 남자고 여자고 잘생긴 사람들을 보면 기분이 공연히 좋아진다.

그것은 그 사람들이 전생에 다 남에게 미운 짓을 하지 않고 선행을 베풀며 살았다는 증거이다. 그래서 사람들이 그 사람들에게 좋은 감정으로 가까이 다가가고자 하는 것이다.

"그렇게 해서라도 보고 싶니?"
"보면 황홀 그 자체입니다. 모든 것이 다 보상됩니다."

잘생긴 배우 한 명을 보기 위하여 파라다이스호텔 밖에서 8시간도 더 넘게 그를 기다리는 학생 한 명을 보았다. 교복을 입은 여학생이었다.

집에도 가지 않고 그가 묵는 호텔 문 앞에서 죽치고 있었다. 왜 밖에 있느냐고 물었더니 호텔 로비에서 쫓겨났다고 했다. 그 배우의 이름이 적힌 푸른 아크릴판을 들고 회전문 옆에 깔판 하나 없이 8시간을 넘게 쪼그리고 있었다.

밥은 먹었느냐고 물었더니 밥이 문제냐고 했다. 화장실도 못 간다고 했다. 그 사이에 그 배우가 빠져나가 버리면 이제까지의 기다림이 헛수고가 된다고 했다. 그래서 마냥 참고 있다고 했다.

시계를 보니 새벽 3시가 다 되어가고 있었다. 그냥 두고 올 수가 없어서 호텔 후론트에 가 확인해 보았다. 놀랍게도 그 배우는 거기 없었다. 이미 체크아웃을 하고 다른 문으로 나갔다고 했다. 그런데 왜 저 학생에게 말하지 않았느냐고 했더니 벌써 여러 번을 말해도 믿지 않는다고 했다.

"그 배우는 서울로 갔어. 그러니 집으로 가세요. 이제."
"아니에요. 호텔에서 거짓말하는 거예요. 내가 여기를 이렇게 지키고 있는데, 그럴 리가 없어요."

남에게 뜨거운 눈물을 흘리게 만드는 사기꾼들도 대체적으로 잘생긴 얼굴이 많다. 그래야 사람들이 접근할 테니까 그렇다.
잘생긴 얼굴로 말할 것 같으면 범부로써 제바달다만큼 잘생긴 얼굴은 인류역사상에 없다. 제바달다는 부처님의 사촌동생이며 아난존자의 형이다. 겉으로 보기에는 부처님과 거의 비슷할 정도로 아주 출중한 외모를 갖고 태어났다.
한 분은 중생을 위하여 이 세상에 오셨고 다른 한 명은 중생을 파멸시키고자 이 세상에 왔다. 생기기는 비슷하게 생겼는데 각자 맡은 일은 완전히 달랐다.
그처럼 이 세상에는 진짜가 있으면 반드시 가짜가 있기 마련이다. 금이 있다면 똥이 있고 옻이 있으면 개 옻이 있는 것과 같다. 외모는 비슷하지만 사람에게 미치는 그 효능은 완전히 딴판이다.
그러므로 진짜와 가짜를 구분하는 안목을 가져야 한다. 그런 안목의 잣대는 바로 복에서 나온다. 복이 없는 자는 가짜를 선호하고 복 있는 자는 진짜를 알아본다.
복 있는 자에게는 가짜인 사기꾼이 활개를 칠 수가 없다. 그것은 상큼하게 잘생긴 것이 아니라 느끼하게 잘생겼기 때문이다. 복 없는 자들은 그런 느끼함에 정신을 잃지마는 복 있는 자에게는 그런 타입은 호감은커녕 두드러기만 일으키게 한다.

부처는 최소한 3대겁 아승기야 동안 바라밀을 닦아 오셨다. 즉 외적으로 한량없는 세월 동안 무량한 공덕을 쌓아 오셨던 것이다. 그래서 그분의 몸은 아름답기가 그지없다. 오로지 중생들의 안위만을 위한 수행을 해 오셨기 때문에 어떤 중생이든지 그분에게 손톱만큼의 적대감을 일으키지 않는다.

그분은 추운 날 따뜻한 온기를 뿜어내는 난로와도 같다. 모든 중생들이 다 그분 곁으로 모여든다. 오라고 선동하여도 자기에게 오지 않는 자가 있다.

어떤 이상한 신은 자기에게 안 오면 심판의 날에 그냥 두지 않겠다고 협박하는 자도 있다. 그러나 부처는 누구를 오라 오지마라 하지를 않는다. 추운 자는 자연적으로 난로 옆에 모여들고 배고픈 자는 자동적으로 복덕이 많은 자에게 몰려들기 때문이다.

부처는 내적으로 불가사의한 훈습을 완성하신 분이다. 훈습이라는 것은 무엇이 어떤 영향을 받아 다른 모습으로 변화되는 것을 말한다.

중생은 중생이 되도록 무엇에 의해 훈습을 받았기에 중생이 되어 있고 부처는 부처가 되도록 끊임없는 훈습을 받아 부처가 된 것이다.

그 훈습은 바로 내면에서 작동하는 대승이다. 그 대승이 제대로 작동하도록 그분은 외적으로 다함없는 복덕을 지었고 그와 동시에 내적으로 부단 없는 지혜를 닦았다. 그 결과로 바로 신비하기 그지없는 아름다운 육신을 갖게 된 것이다.

海東疏 雖有妙色 而無障礙 一相一好 無際無限 故言遵色 無礙

비록 아름다운 육신을 갖고 계서도 어디에든 걸림이 없으시다. 한 모습 한 부분이 한계도 없고 끝도 없어서 어디에도 걸림이 없다고 하신 것이다.

중생의 몸은 정말 골치 덩어리이다. 이거야 원 조금만 신경 안 쓰면 냄새나서 죽겠고 더러워서 볼 수가 없다. 제 때 원하는 대로 먹이지 않으면 죽는다고 소리치고 바빠서 좀 안 재우면 졸립다고 랄지랄지를 떤다. 이것은 보통으로 뻔뻔한 고깃덩어리가 아니다.

아무것도 하지 않는 고양이라도 먹이를 주면 그래도 고맙다고 귀여움이라도 떠는데 이 몸은 당체 그런 것이 없다.

진짜 뻔뻔하게 너무 많은 것을 요구한다. 안 해 주면 즉시 아프다고 드러눕는다. 도대체 누가 주인인지 헷갈리게 한다. 그래서 어리석은 사람들은 몸이 자기 주인이라고 착각한다. 그래서 평생 몸을 모시고 산다. 그런데도 누구 하나 그것을 흉보지 않는다. 거의 다 그렇기 때문이다.

이 몸은 오냐 오냐 하면 분수를 모르고 자기의 주인인 마음을 자기 부속품으로 여긴다. 이 무작배기의 횡포에 끌려 들어가면 누구라도 이제 전도된 인생을 고달프게 살아야 한다. 이 죄업의 몸은 쉽게 나를 놔주지 않고 평생 나를 감시하는 빚쟁이와도 같이 나를 부려먹는다. 까딱하다가는 우리 모두 그렇게 될 소지가 많다. 이미 그런 자들도 부지기수로 있다.

하지만 부처의 몸은 그렇지 않다. 부처는 중생세간에 빚이 없다.

그 몸은 선업의 결과물이며 대승의 결정체다. 그러므로 부처의 몸은 미묘하기 짝이없고 청정하기 이를 데 없다. 그것을 우리는 보통 32상 80종호라고 부른다.

32상은 일반 범부의 눈에 보이는 부처의 특이상이다. 범부가 복덕과 지혜를 오랫동안 닦아가면서 내적으로 훈습을 계속하면 점차 이런 장부상인 특이상이 겉으로 드러나게 된다. 예를 들면 유아 때 없던 수염이 청년이 되면 자라나는 것과 같다.

그러므로 32상은 인간 최고의 아름다운 모습으로 나타나는 극미상의 꼭지점이라 말할 수 있다. 부처님은 중생들에게 이런 아름다운 육신을 가질 수 있다는 메시지를 주기 위해서 이 모습을 갖고 인간세상에 내려오신 것이다.

참고로 32상을 소개한다. 특이상의 개수가 32라는 것이지 전후 순서는 의미가 없다.

1. 발바닥이 평평하다. 사람들은 부처님이 평발이라는 데 많이 놀란다. 그렇지만 전혀 놀랄 일이 아니다. 포식자에게 쫓기고 도망가야 하는 동물들만이 발바닥의 용천 부분이 잘 발달되어져 있다. 하지만 부처님은 달려야 할 이유가 없다. 바쁘면 허공을 날고, 아니면 코끼리처럼 유유자적하게 움직인다. 코끼리 발은 평발이다. 그런데도 평원을 자유롭게 누비면서 살아간다.
2. 손바닥에 수레바퀴 같은 무늬가 있다.
3. 손가락이 가늘면서 길다.
4. 손발의 촉감이 매우 보드랍다.

5. 손가락 발가락 사이마다 얇은 비단결 같은 막이 있다.

6. 발꿈치가 동글하고 빛이 난다.

7. 발등이 높고 원만하다.

8. 장단지가 사슴다리 같다. 각선은 다리의 곡선이다. 사실 각선은 그렇게 중요한 부분이 아니다. 노출할 부분이 제일 많은 부분이 다리다 보니 자꾸 각선의 미를 언급할 뿐이다. 다리는 몸을 옮겨주는 도구 역할을 한다. 그것을 다른 운송수단이 해 준다면 그렇게까지 기를 쓰고 가꿔야 할 부분은 아니다.

9. 팔을 펴면 손이 무릎까지 내려간다. 다리 대신 팔이 길어야 한다. 팔이 길면 모든 상태에서 편해지고 유리하다. 그래서 각선보다는 臂線비선이 강조되어야 한다. 그렇게 될 때 인류는 한 걸음 더 진화한다.

10. 남근이 오므라들어 몸 안으로 들어가 있다. 흔들거리는 남근은 동물이 아니라면 그렇게 보기가 좋지 않다. 그래서 부처님의 남근은 평상시에 그 모습이 보이지 않는다.

11. 키가 두 팔을 편 크기와 같다. 이것이 가장 이상적인 체형이고 황금같은 비율이다.

12. 털구멍마다 새까만 털이 나 있다.

13. 몸의 털이 위로 쏠리어 난다. 재미있는 현상이다. 모든 생명체는 만유인력의 영향을 받는다. 그래서 머리털이 아래로 쳐지고 팔도 아래로 늘어져 있다. 하지만 부처님은 하중에 의한 인력이 없으므로 땅이 그분을 아래로 끌어당기지 못한다. 그러므로 부처님의 털은 위로 쏠려 난다.

14. 온몸 빛이 황금색이다. 그래서 금 불상을 만들고 금칠로 개금

을 한다.

15. 몸에서 솟는 광명이 1미터 정도 된다. 범부는 3시간 목욕을 해야 겨우 살갗에만 광채가 난다.

16. 온몸의 피부가 부드럽고 매끄럽다.

17. 두 손바닥이 모두 평평하고 둥글며 두텁다.

18. 두 겨드랑이가 팡팡하다.

19. 몸매가 사자와 같이 웅위하다.

20. 몸이 곧고 단정한 자세를 가졌다.

21. 양 어깨가 둥글고 두둑하다.

22. 이가 40개가 된다. 보통의 범부는 이가 32개다. 사실 이가 많으면 좋은 현상이다. 한꺼번에 많은 것을 저작하므로 조용하게 충분한 음식을 섭취할 수 있다. 이가 없는 사람들을 생각하면 얼마나 큰 장점인지 이해가 될 것이다.

23. 이가 희고 가지런하며 빽빽하다. 부처님은 평생 이를 닦으신 적이 없다. 닦아서 좋은 치아 상태를 유지하는 것은 중생이 하는 일이다. 듬성듬성 난 치아에 덧니를 가진 부처님은 아마 코미디언 부처님일 것이다.

24. 송곳니가 희고 크다.

25. 뺨이 사자와 같이 위엄을 갖고 있다.

26. 목구멍에서 항상 맛 좋은 진액이 나온다. 탐심과 욕망이 많은 사람은 목구멍에서 언제나 쓴물이 넘어온다. 하지만 탐욕이 끊어진 부처는 음식을 섭취하지 않아도 이 달콤한 진액이 계속해서 나온다. 그러므로 부처님은 음식을 드시지 않아도 오랫동안 이 진액으로 살

아가실 수가 있다.

27. 혀가 길고 넓다. 어떤 동물이든지 자기 혀로 자기 콧등을 건드릴 수 있다. 자기 콧구멍을 닦는 것은 기본이다. 하지만 인간은 불가능하다. 콧등에 파리가 앉으면 고생스럽게 꼭 무거운 손이 올라가야 한다. 대단히 비경제적이고 비능률적이다.

그러므로 자기 혀로 자기 코를 핥는 자가 있으면 유네스코에서 인간보물로 지정하여 평생 먹여살려줄 것이다. 부처님은 당신 혀로 코는 물론 얼굴도 닦고 머리도 매만지신다.

28. 눈동자가 검푸르다. 밑바닥이 없을 것 같은 자애로운 눈동자는 감청색이 가장 이상적이며 그것은 신비롭기 그지없다.

그래서 부처님의 눈은 쳐다만 봐도 그저 편안하고 안락하다. 만약 부처님의 눈동자가 붉다면 그것은 야차왕이 부처님의 모습으로 변신해 있는 상태다. 바로 도망가야 한다. 보편적으로 공격성이 없는 동물들이 검은색 눈동자를 가지고 있다. 반면에 육식동물은 붉고 갈색인 경우가 대부분이다.

그중에서도 특이하게도 하이에나의 눈동자는 검다. 꼬리를 내리고 검은 눈동자를 껌벅이며 초식동물들에게 다가가도 그들은 경계심을 크게 가지지 않는다. 그럴 때 기회를 엿보다가 갑자기 달려들어 잡아먹는다. 그래서 하이에나를 엉큼하다고 한다.

29. 목소리가 맑고 멀리 들린다. 이것은 뒤 부분에서 자세하게 설명할 것이다.

30. 속눈썹이 소의 속눈썹처럼 길고 촘촘하다.

31. 두 눈썹 사이에 흰 털이 나 있다. 이것을 보통 미간백호상이라

고 한다. 대각을 이루어 부처가 되면 두 눈썹 사이 윗 중간 부분에 털 하나가 난다.

이 털의 길이는 4미터 50센티미터라고 **대반야경**에서 말씀하셨다. 부처님이 설법하게 되면 이것이 앞으로 풀려져 나와 5색이나 7색의 광명을 놓는다. 하지만 평상시에는 오른쪽으로 돌돌 말려서 그 자리에 딱 붙어 있다. 그래서 불상을 조성할 때 이것을 표시하기 위해 이마에 보석을 박아 넣는다.

32. 정수리에 살 상투가 있다. 정수리는 머리꼭지다. 거기에 상투 같은 살덩어리가 있다. 그 때문에 멀리서 보면 상투처럼 보인다. 이것은 지혜가 나오는 살덩어리라서 범부에게는 없다.

海東疏 如華嚴經云 求空邊際猶可得 佛一毛孔無崖限 佛德如是佛思議 是名如來淨知見故

화엄경에서 말씀하시기를, 허공의 끝을 찾으면 오히려 찾을 수 있겠지만 부처님이 갖고 계시는 한 개의 털구멍 끝은 끝이 없는 것이다. 부처님의 공덕에는 이와 같이 불가사의한 것이 있다. 그래서 여래는 청정한 지견을 갖고 계신다고 하는 것이다 라고 하셨다.

허공이 끝이 있을 수 있는가. 가만히 하늘을 쳐다보면서 저 하늘이 끝이 있을까를 생각해 본다. 하늘은 끝이 없다. 끝없이 펼쳐져 있다. 끝이 있다면 하늘이 아니고 하늘이라면 끝이 없다. 하늘은 허공의 번역어이다. 그러므로 허공과 하늘은 같은 말이다. 그래서 허공은 끝이 없다고 하는 것이다.

허공의 끝은 없다. 있다면 그것은 끝이 아니라 중간 어느 지점이다. 그 너머에 또 허공이 있다. 그래서 허공은 우주 천지에 끝없이 고루 펼쳐져 있다.

그 허공이 바로 부처님의 몸이다. 부처님의 몸은 부분이 아니다. 그분의 몸은 법신이다. 법신은 전체다. 그러므로 그분을 부분으로 찾아서는 그 어디에서든 찾을 수 없다. 왜냐하면 그분의 몸은 진리 그 자체이기 때문에 그렇다. **금강경** 말씀이다.

若以色見我
以音聲求我
是人行邪道
不能見如來

만약에 형상으로 나를 찾거나
음성으로 나를 보려 하는 자는
잘못된 길로 나아가는 자다.
절대로 나 부처를 보지 못한다.

고 하셨다.

손오공이 자기를 간섭하는 부처님이 싫어서 도망을 쳤다. 슈퍼보드인 근두운을 타고 일주일 동안 쉬지 않고 남쪽으로 날아갔다. 태양을 지나고 별나라를 거쳐 끝없이 날아갔다. 그러자 다섯 개의 거대한 기둥이 보이는 이상한 세계가 눈앞에 나타났다.

풀 한 포기 나무 한 그루 없는 삭막한 사막 같은 땅 위에 기둥만 다섯 개가 덩그러니 놓여 있는 그런 세계였다. 주위를 아무리 둘러봐도 다른 생명체라고는 하나 없었다. 좀 외롭지만 이제 완전히 부처님의 시야에서 벗어났다고 생각하니 기분이 너무 좋았다.

야호! 이제부터 자유다. 어휴, 그 잔소리꾼 안 봐서 십년 묵은 체증이 다 내려갔다고 쾌재를 부르는데 오줌이 마려웠다. 그래서 아무도 보는 이가 없는 한 개의 큰 기둥 밑에서 바지를 내리고 시원하게 오줌을 갈겼다.

허리춤을 끌어올리는데 부처님이 부르는 커다란 소리가 들렸다. 오잉! 환청이겠지 하면서 대수롭지 않게 생각하는데 또 부르는 소리가 우렁차게 들렸다. 이상하다 하면서 눈을 뜨고 올려다보니 부처님이 빙긋이 웃으시면서 내려다보고 계시지 않는가. 깜짝 놀라 어찌할 바를 모르고 있는데 부처님이 말씀하셨다.

"오공아. 오줌이 마렵거든 화장실에 가거라. 내 손가락에 싸지 말고."

그때부터 범부가 뛰어봐야 부처님 손바닥 안의 손오공이다 하는 말이 나온 것이다. 즉 신통묘술을 부리는 손오공도 부처님으로부터 완전히 못 벗어났는데 평범한 범부가 어떻게 부처님의 눈길을 피할 수 있겠는가. 그러니 잔꾀를 부리지 말고 분수를 알아 여법하게 살아가라는 교훈을 암시적으로 남겨준 말씀이다.

청정한 지견이라는 말은 일체의 문제를 정확히 꿰뚫어 보시는 맑은 지혜를 말한다. 부처님의 몸이 우주 전체에 가득하기 때문에 우주 전체에서 일어나는 일들을 모두 다 알고 계신다는 뜻이다. 그러므로 부처님은 변재하시고 변지하시다는 것이다.

海東疏 雖無質礙 而有方所示現之義 故得名色而無礙也
비록 물질하고는 상관없는 몸을 갖고 계시지만 그래도 형상을 나타내어야 하는 곳에는 형상을 나타내신다. 그런 뜻으로 형상은 있으되 걸림이 없다고 하는 것이다.

범부의 몸은 5온의 물질로 구성되어져 있다. 이것은 부피와 면적을 가지고 있으므로 어디에서나 걸리고 부딪쳐서 자유로울 수가 없다. 부처님의 몸도 물질을 가지고 형상을 나타내지마는 바람과 같이 그 무엇에도 걸리지 않는다.

그리고 부처님이 중생을 구제하시기 위해 화신으로 나타날 때에는 온갖 종류의 몸으로 변화한다. 그래서 이 세상에 부처의 수도 많고 이름도 많고 모습도 많다. 거기다가 설법하는 손 모양도 다양하고 앉은 자세도 각각이어서 각양각색의 불상이 시시처처에 무량무변하게 나타난다.

어리석은 사람들은 그런 부처님의 손 모양을 보고 이 부처는 어느 부처님이며 저 부처님은 어느 부처라고 한다. 또 어떤 할 일 없는 사람들은 부처님의 앉은 자세를 보고 이 부처는 어느 시대 때의 부처님이고 저 부처는 어느 시대 때의 부처님이라고 한다.

부처는 자유자재한 모습으로 중생을 위해 화신의 몸을 나투신다.

그러므로 석가모니불상은 언제나 항마촉지의 모습이어야 한다는 생각은 버려야 한다. 부처는 손 모양뿐만이 아니라 자세까지도 자기 마음대로 움직인다는 사실을 잊어버리면 안 된다.

사람도 사진을 찍으면 아주 다양한 형태로 포즈를 취하는데 하물며 부처님이시겠는가. 수만 수천만의 색다른 모습이 나올 수 있는 포즈를 한 개의 틀에 집어넣고 이건 석가모니불이니 요런 손 모양이고 저건 비로자나불이니 저런 손 모양이라고 한다면 참 할 짓 없는 사람들이라 아니할 수 없다.

부처님의 말씀에 대해서는 어느 한 구절도 기억하지 못하면서 부처님의 손 모양에 대해서는 매양 이렇다 저렇다 하는 것을 보면, 그걸 배우는 사람도 문제지만 그것을 교재로 가르치는 사람도 되게 할 짓 없는 사람이라는 것을 그냥 알 수가 있다.

항상 하는 말이지마는 달을 보라고 하니 손 모양을 보고서 한 개의 손가락으로 가리키느니 두 개의 손가락으로 가리키느니 손이 희니 검으니 적으니 크니 하면서 그것만을 연구하는 꼴이랑 진짜 다를 바가 없기 때문이다.

부처님은 사람에게는 사람의 모습으로 나타나시고 사슴에게는 사슴으로 나타나신다. 원숭이에게는 원숭이 모습으로 사자에게는 사자의 모습으로 나타나신다.

부처는 일정한 모습의 틀이 없다. 그때그때 제도해야 할 대상이 누구냐에 따라 그에 맞게 그 모습을 적절히 나타내신다. 그래서 그분은 질량으로 된 특별한 모습이 없으시되 필요에 따라서는 질량으로 된 모습을 장소에 따라 나타내신다고 한 것이다.

海東疏 言自在者 歎其色用 謂五根互用 是十相作等故 言色自在 五根互用者 如涅槃經 八自在中說

자재라는 말은 육신의 움직임을 찬탄한 말이다. 이를테면 오근을 서로 사용하는 것과 십신을 서로 만들어 내는 것 등이다. 색자재라는 말은 오근을 서로 사용한다는 말인데 그것은 저 열반경의 팔자재 중에서 설하신 내용이다.

자재는 자유자재라는 말이다. 이 말은 **열반경**에 나오는 말씀이다. 부처님은 육신을 갖고 계시지마는 자유롭게 자기 몸을 운용하신다. 중생은 자기 몸이라 해도 자기 것이 아니지마는 부처는 확실히 자기 몸으로 만들어 놓으셨다.

중생은 죽고 싶어도 몸이 죽어주지를 않는다. 내 몸이 내 말을 듣지 않는다. 그래서 죽을 때 그렇게 고생을 한다. 나는 죽을 때가 되었는데 몸이 동조를 하지 않고 끝까지 버티니 미칠 것 같은 고통이 일어난다.

그러니까 범부는 자기 몸이라 해도 자기가 어쩌지 못하고 죄업의 육신이 자기를 버릴 때까지 고통으로 몸부림쳐야 하는 것이다. 그러니까 죄업으로 만들어 진 몸은 나의 의지와는 상관없이 지 맘대로 살고 지 쪼대로 죽는 것이다.

하지만 부처는 다르다. 자기 몸을 살리고 싶으면 당장 살리고 죽이고 싶으면 당장 죽인다. 자기 몸을 임의로 만들고 싶으면 당장 만들고 자기 몸을 형편에 따라 변화시키고 싶으면 대번에 변화한다. 머리칼을 보고 자라지 마라고 하면 안 자라고, 피부가 가렵지 마라고 하면 가렵지가 않다.

그래서 부처님은 성도하시고 난 뒤에 단 한 번도 머리를 깎지 않으셨고, 등이 가렵다고 단 한 번도 등 긁는 기구를 사용하지 아니하셨다.

그처럼 부처님은 자기 몸을 자기가 다 조절하셨다. 대표적인 예가 바로 五根을 서로 사용하는 것과 十身을 서로 만들어 내는 것 등이다.

오근을 서로 사용한다는 말은 **열반경**에 나온 말씀이다. 열반에 네 가지 공덕이 나오는데 그 세 번째가 我다. 이 我는 범부의 我가 아니라 진짜의 나인 我다. 거기에 여덟 가지 능력이 나온다.

첫째는 자기의 한 몸에서 무량한 몸을 나투어 낸다. 이것은 흡사 한 사람이 억만 개의 거울 앞에 서 있는 것과 같다. 그러면 원래는 한 사람인데 도대체 몇 명이나 그 분신이 우주 공간에 나타나는 것일까. 그보다도 더 많은 숫자의 분신이 나타난다.

둘째는 한 개의 작은 몸이 삼천대천세계에 가득차게 되는 것을 말한다. 작은 풍선에 바람을 불어 넣으면 엄청나게 커지듯이 내 작은 한 몸이 점점 커져서 우주 공간에 가득 차도록 하는 능력을 갖고 있다.

셋째는 어떤 때는 작은 몸으로 살고 어떤 때는 큰 몸으로 산다. 큰 몸으로 살 때 설령 내 몸이 엄청나게 크다고 해도 무겁다는 느낌이 없고 중력의 제약을 받지 않는다. 새털처럼 가볍게 마음먹는 대로 자유로이 움직이는 능력이 있다.

넷째는 어떤 중생이든지간에 인연이 있게 되면 그 중생과 더불어 산다. 그렇지만 전혀 불편하거나 껄끄러움이 없다. 귀신이거나 짐승이거나를 가리지 않고 그들의 몸을 가져 그들과 함께 기거하고 그들과 함께 먹고 그들과 같이 움직인다. 그래도 아무렇지 않은 자유로움이 있다.

다섯째는 육신에 붙어 있는 감각기관을 마음대로 조절해 쓸 수가 있다. 눈으로 냄새를 맡고 코로 세상을 보며 귀로 맛을 보고 코로 소리를 듣는 등 한 곳에만 정해진 감각을 쓰는 것으로 국한된 것이 없다. 한 개의 감각기관만으로도 일체 외부의 환경에 모두 적응하고 감응하는 기능을 가지고 있다.

여섯째는 일체 법을 통달했어도 그것을 얻었다는 자만심이 없다. 그러기에 어떤 법에도 걸림이 없다. 내 마음에 규격 된 틀이 없기 때문에 어떤 법이 내 마음에 들어와도 모두 다 수용하고 포용한다. 그래서 나를 없애지 않고도 내가 천하를 다 가질 수 있는 능력이 나오는 것이다.

일곱째는 법문 한 구절을 설하는 데도 시간과 공간을 뛰어 넘는다. 일체 법은 모두 다 연결되어져 있다.

그러므로 한 개만 제대로 알면 모든 법을 전부 다 알 수가 있다. 그러면 한 개의 대목을 설한다 해도 일체 법과 상호관계가 이루어지기 때문에 무량겁을 설할 수 있다. 그 설법은 한 장소에만 한정되는 것이 아니라 일체의 세계에 고루 퍼져 나간다. 그래서 시공을 초월하는 능력을 가지고 있다고 한 것이다.

여덟째는 我의 몸은 허공처럼 우주 전체에 형체 없이 그대로 변만해 있다. 我가 화신이건 응신이건 인연 따라 일체 처에 그 모습을 나투어 내지만 평상시엔 허공에 가득한 몸으로 공기처럼 만물을 포용하고 있다.

위에서 말한 그 여덟가지가 진짜의 내가 갖고 있는 능력이다. 그중에서 다섯 번째가 바로 원문에서 말하는 五根互用오근호용 이라는 것이다.

오근호용이라는 말은 글자 그대로 모든 감각기관을 서로서로 편리하게 같이 더불어 쓰는 것을 말한다. 이것만큼 편리한 방법이 또 어디 있겠는가.

그러므로 원래의 나에게는 장애나 불구가 없다. 있다면 죄업을 지닌 범부의 몸에서나 나타나는 모습일 뿐이다.

海東疏 十身相作者如華嚴經十地品說 歎色德竟

십신의 모습을 만들어 낸다는 것은 저 화엄경 십지품에서 설하신 내용이다. 부처님의 몸에 대한 공덕을 찬탄하는 내용을 마친다.

법화경에서는 자재를 말씀하시고 **화엄경**에서는 무애를 말씀하셨다. 十身은 화엄경에 나오는 말이다. 제8지 이상 되는 보살 마하살이 자기 의지 여하에 따라 수만 가지 몸을 바꾸어 변화시키는 능력을 말한다.

그중에서도 크게 열 가지만을 말하자면, 어떤 중생이든지 거기에 맞는 몸을 나타내는 중생의 몸, 환경과 조건에 알맞게 맞추는 국토의 몸, 인간처럼 죄업을 갖고 태어나 같은 유형끼리 동거 동락하는 몸, 성문의 몸, 독각의 몸, 보살의 몸, 부처의 몸, 지혜의 몸, 법계의 몸, 마지막으로 허공의 몸을 자유롭게 만드는 것을 말한다.

부처님의 육신은 이렇게 만들어졌고 이렇게 작용하며 이렇게 마음대로 조절이 가능하다. 그래서 **화엄경**에 그분의 몸은 형체는 있으나 걸림이 없다고 한 것이다.

그런 부처님의 몸은 정말 대단하시다고 이 대목에서 그 공덕을 찬탄하고 있는 것이다. 이제 그 찬탄을 끝마친다.

海東疏 救世大悲者者 是第三句擧人結歎 佛猶大長者 而衆生爲子 入三界火宅 救除焚燒苦 故言救世

세상을 대비로 구제하시는 분이라는 말은 세 번째로 인격체를 들어 부처님에 대한 찬탄을 결론 맺는 부분이다. 부처님은 대장자와 같이 중생을 아들로 보시고 삼계의 불붙는 집으로 들어가셔서 불에 타 고통을 당하고 있는 중생들을 구함으로써 그들의 고통을 없애주시기 때문에 세상을 구하시는 분이라고 하였다.

부처님은 중생을 아들로 보신다. 한 인간만 그분의 특별한 아들이 아니라 숨 쉬고 있는 일체 중생 모두를 다 그분의 소중한 아들로 보신다.

모두 다 그분의 핏줄을 이어받은 자식이라는 뜻이다. 이것은 꼭 바다가 일체의 물들을 다 종속된 아들로 보는 것과 같다. 천지에 퍼져 있는 모든 물들은 그 근원이 바다이기 때문이다.

아들이라는 말은 혈통이 같다는 것을 의미한다. 부처와 중생은 그 생명의 근원이 같기 때문에 일체 중생들을 아들이라고 부르는 것이다. 기독교에서 한 명만이 그분의 아들이라는 사상에 견주어보면 불교의 제도관이 얼마나 크고 방대한 가르침을 가지고 있는지 가늠이 될 것이다.

그래서 예부터 자기의 혈통을 내려 준 자를 아버지라고 하고 그 혈통을 키워 준 땅을 어머니라고 불렀던 것이다. 그래서 아직도 자기의 육신이 태어난 조국을 모국이라고 부르는 이유가 여기에 있다.

"그렇다면 그대의 부국은 어디인가?"
"열반입니다."

화택이라는 말은 **법화경**에 나오는 화택비유품에서 그 절정을 이룬다. 이 중생세계는 불붙는 집이라는 뜻이다.

불이 붙는데 지금 뭐하느냐. 빨리 나가지 않고 여기서 도대체 뭘 하고 있느냐. 발등에 불이 떨어진 게 아니고 눈썹이 타고 있는데 여기서 아직도 무엇을 구하려고 기회를 엿보고 있는가. 빨리 나가라. 서둘러 나가지 않으면 불에 타고 불에 데는 극고의 고통을 당하게 된다고 경고하신 내용이다.

세상에서 제일 아프다 아프다 해도 화상만큼 큰 아픔이 없다. 이것은 정말 고통의 끝 지점에 있다. 그래서 지옥 중에서도 가장 겁나는 지옥이 화탕지옥이라고 한다. 그만큼 불의 고통은 여타의 고통을 완전히 넘어간다. 하지만 살아생전 여기서 빠져나가지 못하면 죽을 때 반드시 화장터의 뜨거운 불 맛을 보게 된다.

그래서 부처님은 이 범부의 세계가 火宅이라고 하신 것이다. 불길이 치솟고 있는 불난 집에서 장난감을 갖고 노는 어린아이들처럼 명예와 권력을 쫓고 있는 중생들을 볼 때 얼마나 안타깝고 답답하시겠는가를 상상해 보면 그분의 심정을 조금이나마 이해할 수 있다.

　대승불교에서 계율을 받을 때 맹세의 서원으로 팔이나 머리에 향불로 살을 지지는 작법이 있다. 겁난다. 보기만 해도 진짜 겁난다. 직접 하면 얼마나 뜨거운지 모른다. 벌겋게 불이 붙고 있는 향을 내 몸에다 사정없이 지질 때 그 공포스러움은 당해본 자만이 안다 진짜. 수십 명이 한꺼번에 수계를 하면서 살갗을 태우다 보면 맨살 태우는 냄새가 흡사 오징어 굽는 냄새처럼 온 도량에 진동한다.

　그때 느껴야 한다. 그렇게 느끼도록 그 의식을 만들어 놓았다. 잘못하다가는 죽을 때 이보다 수 천 수만 배나 더 뜨거운 맛을 보게 된다는 것을 미리 명심하라는 뜻으로 그런 수계작법을 만들어 놓은 것이다.

　구세대비자라는 말은 글자 그대로 세상을 구하되 자비로써 구하시는 분이라는 뜻이다. 세상을 구한다는 말은 세상의 중생을 구한다는 말씀이다. 여기서 부처님은 구세주냐 아니면 위대한 스승이냐가 갈라지는 순간이다.

　불교는 사실 구세주를 인정하지 않는다. 구세할 수 있는 능력이 있다면 고통 받고 있는 중생들을 이렇게 방치할 수 있느냐는 논리다. 그렇지 않으면 중생이 고통 속에 있는 것을 보고 즐기는 사이코 신이냐는 것이다.

　어쨌거나 구세라는 말은 신의 전용상품이다. 맨날 맨날 세상을 구한다고 하면서도 이제까지 멀뚱하게 내려 보고만 있다. 왜 구하지 않느냐고 물으면 때가 되지 않았다고 한다.

그때가 언제냐고 물으면 아무도 모른다고 한다. 오직 자기들의 신만이 그 프로그램을 안다고 한다. 즉 신이 계획을 세우고 그 계획대로 진행하다가 그 계획대로 정리한다는 논리이다.

이런 있지도 않은 신들의 우스꽝스런 말장난은 불교가 일어나기 전의 인도에서도 대단히 성행하였다. 그들은 시시때때로 보지도 않은 신들을 들먹이며 중생을 겁박하고 기만하였다.

그러면 어리석은 중생들은 지옥이라는 협박과 선택이라는 겁박에 한없는 공포심을 갖고 맹목적으로 복종하며 설설 기었던 것이다. 그것을 도저히 보다 못해 부처가 이 땅에 출현하시어 신들의 이름으로 저지르는 패악의 횡포를 깔끔하게 정리해 주셨다.

그래서 불교는 원래 신의 전용물인 구세라는 말이 없다. 그 대신 스승과 제자라는 단어를 선택했다. 중생을 가르쳐서 안락의 세계인 열반으로 이끌어가고자 하셨기 때문이다. 그래서 부처는 구세하는 신이 아니라 중생을 일깨우는 위대한 스승의 역할을 자행하셨던 것이다.

그러므로 불교는 자기구제의 수행을 제일 중요시한다. 만약에 부처님이 구세주라면 힘든 수행을 계속할 필요가 없다. 자기가 직접 깨달음을 증득하지 않아도 부처님이 언제든 구제해 주실 것이기 때문이다.

그러므로 수행 대신 부처님만 오로지 믿으려고 할 것이다. 그것을 아신 부처님은 우리들에게 법등명 자등명의 말씀을 간곡히 내려 주셨다.

"나를 믿으려 하지 말고 내 말을 믿어라. 그리고 자신 속에 들어있는 대승을 믿으라."

그런 스승의 사상이 대승불교 쪽으로 넘어오면 말씀이 좀 달라진다. 이제 구세사상이 진하게 나타난다. 주로 보살신앙에서 이런 면이 두드러지는데, 무조건 믿어라, 그러면 구원해 줄 것이다. 무조건 빌어라, 그러면 그 소원을 들어줄 것이다로 바뀌어진다.

그래서 관음신앙과 지장신앙이 대승불교의 주류를 이룬다. 빌면 뭔가 해준다는 구원사상이다. 그래서 대승불교는 오늘날 기도로 시작해서 기도로 끝나는 기도종교로 변질되어져 있다. 엄연히 수행종교라고 하면서도 동시에 신자들에게는 또 틀림없는 응답의 구원을 말하고 있기 때문이다.

거기서 방편이 나온 것이다. 대승불교 전체가 바로 방편불교라는 말이 이래서 나온 것이다. 뭔가 깨끗하게 그 해답이 나오지 않으면 무조건 방편으로 미루어 버린다. 그래야 시비의 딜레마에서 교묘히 벗어날 수 있다. 방편은 수단이다. 불교에 역행하는 무슨 일을 벌이거나 무슨 악수를 쓰더라도 방편이라는 이 말 한마디에 모든 것이 해결되고 용해된다.

부처님이 스승이라면 그분을 믿어서는 아니 된다. 그분이 제시하는 방법을 따라 자신 스스로가 수행해야 고통으로부터 벗어날 수 있다. 그런데 납득할 수 없는 일은, 스님은 수행의 교리를 따르면서 신자들에게는 구원의 기도를 권하고 있다는 것이다. 이것은 사실 이율배반적 파라독스다.

이런 걸 염려해서 부처님은 살아계실 때 단 한 번도 방편이라는 말씀을 하신 적이 없다. 한 번이라도 하셨다면 이 이상한 방편불교가 모두 다 나름대로 정당성을 확보하고도 남았을 것이기 때문이다. 부처님은 이미 대승불교에서 편의상 내세우는 방편의 문제점들을 그때부터 걱정하셨는지 모른다. 그렇지 않고서야 어떻게 소승불교 전체에 방편이라는 말이 단 한 번도 나오지 않느냐는 것이다.

그러므로 소승불교는 오롯이 수행불교이고 대승불교는 분명히 방편불교라 말할 수 있다. 사실 수행증오와 기도발원의 사상은 같이 공립할 수 없다.

하지만 한국불교는 그런 언발란스로 엉거주춤히 양립하고 있다. 기도발원의 구세사상은 대승경전을 교본으로 하고 수행증오는 조사선을 교본으로 하고 있기에 그렇다. 그렇다면 대표적인 대승경전인 **법화경**에서 말씀하시는 구세사상은 어떤 것인지 한번 들어보자.

아주 오랜 옛날 의술이 탁월한 유명한 장자 한 분이 살고 있었다. 그에게는 대단히 큰 가문과 수많은 자식들에 이어 그 가문에 딸린 많고 많은 식솔들이 있었다. 그런데 어쩔 수 없는 큰 볼일이 생겨서 잠시 동안 우주의 다른 행성으로 출장을 다녀오게 되었다.

떠나기 전 자식들을 모아놓고 먹어야 할 것과 먹지 말아야 할 것들을 세세히 구별해 주고 해야 할 일과 하지 말아야 할 일들을 자세히 일러두었다. 그리고 경계해야 할 것과 지켜야 할 일들도 곁들여 모두 다 가르치고서 여법하게 떠나갔다.

다른 행성에 갔던 일을 무사히 마시고 다시 지구로 돌아와 자신의 집이 있는 마을로 들어서는데 이상하게 마중 나오는 자식이 아무도 없었다.

괴이하게 생각하고 집안으로 들어서니 집안의 모든 자식들이 정신을 잃은 상태로 울고불고 난리도 아니었다. 그들의 눈에 아버지가 희미하게 비치자

"아버지 저희들을 살려 주십시오."

라고 하며 모두 다 앞으로 달려 나오다 땅바닥에 꼬꾸라진다. 그중에서도 조금 괜찮은 자식들을 찾아 그 사이 어떤 일이 벌어졌는지에 대해 급히 물었다.

그들은 어디서 독약을 찾아 먹었다고 했다. 한 사람이 먹으니 뒤질세라 모두 다 같이 경쟁하듯이 먹었다고 했다.

장자는 이거 정말 큰일났다는 생각이 들었다. 확인해 보니 보통의 독약이 아니다. 그것은 소량만 먹어도 생명에 아주 치명적인 맹독성의 독약이다. 그것도 욕심이 많아 한 개도 아닌 세 가지를 한꺼번에 털어먹은 것이다. 그것은 일반의들은 절대로 치료할 수 없는 독약 중 독약인 탐욕과 성냄과 어리석음이란 독약이다.

상황은 최악이다. 장자는 급히 해독제를 조제하기 시작했다. 지체하다가는 아까운 자식 모두를 잃을 수도 있겠다는 절박감에 바로 약전으로 뛰어들었다.

해독제는 과거 조상으로부터 대대로 이어져 내려오는 절세의 영약이다. 장자는 비술로 전해 내려오는 그 법제에 의해 최대한 빨리 해

독제를 만들어 내었다.

그리고 그것을 고통스러워하고 있는 자식들에게 즉시 먹이기 시작했다. 이 약이 바로 **화엄경**이다. 부처님이 성도하시고 난 뒤에 시방법계의 일체 보살들을 위해 설법하신 연기경 최고의 경전이다. 이 최초설법에 의해 우주 공간에서 모여든 모든 십지보살들은 제각기의 깨달음을 얻어 자신의 계위를 크게 향상시킬 수가 있었다.

그들은 중생에서 제일 멀쩡한 환자들이다. 그들을 먼저 살린 이유는 나머지 환자들을 돌볼 수 있는 역량을 가진 자들이기 때문이다. 그래서 과감하게 경전 중에서 제일 수준이 높다는 **화엄경**의 법제를 처방해 그들을 각성시켰던 것이다.

장자는 다음으로 성문제자들을 치료하려고 하였다. 먼저 으뜸이 되는 제자들을 상대로 치료를 시작했다. 비록 성문 중에서는 수준이 높은 자들이라 하더라도 보살들에게 쓰던 강력한 처방전은 쓸 수가 없었다.

그들은 아직도 그 약을 감당할 수 있는 그릇이 되지 못하였기 때문이다. 그래서 파격적으로 치료수준을 내려야 했다. 고맙게도 그들은 그 처방을 잘 받아먹고 즉시 효과를 나타내었다. 그들이 바로 아라한의 증과를 얻은 성자들이다.

장자는 다시 성문 중에서 근기가 좀 떨어지는 제자들을 위해 투약의 강도를 더 약하게 내렸다. 그리고 약을 복용하는 사이에 해서는 안 되고 먹어서는 안 되는 금기사항을 250가지로 세밀하게 지시해 주셨다.

그들은 착한 아들들이었다. 비록 강도가 약해 약효는 빨리 나타나지 않더라도 꾸준한 섭취를 함으로써 점점 완쾌되어 가는 착한 성문들이 바로 남방의 비구들이라 말할 수 있다.

이제 범부들 중에서 머리가 좋은 자들을 상대해 그 영약을 복용시키고자 하였다. 그런데 큰일났다. 그들이 약을 먹으려 들지 않는다. 아프고 괴롭다고 이리 뒹굴고 저리 뒹굴면서도 이 약을 먹으라고 하면 바로 손사래를 친다.

어떤 자식들은 입에 한 번 넣어 보더니 쓰다고 뱉어버린다. 어떤 자식들은 약 냄새가 싫다고 가까이 오려 하지도 않는다. 또 어떤 자식들은 약이 먹음직스럽지 못하기 때문에 먹을 수가 없다고 한다. 참 탈도 많고 말도 많다. 이 사람들이 바로 생사를 하면서도 그 생사로부터 자신을 구제하겠다는 마음이 없는 일반인들이다.

대장자는 절박하게 다시 약을 만들기 시작하였다. 이제는 순수영약에다 첨가물을 넣는 것이다. 색깔도 넣고 모양도 예쁘게 만들었다. 복용을 쉽게 하기 위하여 크기도 대소로 조절하고 향긋한 냄새도 가미하였다.

어떤 것은 시럽으로 어떤 것은 알약으로 만들었다. 약효의 강도도 훨씬 부드럽게 조절하였다. 한꺼번에 먹어야 되는 것을 몇 번에 나누어 먹도록 하였다. 계획대로 드디어 그렇게 약을 다 만들고 나서 자식들에게 다시 다가갔다.

그들은 하나 둘 약을 받아먹기 시작하였다. 맛있다고 했다. 맘에 든다고 했다. 딱 자기스타일이라고 했다. 약이 독하지 않아서 좋다고 했다. 이런 약이 바로 방편이 나타나는 대승시교의 가르침이다.

이 약은 중생의 입맛에 맞춘 약이다 보니 약효가 그리 강하지 않는 것이 특징이다.

그러므로 이런 약은 단계적으로 강하게 투약을 할 필요가 있다. 그러나 환자들은 중간에서 포기해 버리든지 아니면 이제 다 나았다고 더 이상 관심을 가지지 않는다. 시도는 좋았는데 환자가 그렇게 나오면 상당히 문제가 있게 된다.

이것은 고질병을 치료 받다 조금 차도가 난다고 그만 둬 버리는 경우와 같다. 그러면 그 고질병은 내성이 생겨 다시 치료하기는 정말로 힘들어진다.

위에 언급한 부류들을 제외한 대다수의 대승자식들은 몸속에 독기가 너무 퍼져서 해독제에는 관심이 없다. 그러면서 심하게 아프고 괴로워 죽을 것 같다고 한다. 약을 먹으면 낫는다고 해도 약은 거들떠도 안 본다. 약을 손에 쥐어줘도 던져 버리고 입을 벌려 강제로 넣어줘도 욕을 하면서 뱉어버린다.

그러면서 자기들을 살려달라고 한다. 아무리 달래도 안 되고 아무리 회유해도 듣지를 않는다. 무조건 살려내라고 한다. 이게 보통의 범부들이 불교를 받아들이는 수준이다.

여기서 구세주와 스승의 구별이 갈린다. 구세주는 그들이 어떻게 나오든 그들 모두를 다 구해야 한다. 그들은 아버지를 믿는다. 살려달라고 한다. 그러면 약을 먹든 안 먹든 무조건 살려 주어야 한다. 그런 능력이 있어야 구세주. 그들을 살리고 죽이는 것은 구세주의 마음 여하에 달려 있기 때문이다.

하지만 이 내용에서 보았을 때 자기를 살리는 것은 결국 자기의 의지에 의해서이다. 약을 줬는데도 본인이 안 먹겠다고 하면 어쩔 수가 없다. 약을 주는 자는 위대한 스승이다. 위대한 스승은 구세주가 아니다. 하지만 그분의 가르침에 의해 고통을 없애기 때문에 결과적으로는 구세주가 된다.

그러므로 구세주를 보는 개념 자체가 좀 다르다. 부처님은 다른 신들과 같이 무조건적으로 뻥만 치는 구세주가 아니라 우선은 위대한 스승으로 나타나서 그들을 지도한 연후에 그들을 구제하신다. 그때 구세주가 되는 것이다.

어쨌거나 마지막 부류의 아들들은 계속적으로 살려달라고 칭얼대며 간구한다. 여기 이렇게 맛있도록 다양하게 만들어 놓은 치료약이 있다고 해도 무조건적으로 부처님께 매달리기만 한다. 약은 필요 없으니 살려달라고 한다. 이것만큼 난감한 일이 또 어디 있을까.

대장자는 고민한다. 이런 자식들 옆에 있다가는 서로 아무런 이익이 없을 것이다고 판단하고 그 자리를 우선피해야 되겠다고 생각한다.

내가 있으면 끝까지 나를 믿고 약을 먹지 아니할 것이다. 그러다가는 내가 저들을 다 죽이겠다. 내가 없어야 저들이 더 이상 의지할 곳이 없다는 것을 깨닫고 약을 직접 챙겨먹을 것이 아니겠는가 하는 심정으로 어쩔 수 없이 그들의 곁을 떠나려고 했다. 이것이 바로 열반에 드시고자 하는 부처님의 안타까운 심정이다.

부처님은 그렇게 열반에 드시는 순간까지도 우리들에게 수없이 간곡하게 말씀하셨다. 이 약을 먹어야 산다고. 이것이 바로 너희들의 고통을 영원히 없애주는 신비한 영약이라고.

"그 약이 무엇입니까?"

"팔만대장경이 그 약이다."

이제 부처님은 돌아가셨다. 남겨진 것은 그분의 말씀이다. 그분의 말씀을 배워 익혀 스스로 고통의 사바세계를 넘어가야 한다. 그것이 바로 영약이다. 그런데 이게 웬일인가. 전혀 뜻밖의 문제가 두 군데서 일어났다.

하나는 그 약을 연구하는 자들이다. 약은 먹어야 되는 것이지 이리저리 살펴보고 조사하는 대상이 아니다. 그 약은 먹어야 하는 자들이 따로 있는 것이 아니라 생사를 하는 중생들 모두 다가 그 약을 복용해야 한다.

그런데 그들은 복용대신 그 약의 성분과 분자구조만 연구하고 있다. 자기의 견해와 정보를 바탕으로 그 약에 대한 연구논문을 써서 세속의 명예를 얻는다. 이런 사람들을 지식인이라고 한다. 그런가? 그런 사람들이 지식인인가?

또 하나는 불상을 만들어 우상화 신앙을 하는 자들이다. 어리석은 인간들이 이제 그분의 형상을 만들어 놓고 그 앞에서 살려달라고 한다.

부처님은 중생들이 당신만 믿고 직접 수행에 나서지 않으면 어쩌나 하는 노파심에서 열반에 드셨는데 그 심정을 몰라주고 도리어 이제 당신의 형상을 만들어 놓고 그 앞에서 살려달라고 하니 사실 기가 막힐 일이 벌어진 것이다.

자기들의 무지한 기복심 때문에 부처님이 돌아가셨는데도 일말의 양심이라는 것도 없이 이제는 도리어 부처님이 불쌍한 자기들을 버리고 열반에 드시었다고 원망하고 있다.

그래서 그들은 더 큰 소리로 엉엉 운다. 서럽다고 더 악을 쓴다. 하루가 아니라 일주일 백일 천일 만일로 기일을 늘려 열반하신 부처님을 다시 부르고 있다.

만약 그분이 그 억지스런 기도에 의해 나타난다면 첫마디가 그렇게 나를 찾지 말고 팔만대장경의 약을 복용해야 하는 것이다 라고 재차 말씀하셨을 것이다.

참 코메디극 같은 일이 아닌가. 그렇게 할까 싶어서 그것을 피하기 위해 돌아가셨는데 도리어 그렇게 하면서 그분의 가피를 바라고 있다는 자체가 개그 같지 않은가. 그렇게 하면 절대로 안 된다고 하셨는데 그 말을 따르지 않고 지금 사정이 급하니 우선 좀 도와달라고 빌면 도대체 어떻게 하란 말인가.

정말로 염치없는 일이다. 염치라는 말은 체면과 부끄러움이다. 부처님이 혹시라도 이렇게 하는 나의 행동을 아실까 걱정하여 쥐구멍에라도 숨어 들어가야 하는 심정이어야 할 텐데, 도리어 부처님 전에 당당히 나타나서 시위하듯이 계속해서 도와달라고 하고 있으니 정말로 통탄할 일이 아니고 또 무엇이란 말인가.

이것은 뻔뻔하기가 이를 데 없고 무치하기가 정도를 넘어선 억지스러움이라 해야 한다.

하지 마라는 것은 안 해야 한다. 일반 세속에서도 어른이 하지 마라고 하면 안 하는 것이 맞다. 하지 마라 하는데도 자꾸 하고 있으면 어른들 입장에서는 짜증이 나고 할 말을 잊게 만든다.

농사짓는 방법을 입이 아프도록 설명을 했다. 배고프다고 울지 말고 농사를 지어 먹으면 된다고 했다. 어디 가서 공짜로 뭘 얻으려 빌지 말고 직접 지어 먹으라고 밭도 주고 땅도 주고 방법도 가르쳐 주었다.

잘 할 수 있겠느냐고 물었더니 잘 할 수 있으니 걱정하지 말라고 했다. 이제 좀 쉬어야 되겠다고 생각하고 깊은 산속에 들어가 조용히 자적하고 있었다.

그런데 어떻게 알고 왔는지 그 깊은 산속까지 찾아와서 배가 고프다고 한다. 양식을 좀 달라고 한다. 나는 너희들이 먹는 양식은 안 먹어서 없다고 한다. 그래도 내놓으라고 한다. 양식이 필요하면 들에 나가 심어 먹으면 되지 이 깊고 높은 산속까지 찾아와서 은밀히 달라고 하니 기가 막혀서 말이 나오지 않는다.

여기까지 힘들게 찾아와서 그렇게 빌고 있는 시간과 기력을 가지고 차라리 곡식을 심으면 배고픈 문제가 즉시 해결될 것인데, 그렇게 하지 않고 자꾸 자기들의 문제를 어떻게 해결해 달라고 떼를 쓰니 안타깝기가 그지없는 노릇이다.

이것이 바로 기복을 기도할 시간에 복덕을 지어 그 복덕의 과보를 받아먹으라는 말씀이다. 그렇게 시킨 대로 하지 않으면서 자꾸 엎드려 뭔가 숨겨놓은 성공비술 같은 것들을 공짜로 좀 내놓으라고 하니 그 심보가 그렇게 예뻐 보일 리가 없다. 이게 부처님의 솔직한 마음일 것이다.

이런 것을 보면 부처님은 위대한 스승이다. 하지만 아까도 말했듯이 스승의 말을 전적으로 믿고 의지하며 그대로 따라 수행하면 중생이 갖고 있는 모든 문제가 자연히 해결된다. 그래서 그분을 동시에 구세주라고 부르는 것이다.

[海東疏] 救世之德 正是大悲 離自他悲 無緣之悲 諸悲中勝 故言大悲
세상을 구하는 행위는 바로 큰 자비에 있다. 이것은 나와 남을 떠난 자비다. 이런 무연의 자비는 모든 자비 중에서 가장 으뜸이다. 그래서 말하기를 위대한 자비라고 한다.

부처님께는 네 가지 한량없는 마음이 있다. 첫째는 慈자이고 둘째는 悲비이며 셋째는 喜희이고 넷째는 捨사이다. 즉 Metta Karuna Mudita Upekha다. 사람들은 이 중에서 보통 첫째와 둘째의 마음인 慈와 悲만 안다.

慈는 인애를 말한다. 어진 마음과 애틋한 사랑이다. 그리고 悲는 걱정과 안타까움이다. 그렇다면 喜라는 것은 무엇일까. 희는 기쁨이다. 부처님과 10지보살들은 중생이 선업을 짓거나 수행을 하면 너무 좋아하신다. 당신이 그들에게서 공양과 칭양을 받는 것보다 더 기뻐하신다.

"그렇다면 제 사업이 잘되면 불보살님들도 기뻐하십니까?"
"아니다. 그것은."

사업이 잘되면 불보살은 바로 悲心을 일으키신다. 중생에게 사업

성공은 경쟁에서 일단 이긴 것이다. 이것은 다른 중생들과의 적대관계를 야기시킨다.

공생을 하면 되지 않겠느냐고 하는데 절대로 그렇지 않다. 공생은 이론이다. 형제들과 사업을 해 보면 이 공생이 얼마나 허구인지 금방 알 수가 있다. 그러므로 공생은 불가능하다.

내가 출세하려면 적을 만들고 경쟁해야 한다. 적과의 경쟁은 언제나 살벌한 두뇌게임이다. 패배하지 않으려면 온갖 술수와 계략을 써야 한다.

그때 내가 이기면 나는 웃고 상대는 울게 된다. 부처님은 이것을 원하지 않는다. 그러므로 결코 한 사람 편에 서지 않는다. 다른 중생이 걸리기 때문이다. 그래서 그분은 공평을 원하신다.

그렇다면 부처님은 언제 기뻐하실까. 그것은 자신과의 경쟁을 할 때이다. 이것은 수행과 선업을 말한다. 이 행위는 누구도 다치지 않을 뿐만 아니라 그 자체에서 무궁한 공덕이 일어나게 된다. 그러면 중생세계로부터 벗어나야 되겠다는 발심이 기동된다. 그것을 부처님은 원한다. 그때 불보살은 두 손을 들고 환호하고 격려한다. 너무너무 좋아하고 기뻐하신다.

분명히 말하지만 중생세계로가 아닌 부처의 세계로 방향을 잡을 때 그분들은 당신 본인의 일처럼 큰 환희심을 일으키시는 것이다.

마지막으로 捨心은 중생을 상대로 그분은 어떤 감정도 드러내지 아니하신다. 중생이 뭐라고 하건 부처님은 태양처럼 그냥 자기 할 일만 하신다.

중생이 온갖 욕설과 패악을 부려도 부처님은 허공처럼 여여하시기만 하시다. 중생의 말과 행동에 일일이 대꾸도 아니 하시고 그에 대한 반응도 하지 않으신다. 중생이 불상을 부수고 훼손해도 개의치 않는다. 그냥 자기들 멋대로 하도록 내버려 둔다.

인간이 태양을 향해 삿대질을 해도 태양은 반응없이 그냥 빛을 쏟아낸다. 부처님도 인간에 의해 화를 내거나 짜증을 내거나 하지를 않으신다.

이것을 증명이라도 하듯 45년간 석가모니 부처님은 단 한 번도 제자들에게 화를 낸 적이 없다. 그뿐만 아니라 단 한 번도 중생을 향해 짜증을 낸 적이 없다. 이것이 네 가지 한량없는 마음이라고 해서 사무량심이라고 한다. 이 4무량심을 줄여 보통 자비, 또는 대비라고 한다.

부처님은 중생을 제도하시되 반드시 大慈大悲大喜大捨의 마음을 쓰신다. 그 외의 방법은 아무리 좋다고 해도 쓰지 않으신다. 폭력을 쓰거나 협박을 하거나 두고 보자고 하거나 공포심을 조장하는 방법은 일절 쓰지 않으신다. 오로지 4무량심으로 중생들을 보살피고 이끌어 가신다.

부처님께서 쓰시는 자비는 친소와 상대를 가리지 않는다. 친소는 친한 자와 먼 자를 말한다. 부처님은 인간들처럼 당신에게 잘하는 자를 더 예뻐해 주시고 잘 못하는 자를 미워하시고 그러지 아니하신다. 모두 다 똑같이 대하신다.

거울은 잘난 사람을 더 잘 비추고 못난 사람을 더 못 비추고 하지 않는다. 있는 그대로를 다 비추어 준다. 부처님의 마음도 이와 같이 일체 중생을 동일하게 대해 주신다. 이런 자비를 말해 자타를 떠난 자비라고 한다.

도쿄에 있는 유명한 대학에서 영문학을 강의하는 미국인 교수가 있다. 내가 남쪽나라 비구로 있을 때 알던 사람이다. 소승불교만 알다가 나에게 대승불교를 접하고서 큰 감명을 받은 여성이었다. 한국에 잠깐 들어와 있는데, 자기도 한국에서 일하고 싶다고 한국에 왔었다. 그리고 서울에 있는 여러 대학을 알아보았는데 본인이 원하는 수준만큼 페이가 맞지 않아 동경으로 간다고 했다.

서울에서나 동경에서나 똑같이 부산은 한 시간 거리밖에 되지 않기 때문에 차라리 동경에 있겠다는 거였다. 그렇게 하라고 했다. 처음엔 보름이 멀다 하고 내 토굴로 날아와 나의 생활을 이것 저것 도와주었다. 청소도 잘 해주고 빨래도 가끔 해주었다. 음식도 잘 만들어 주었는데 그중에서도 스파게티 맛이 일품이었다.

토굴생활은 단조롭고 무미하다. 사람은 종족과 피부색을 떠나 싫증을 잘 내는 동물임에는 틀림이 없는 가 보다. 그녀도 대승불교의 호기심과 불교수행자를 지성으로 모셔야 한다는 의무감으로 처음에는 대단한 열의를 갖고 자주 찾아오더니만 시간이 흐를수록 나에게서 흥미를 잃고 점점 자기 일에 몰두하는 경향으로 나아가고 있었기 때문이다.

그러던 어느 날 뜻밖에도 어떤 단아한 여학생 하나가 느닷없이 나를 찾아왔다. 아주 청순해 보이고 착하게 생긴 예쁜 처녀였다. 언뜻 일본 아이인 줄 알았는데 인사를 받고 보니 한국 아이였다. 일본식으로 인사를 하는 모습이 참 참하고 깔끔했다. 그곳에서 중학교와 고등

학교를 다녔다고 했다. 그리고 지금 대학4년 졸업반이라고 했다. 어떻게 찾아왔느냐고 물었더니 그 미국인 교수의 이름을 들먹이면서 자기의 지도교수라고 했다.

신기해서 어떻게 알았냐고 물었더니, 교수님이 출석을 부르다가 일본식 이름이 아닌 자기 이름을 발견하고 어디서 왔느냐고 물었다고 했다.

"한국! 한국 어디에서?"
"부산에서 왔습니다."

그때부터 그 교수는 그 아이에게 남다른 관심을 보였다고 한다. 그리고 방학이 되어 부산에 잠시 들어간다고 했더니 시간을 내어 자기 연구실에 좀 들르라고 했다고 한다. 거기서 자기가 존경하는 스님이 부산에 계시는데 한번 찾아가 줄 수 있느냐며 선물꾸러미를 주더라고 했다.

그제야 그 아이가 왜 나를 찾아왔는지 이해가 되었다. 아이에게 힘들게 해서 미안하다고 하고, 보따리를 풀어보니 일본 돈 수 십 만 원과 더불어 다양한 종류의 오차와 향, 그리고 책 몇 권과 내의들이 들어 있었다.

그런데 그 아이가 부탁이 하나 있다고 했다. 뭐냐고 물었더니 교수님께 자기 영어점수를 좀 높여달라고 말씀해 주시면 안 되겠느냐고 했다. 그러면서 마지막 기말시험을 쳤는데 영어점수가 영 나오지 않아 잘못하면 졸업할 수 없는 상태가 올지 모른다고 했다. 그러면 그

미달된 학점을 채우기 위해 다시 한 학기를 더 다녀야 된다고 했다.
들어보니 그 아이에게 딱한 사연이 있었다. 그렇지만 내가 어떻게 해 줄 수 있는 일은 아니었다.
자기 교수님께 전화해 주시겠느냐고 확인 차 물었을 때 나는 머뭇거리면서 대답을 얼버무렸다. 그것은 그렇게 사사롭게 부탁하고 들어주는 그런 문제가 아니다고 만 했다. 아이는 실망했는지 풀이 죽은 모습으로 일어섰다. 그리고는 공손히 고개를 숙여 작별인사를 하고서 내 토굴을 떠나갔다.
그날 밤 일과를 마치고서 밤늦게 전화를 했다. 보내준 돈과 선물은 잘 받았다고 했다. 그리고 용기를 내어 그 아이의 사정을 조심스럽게 부탁했다.
그러자 이제까지 반가워서 어쩔 줄 몰라 하던 인간이 대번에 언성을 높이면서 소리 소리를 지르는 것이었다. 얼마나 크게 랄지랄지를 하는지 귀청이 떨어져 나가는 것 같았다.

"그래서 시험 점수를 조작하라는 말씀입니까?"
"그것은 너 선에서 할 수 있는 문제가 아니냐?"
"지금. 뭐라 하셨습니까? 명색이 스님이 되어서. 응? 도저히 묵과할 수 없는 그런 해괴망측한 소리나 하시고. 이게 스님이 하실 소리입니까?"
"……"
이 예기치 않던 질정의 고함소리에 언제나 당당하던 내 모습은 순간 완전히 꼬리 내린 덩개가 되어 버렸다.

나는 그 교수에게 진짜 식겁을 먹었다. 가슴이 뜨끔하도록 혼이 났다. 전화를 끊고도 창피해서 죽을 것만 같았다. 급기야 이불을 덮어쓰고 내 자신의 초라함과 비겁함에 분이 풀리지 않아 도리어 그녀를 향해 욕을 한바탕 퍼부어 버렸다.

"志剌 문디 같은 늠. 쫌 해주면 뭐가 덧나냐. 응?!"

이런 일이 있고 난 뒤부터 난 한평생 입시기도를 올린 적이 없다. 부처님께 누구를 위해서 어떻게 좀 해달라는 낯 뜨거운 짓은 그만하기로 했다.

항차 나를 잘 따르는 일개 교수에게 그런 부탁을 하다가도 개망신을 당했는데 어찌 利自他悲(이자타비)를 실천하시는 부처님께 그런 억지스런 기도를 할 수 있단 말인가 하는 자책감에서였다.

해가 바뀌고 졸업시즌이 끝나자 그 학생에게서 고맙다는 전화가 왔다. 스님 때문에 무사히 졸업을 하였다고 하면서 곧 미국으로 갈 것이라고 했다.

나는 창피해서 교수님께 아무 말도 한 적이 없다고 했다. 부탁을 못 들어 주어서 미안하다고도 했다. 그런데도 그 아이는 계속해서 고맙다고 하면서 그 은혜를 잊지 않겠다고 했다.

離自他悲는 나와 남을 떠난 자비다. 自他를 떠난 자비는 자비 중에서도 가장 위대하고 훌륭한 자비가 된다. 저급한 신이거나 감정의 기복이 많은 인간들은 언제나 자기중심적으로 사랑을 하거나 자비를 베푼다. 그러다 보니 자기에게 손해와 이익을 주는 자를 철저히 구별한다. 그 구별이 차별을 낳고 차별이 분열을 초래해 결국 전쟁까지 불사하도록 만든다.

그렇지만 부처님은 차별을 두지 않으신다. 100일을 기도한 자이거나 오늘 처음 온 자이거나 똑같이 품어 주신다. 이런 자비를 무연자비라고 한다. 이 자비는 자타를 떠난 자비이기에 세상에서 가장 수승한 자비라고 한다. 이것을 대비라고 하는 것이다.

海東疏 佛地所有 萬德之中 如來唯用大悲爲力 故偏擧之 以顯佛人
부처님의 지위에는 만덕이 갖추어져 있다. 그중에서 여래는 오직 대비로써 힘을 삼는다. 그렇기 때문에 한쪽으로 그것을 들어 부처님이 어떤 분인지를 나타내고 있다.

부처님께는 온갖 능력들이 있다. 세상을 다 부숴버릴 수 있는 힘도 있고 세상을 다시 건립할 수 있는 기술도 있다. 자신을 미륵이라고 하는 강증산도 전라도 어느 시골 골방에서 천지공사를 했다 하는데 부처님이야 뭐 말할 것이 있겠는가.

하지만 하나 못하는 것이 있다. 그것은 중생의 마음이다. 이것은 부처도 어떻게 하지를 못한다.

그러므로 자발적으로 어떻게 하도록 부처는 계속해서 그들을 가르치고 달래고 이끈다. 잘못해서 감정이 뒤틀려 버릴 때에는 지금보다 더 많은 공력을 쏟아 부어야 하기 때문에 잘 깨지는 유리그릇을 다루듯이 조심스럽게 중생을 제도하신다.

이것은 힘으로 되는 것이 아니다. 이것은 억압으로써 되는 것이 아니다. 이것은 어머니 품 같은 아주 따뜻하고 세심한 보살핌으로써만이 가능하다. 그래서 부처님은 대비를 가지고 중생을 제도하신다는 것이다.

원문에서 성사께서 한 쪽이라는 말씀을 하셨다. 그렇다면 다른 한 쪽이 또 있다는 말씀이다. 팔도 두 팔을 쓰듯이 두 개의 기능으로 자비를 행하신다는 것이다.

그렇다면 다른 한 쪽은 무엇이란 말인가. 그것은 바로 지혜다. 즉 부처는 중생을 제도하시는데 한 쪽으로는 자비를 쓰시고 또 한 쪽으로는 지혜를 쓰신다는 말씀이다. 이 둘이 원만하게 가동되어야 중생이 이상적으로 제도가 되는 것이다.

海東疏 如增一阿含云 凡聖之力 有其六種 何等爲六 小兒以啼爲力 欲有所說 要當先啼 女人以瞋恚爲力 依瞋恚已 然後所說

증일아함경에서 말씀하시기를, 범부와 성인이 쓰는 힘에 여섯 가지 종류가 있다. 어린아이들은 우는 것으로 힘을 삼는다. 요구사항이 있으면 먼저 울어 버린다. 여인은 성냄으로 힘을 삼는다. 성내고 난 연후에 원하는 것을 말한다.

증일아함경은 대표적인 소승경전 중의 하나다. 성사는 범부와 성인이 어떻게 힘을 쓰는가에 대해서 이 경전을 증명으로 끌어 오셨다. 어린아이는 무엇을 원할 때 먼저 운다. 기저귀가 축축하여 기분이 상큼하지 못할 때는 운다. 배가 고파도 운다. 엄마가 안 보여도 운다. 울면 해결 모든 것이 해결된다. 왜 우는 것인가 하고 어른들이 달려와 그 문제를 바로 찾아 풀어주기 때문이다. 그래서 어린아이들은 자기 쪽으로 사람을 부를 때에는 먼저 울어 버리는 힘의 방법을 쓴다.

海東疏 女人以瞋恚爲力 依瞋恚已 然後所說
여인은 성냄으로 힘을 삼는다. 성내고 난 연후에 원하는 것을 말한다.

그렇다면 여인은 무엇으로 힘을 삼는가. 사람들은 여인의 힘은 울음이라고 한다. 아니다. 울음은 여인이 힘이 없을 때 나오는 설움의 비곡이다. 그것은 힘이 아니다. 그때의 힘은 남자가 갖고 있다.

그렇다면 남자를 움직이게 하는 여자의 힘은 무엇인가. 그것은 성냄이다. 가만히 째려보는 여인의 눈길은 정말 등에 식은땀이 나도록 만든다. 독기를 품고 바라보는 그 눈빛은 공포심을 넘어 섬뜩함을 느끼게 한다.

뭐 저런 인간이 다 있나 하는 표정으로 째려보는 그 눈길은 사람을 그 자리에 얼어붙게 만든다. 그 어떤 장사도 그 눈길 앞에서는 주눅이 든다.

그때 여인이 무엇을 어떻게 하면 좋겠다고 조용히 말하면 바로 그렇게 하겠다고 한다. 결코 그 조건을 거절할 만한 용기가 나지 않는다. 그것은 결혼한 사람이라면 누구나 다 아는 사실이다. 그것이 바로 여인의 힘이다.

海東疏 沙門婆羅門以忍爲力 常念下於人 然後自陳

사문과 바라문들은 인욕으로써 힘을 삼는다. 언제나 사람들에게 자기를 낮춘 상태에서 말을 한다.

사문은 수행자라는 뜻이다. 자기 수행을 하는 모든 자들을 통틀어 사문이라고 한다. 이 사문 속에 불교의 수행자들이 들어 있다. 전체로 말하면 사문이라고 하고 세분화하면 남자스님 여자스님 남자신자 여자신자로 나뉜다.

수행자는 인욕한다. 인욕하지 않으면 사람들과 부딪혀서 살 수가 없다. 수행자가 마른 가죽처럼 뻣뻣하면 중생들을 포용할 수 없다. 그래서 일단 마음을 내려놓는다. 그것을 下心이라고 한다. 또는 마음을 상대방보다 낮춘다고 한다. 그래서 예부터 수행자는 자신을 풀처럼 부드럽게 낮추고 상대방을 대한다고 했다.

옛날에 하심수행이라는 것이 있었다. 일종의 탁발이었다. 바랑을 지고 탁발을 나가면 온갖 멸시와 수모를 받았다. 그런 것을 다 참아야 했다.

아이들의 조롱에 이어 똥개들의 위협, 그리고 사람들의 하대 같은 푸대접에 마음은 다칠 대로 다치고 심정은 상할 대로 상해도 아무렇지도 않는 듯 얼굴색 하나 변하지 않고 그대로 앞으로만 나아가면서 탁발을 했다. 그래서 수행자는 인욕으로써 힘을 삼는다고 하신 것이다.

海東疏 國王以憍慢爲力 以此豪世而自陳說 阿羅漢 以專精爲力 而自陳說

국왕은 교만으로써 힘을 삼는다. 세상의 호걸기상으로 자기의 말을 한다. 아라한들은 오롯하게 정진하는 것으로 힘을 삼는다. 그러한 연후에 자기의 말을 한다.

국왕은 통치자다. 위엄과 기개가 없으면 관료와 백성들이 따라주지 않는다. 강력한 리더십과 카리스마가 있어야 군주의 위엄이 서는 것이다. 그래서 그들은 위세를 떨 필요가 있다. 군대를 거느리고 열병을 하면서 그 세력을 내외에 과시한다. 그것이 그들의 힘이 되는 것이다.

아라한들은 언제나 선정에 들어 있다. 그들이 선정을 잃으면 직관력이 떨어지고 마음의 안정을 잃는다. 그들의 열반은 작은 열반이기 때문에 완전히 번뇌가 없어지지 않은 상태다.

그러므로 선정을 잃으면 마음 밑바닥에 가라앉아 있던 번뇌가 다시 일어나 난무하게 된다. 그래서 그들은 언제나 한결같은 선정의 정진을 해야 한다. 그러므로 그들은 정진으로 힘을 삼은 연후에 할 말을 한다고 하신 것이다.

海東疏 諸佛世尊 以大悲爲力 弘益衆生故 是知諸佛偏以大悲爲力 故將表人名大悲者 上來三句 歎佛寶竟

모든 부처님 세존들은 대비로써 힘을 삼아 중생을 널리 이익 되게 하신다. 그러므로 알라. 일체의 부처님은 한 쪽으로 대비를 써 힘을 삼으신다. 그러므로 그분이 어떤 분인지 그 이름을 표시하기 위해 대비자라고 한 것이다. 여기까지의 세 구절은 불보를 찬탄하는 말씀이다. 이제 그 해설을 마친다.

부처님은 화를 내지 않으신다. 그렇다면 그분을 어떻게 해도 괜찮단 말인가. 그분을 박대하고 능멸해도 전혀 문제될 것이 없다는 것인가.

그분은 중생들이 어떻게 해도 절대로 노하지 아니하신다. 부처님 살아계실 때는 물론 부처님 돌아가시고 난 뒤에도 중생들이 그분을 향해 어떤 일을 저질러도 부처는 중생을 향해 분노의 복수를 하지 않으신다.

부처님이 열반하시기 위해 쿠시나가라로 가시던 중 대장장이 춘다의 공양을 받았다. 그날도 부처님은 다른 제자들보다 일찍 음식을 드셨다. 그 음식은 돼지고기버섯요리였다. 맛있게 다 드시고 난 뒤 부처님은 조용히 춘다를 불러서 남아 있는 음식이 얼마나 되느냐고 물으셨다.

춘다는 제자들이 다 먹어도 남을 만큼 많이 있다고 하였다. 부처님은 아무도 모르게 그 음식을 모두 땅 속에 묻으라고 하셨다. 들개나 날짐승이 파먹지 못하게 깊이 묻으라고 하셨다. 영문도 모르고 춘다는 울먹이면서 부처님의 말씀대로 준비한 모든 음식을 땅 속에 깊이 묻었다.

그 음식을 드시고 부처님은 심한 복통에 시달리셨다. 사람들은 이 음식으로 인해 부처님이 돌아가셨다고 하는데, 그렇지 않다. 이 음식은 부처님께 큰 고통을 주었지만 직접 돌아가시도록 한 등창과는 무관하다. 물론 이것에 의해 등창이 매우 심하게 도졌다는 것은 부인할 수 없다.

이 사실을 알고 성질 급한 제자들이 춘다를 가만두지 않겠다고 팔을 걷어 올렸다. 어떻게 감히 상한 음식을 부처님께 드려 고통을 드릴 수 있느냐 하면서 절대로 용서하지 않겠다고 별렀다.

그들은 분노했다. 금방이라도 춘다를 잡아 어떻게 해 버릴 것 같은 징벌의 움직임이 일었다. 부처님은 겁을 먹고 벌벌 떨고 있는 춘다를 불러 당신 곁에 앉히시고는 제자들을 향해,

"춘다를 해치지 말라. 춘다가 나 부처에게 공양 올린 것은 내가 부처가 될 때 우유죽을 준 순타의 공양공덕과 같다. 누구라도 춘다를 원망하거나 괴롭히면 안 된다."

고 엄하게 영을 내리셨다. 이 자애 어린 경고에 춘다는 그 누구에게도 보복을 받지 않고 끝까지 무사할 수 있었다. 이것만 봐도 부처님은 중생들이 그분에게 어떠한 나쁜 짓을 해도 미동도 꿈쩍하지 아니하신다는 것을 알 수가 있다.

42장경의 말씀이다. 부처님이 걸식을 나가면 기득권을 가진 바라문족들이 부처님을 향해 입에 담지 못할 욕설을 퍼부었다. 듣다 듣다 못해 제자들이 그에 대한 응대를 하려고 하면 부처님은 그러지 마라고 조용히 제지를 하셨다.

그래도 제자들이 동요를 일으키면 그들을 부드럽게 달래면서 이렇게 말씀하셨다. 바람을 향해 흙먼지를 던지면 흙먼지는 누가 맞느냐. 흙먼지를 던진 자들이 그대로 덮어쓴다. 나는 바람과 같은 자다. 그

러므로 그들의 욕설이 나를 어떻게 하지를 못한다.

그러므로 너희들은 저들의 소리에 개념치 말고 그대들의 수행에 매진하라고 하셨다. 부처님은 이런 분이시다. 절대로 중생을 향해 보복성 발언이나 저주성 말씀을 하지 않으신다.

어리석은 사람들은 이렇게 생각할 것이다. 그렇다면 불상을 깨뜨리고 부숴도 부처님이 벌주지 아니하시니 까짓것 마음대로 해도 되겠다고 생각한다.

그렇다. 마음대로 해도 된다. 무슨 짓을 해도 부처님은 중생을 벌주지 아니하신다. 그러니 걱정하지 않아도 된다. 하지만 위에서 말했었다. 흙먼지를 던진 사람에게 흙먼지가 되돌아오듯이 부처님이 직접 벌을 주지 않으셔도 그 죄과는 반드시 스스로 받게 된다는 것을 알아야 한다.

하늘은 중생들이 아무리 삿대질을 해도 그들에게 아무런 죄를 주지 않는다. 그런다고 중생들이 하늘을 마음대로 취급하면 그 후유증은 대단히 크게 돌아온다. 즉 하늘을 무시하고 매연과 가스로 환경파괴를 계속하면 결국 생명체들은 숨조차 마음대로 쉬지 못하게 될 것이니까 그렇다.

또 있다. 아무리 물을 때리고 짓밟아도 물은 복수를 하지 않는다. 복수를 하고자 하는 마음이 없다. 하지만 그런 형식으로 물을 다루면 물은 오염되고 더러워진다. 그렇게 되면 결국 마시는 물조차 쉽게 구할 수가 없게 된다.

부처님도 이와 마찬가지다. 복수하지 않고 벌주지 않는다고 마음대로 대하고 제멋대로 행동하게 되면 앞으로 자기에게 크나큰 손해로 다가오게 된다. 이것을 명심해야 한다. 대자대비하신 분은 공격의 대상이 아니라 예경의 대상이기 때문이다.

(2) 법보에 대하여

海東疏 此下二句 次顯法寶
그 밑에 두 문장은 다음으로 법보의 뜻을 나타내고 있다.

그 밑의 두 구절은 원문에서 급피신체상과 법성진여해를 말하고 있다. 이것은 다음 구절에서 설명할 것이다.
　법보는 법의 보물이다. 사람들은 먹고살기 위해 정신없이 살아간다. 삶이 넉넉하다면 뭣 한다고 생존을 위해 쉼 없이 발버둥치겠는가. 일은 해도 해도 쫓기고 문제는 풀어도 풀어도 자꾸 꼬이는 것이 인생이다.
　그러므로 죽을 때까지 한 등급 올리기가 그리 쉽지가 않다. 한 등급이라 해봐야 겨우 철학수준인데, 이 수준까지도 자신을 끌어올리지 못하고 다들 죽고 만다.
　인생이 뭔지에 대한 근본적인 의문이 들지 않는다면 아직 철학의 수준에 올라가지 못한 사람들이다. 그런 사람들은 이제 겨우 쉬는 날 문화를 찾는 수준에 그치고 있다.
　그들은 아직도 인생에 나아가야 할 단계가 많다는 것을 모른다. 하지만 위에서 말했듯이 그것을 알려면 먹고살 만한 여유가 일단 뒷

받침되어야만 한다.

그 여유는 쉽게 얻어지는 것이 아니다. 평생을 뼈가 부서지도록 노력해도 거의가 다 제자리걸음이다. 하지만 여기 특별한 방법이 하나가 있다. 그 방법을 제대로 알면 자기의 현재 수준을 한순간에 상승시켜 부처님의 말씀을 정확히 들을 수 있는 단계까지 올라갈 수 있다.

그것은 최고로 값나가는 보물을 가지는 것이다. 아무리 돈이 없어도 그것은 바로 가질 수가 있다. 그것은 부처님이 자기 내면에 직접 넣어주시는 것이다. 즉 법보를 수지하는 것이다. 그러면 문화도 즐기고 철학도 생각하며 종교도 갖게 된다.

더 나아가 종교의 궁극에 있는 마음에도 관심을 가지게 된다. 그렇게 되면 육신의 차원과 정신의 세계를 뛰어넘어 마음의 경지를 과감히 건드릴 수 있게 되는 것이다.

海東疏 及彼身體相者 謂前所說 如來之身 即是報佛 正用法界 以爲自體 故言彼身之體相也 此是擧佛 而取其法

몸의 본체와 모습이라는 것은 위에서 말한 여래의 몸이다. 그것은 바로 보신부처님을 말한다. 그분은 법계를 자신의 몸으로 쓰고 계신다. 그렇기 때문에 말하기를 몸의 본체와 모습이라고 하였다. 이것은 부처가 곧 법이라는 것을 말하고 있다.

기신론에서 가장 해석하기 껄끄러운 부분이 이곳이다. **해동소**에서 제일 난해한 곳이 첫 장의 **별기**라면 기신론에서 가장 설명하기 어려운 부분은 바로 이 대목이다. 그래서 사람들이 이 글귀에 걸려서 가르치는 사람도 어렵다고 하고 듣는 사람도 난해하다고 한다.

대자대비로 중생을 제도하신다는 것으로 화신부처님에 대한 설명은 위 문단에서 끝이 났다.

여기서는 보신부처님이 나온다. 그래서 몸의 본체와 모습은 보신부처님이라고 원효성사는 말씀하시고 있다. 보신불은 두 가지 작용으로 전 중생계를 아우른다. 하나는 본체고 또 하나는 모습이다. 먼저 본체에 대해서 설명한다.

보신부처님의 본체는 법계다. 법계는 세상천지이다. 다른 말로 말하자면 그분의 몸은 우주의 움직임이다. 그 움직임이 보신불의 몸이다. 그러므로 우주의 움직임을 떠난 부처는 있을 수 없고 부처 없는 우주의 움직임은 존재할 수 없다.

누가 나는 부처를 믿지 않는다고 하는가. 안 믿어도 된다. 하지만 벌써 그 사람은 부처의 작용 속에서 살아가고 있다. 태아가 어미를 믿지 않는다고 태아를 탓할 필요는 없다. 어느 태아가 어미를 믿는가. 아무도 믿지 않는다. 그냥 가만히 있으면 된다. 그러면 어미가 키워준다. 대신 발길질만 안 하면 된다. 그러면 어미가 힘들어진다. 또 거꾸로 있으면 안 된다. 어미가 위험해진다.

물은 아래로 내려간다. 진리의 작용이다. 그것과 맞서면 매우 힘들어진다. 우주의 진리는 부처님의 움직임이다. 그 움직임이 바로 부처의 몸이다. 그 속에서 우리는 살아간다.

중생이 살려면 부처님의 몸과 같이 움직여야 한다. 태아가 살려면 어미의 움직임과 같은 방향으로 움직이는 것이다. 순응의 삶은 이것을 말한다. 그처럼 중생이 살려면 부처님의 움직임과 같이 그 사이클을 맞추어야 한다. 역방향으로 움직이면 자기도 죽고 부처의 몸도 힘들어진다.

그러므로 세상에 태어나 제일 먼저 배워야 하는 도리가 이 부처의 몸과 하나 되는 방법을 배우는 것이다. 부처의 몸이 진리의 작용이라고 했다. 그 작용의 흐름을 배워야 한다. 그리고 움직여야 한다. 그러면 세상은 문제될 것이 하나도 없다.

세상은 움직인다. 이것을 흐름이라고 한다. 그 흐름을 법이라고 한다. 그래서 法은 한자로 물 氵 변에 갈 去 자를 쓴다. 즉 물이 가는 도리를 말한다. 이 법을 배워야 한다. 세상에 태어나자마자 이 법부터 먼저 배워야 한다. 그런데 이것을 가르쳐 주는 곳은 아무 데도 없다.

세상의 모든 학교에서는 도리어 모두 다 이 법과 역행하는 법을 가르치고 있다. 그것도 아주 비싼 등록금을 받고 그렇게 가르치고 있다. 그런 결과로 중생세계가 하루도 편안할 날이 없다. 그래서 중생세계는 고통의 세계라고 한다. 자기들이 그렇게 만들어 놓고 자기들이 그것을 어겨 고통을 받고 있는 것이다.

자동차도로가 닦여지고 신호등이 세워져 있다. 자동차를 운전해 도로에 나온다. 그러려면 면허증을 따야 한다. 기본소양과 운전기술을 익힌다. 그러면 운전이 같이 흐른다. 그런데 꼭 무면허 운전자가 있다. 이런 자가 흐름을 막아 버린다. 그리고 충돌한다. 자기는 물론 죄 없는 다른 사람이 큰 화를 당한다. 그래서 무면허 운전자를 무거운 죄로 처벌하는 법을 만들어 놓고 있다.

달리기 좋게 운동장에 트랙의 길이 있다. 모두 다 왼쪽으로 돈다. 같이 왼쪽으로 돌면 충돌 사고가 없다. 그런데 가끔 오른쪽으로 도는 인간이 있다. 이 인간 때문에 움직이는 흐름이 끊어진다. 그런 인간을 따르는 무리가 있다. 이 두 무리는 중간에서 반드시 코피를 흘리며 부딪치고 만다. 그것이 쌓이면 총칼을 들고 서로를 죽이는 전쟁을 일으킨다.

세상을 살아가는데 진리의 작용을 모르고 산다면 죄가 되는가? 죄가 된다. 결과는 자기는 물론 타인을 다치게 하기 때문이다.

그러므로 그것을 우선적으로 배워야 한다. 쇳덩어리로 된 자동차나 고깃덩어리로 된 육신은 모두 인지능력이 없다. 자동차 운전은 어떻게든 배워서 도로로 나가려 하면서 왜 진리의 작용은 배우지 않고 삶의 전선에 나가려고 하는지 알 수가 없다. 그 결과 인생 자체가 터지고 깨지고 부딪치고 뒤집어지는 고통의 악순환을 계속적으로 받게 되는 것이다.

아무리 수고스럽더라도 운저면허증은 다 따려고 한다. 돈이 얼마가 들어도 필요에 의해 다 가지려고 하는데 왜 사람이 알아야 할 진리의 법은 돈 들여서 배우려 하지 않는지 이해할 수가 없다. 하나는 알고 둘은 모른다는 말이 있다. 아니 자동차는 면허증이 필요한데 왜 육신은 면허증이 필요 없다는 것일까. 그래서 인간은 얕은 꽤는 많지만 사실은 어리석다고 하는 것이다.

"육신을 끌고 다녀도 좋다는 면허증 있어?"

"그런 것도 있습니까?"

"그러니까 맨 날 좌절하고 처박히지."

범부가 부처를 믿지 않는다고 뭐라 할 필요는 없다. 더 성장하면 반드시 믿게 되어 있다. 그 전에 부처에게 도전하면 자기가 위험해진다. 보신불은 진리의 작용이다. 그 움직임에 거슬리면 결국엔 자신이 손해를 본다.

2층에서 뛰어내리면 다리가 부러진다. 만유엔 인력이 작용하기 때문이다. 그러므로 안 뛰어내리면 된다. 그러면 산다. 이것을 어기고 뛰어내리면 그는 큰 사고를 당하게 된다. 그처럼 보신부처님의 몸인 진리의 작용에 역행하면 자기가 다치게 된다.

결과적으로 말하자면 진리의 법을 배우면 세상 그 무엇과도 바꿀 수 없는 보물을 얻는 것이 된다. 그 전에는 어디로 어떻게 가야 하는지 세상을 더듬으며 살았는데, 이 법을 배우게 되면 가야 할 앞길이 훤하게 보인다.

그래서 보석처럼 빛나고 보물처럼 가치 있는 것이라고 해서 법보라고 한다. 그것을 문자와 언어로 기록하여 중생을 이끄는 것을 불법이라고 하는 것이다.

그러므로 사람이라면 반드시 이 불법을 통해 보신부처님이 움직이는 법을 배워야 한다. 살려고 하는 자는 무슨 수를 써서라도 이 법을 배워야 한다. 이 법이 바로 인생이 살아가는 길이고 세상의 흐름이기 때문이다.

그렇다면 보신부처님의 모습은 어떠하실까. 그분의 모습은 아름답기 짝이 없고 신비하기 그지없다. 하지만 아쉽게도 범부들의 눈에는 보이지 않는다.

범부들은 자기가 인지할 수 있는 영역만을 보고 생각하기 때문에 이 보신부처의 수승한 모습을 직접 볼 수가 없다.

범부들에게는 화신불이 보인다. 화신불 밑에서 보신부처의 작용과 모습을 배워서 한 차원 더 높게 성장한다. 그러면 화신불 너머에 계시는 보신불의 옷자락이 보이기 시작한다. 이때부터 오롯한 수행을 계속해 나아가면 보신부처님의 모습이 점차 더 크고 수려하게 나타난다.

그러므로 이 보신불은 범부에게는 나타나지 않는다. 정확히 말해서 항상 나타나 있어도 보이지 않는다. 꼭 진리의 법이 작동하고 있지만 범부에게는 보이지 않는 것과 같은 이치다. 그러면서 은밀히 나를 성장시키고 나를 이익되게 하고 있다.

예를 들면 황제가 황태자를 낳으면 황제가 직접 기르는 것이 아니다. 그 육아는 궁중에 보모상궁들이 도맡는다. 황제는 성장에 필요한 모든 물품을 공급하고 보이지 않는 힘으로 정성스레 보호한다.

아이는 처음에는 친부모가 누구인지 모른다. 자기를 보살피는 그 상궁이 부모라고 생각하고 그들의 품에서 자라난다. 그러다 일단 성장하면 자기의 부모가 황제라는 사실을 알고 태자궁으로 옮겨간다. 그처럼 중생들은 화신의 부처 밑에서 자라나다가 성장이 완성되면 그들의 본부모인 보신불에게로 나아가는 것이다.

또 다른 예가 있다. 어린아이들은 큰 산과 깊은 계곡을 모른다. 대다수의 어른들도 아마존의 열대우림에 관심이 없다. 하지만 허파로 숨을 쉬는 동물은 맑은 공기가 필요하다. 그 맑은 공기를 제공해 주는 곳이 바로 깊은 산이고 광활한 열대우림이다.

그것들이 인간들을 성장시키고 삶을 풍요롭게 한다. 하지만 눈에 보이지 않는다. 그래도 그 역할에 의해 인간들이 무한의 혜택을 받는다.

그러다 성장하면 아이는 산속으로 들어가 계곡을 볼 것이고 어른이 되면 아마존 같은 열대우림을 직접 탐험하게 된다. 거기서 드러나는 세계가 바로 보신부처님의 모습이다.

이런 보신부처님의 작용과 모습이 바로 법보라는 것이다. 그렇다면 법보의 본체와 속성은 무엇인가. 다음 문장을 보자.

海東疏 下句 正出法寶體相 言法性者 所謂涅槃 法之本性 故名法性
그 아래 구절은 올바로 법보의 본체와 모습을 나타낸 것이다. 말한 법계의 성품이라는 것은 이른바 열반이다. 이게 법계의 본래 성품이다. 그렇기 때문에 법계의 성품이라고 하는 것이다.

어떤 물건이 본질적으로 가지고 있는 고유한 바탕을 본체라고 하고 그 본체가 갖고 있는 속성을 모습이라고 한다. 성품이라는 것은 타고난 성질을 뜻한다.

그렇다면 법계의 본성인 본체와 그 모습은 어떠할까. 법계라는 말은 우주 전체를 말한다. 우주의 본성은 무엇일까. 그것은 열반이다. 열반은 적멸이다. 적멸은 움직이는 모든 것이 고요하게 정지되어 있다는 뜻이다.

그런데 우주세계는 지금 움직이고 있다. 모두 다 자기 나름의 법칙을 갖고 조금도 쉬지 않은 상태로 움직이고 있다. 그것은 그 속에 움직이는 성질이 들어 있기 때문이다.

본질적으로 보면 열반이고 현상적으로 보면 생멸을 끊임없이 하고 있다. 없는 것에서부터 생겨나서 부단히 움직이고 있는 모든 것들은 반드시 일정한 시간을 거쳐서 없어지게 되어 있다. 그것이 우주의 진리고 순환이다.

그러므로 우주의 본체는 원래 아무 것도 없는 적멸인데, 그것이 어떤 외부의 동력을 받으면 그 체성이 작동한다. 거기서 현상의 세계가 아주 다양하게 나타나게 되는 것이다.

현상 속에 살고 있는 사람들은 현상의 상태만 본다. 그들은 본질의 세계인 적멸을 보지 못한다. 세상사람들은 모두 다 본질을 품에 안고 현상 속에서 움직인다. 현상은 나고 죽는다. 날 때는 웃고 죽을 때는 운다. 이 두 현상 속에 인생의 온갖 희로애락이 다 들어 있다.

웃는 것은 우는 것의 반대다. 그러므로 웃을 때는 울음이 숨어 있다. 반대로 울 때는 웃음이 숨어 있다.

달이 뜨면 해가 숨고 해가 뜨면 달이 숨는다. 모든 것들은 절대로 가만히 있지를 않는다. 움직이는 것들은 결코 영원하지 않기 때문이다.

그러므로 내가 살고 있다는 것은 죽음이 곧 올라온다는 뜻이다. 조금만 있으면 죽음이 내 삶을 밀어내고 그 자리를 차지하게 된다.

그러므로 삶과 죽음은 같이 붙어 있다. 손바닥을 뒤집으면 손등이 되듯이 삶이 끝나면 죽음이 나타난다.

중생의 삶은 잠을 깨지 않고 꿈을 바꿔가며 꾸는 것과 같다. 더 이상 꿈을 꾸지 않으려면 깨어나야 한다. 그러면 본질의 세계인 생시가 된다. 이제 꿈속의 가위눌림은 없다. 하지만 범부는 그 법계의 체성인 본질을 지키지 못한다. 다시 또 어떤 인연에 의해 현상의 꿈속으로 그 본질을 끌고 들어가 고통을 겪는다.

그처럼 죽음의 근원을 없애는 완벽한 깨어남이 없으면 현상의 죄업에 의해 계속 나고 죽는 윤회를 할 수밖에 없다. 그것은 범부가 받아야 하는 정한 이치다.

그러므로 태어났다고 해서 신이 나 박수칠 일도 아니고 죽었다고 해서 마냥 슬퍼할 일도 아니다. 어차피 눈에 보이고 보이지 않은 풍선효과 같은 현상의 삶이기 때문에 그렇다.

그래서 열반인 적멸, 체성인 본질을 깨닫지 못한 범부는 언제나 현상 속의 生과 死로 울고 웃는 삶을 살아야 한다. 그런 삶이 싫다면 이제 법계의 성품인 열반으로 완전히 들어가야 한다. 그 자리가 우리의 본래자리인 본성이 되는 것이다.

"당신의 본성은 무엇입니까?"
"김씨입니다."
"스님의 본성은 무엇입니까?"
"열반입니다."

海東疏 如智度論云 法名涅槃 無戲論法 性名本分種 如黃石金性 白石銀性 如是 一切法中 有涅槃性故言法性

저 지도론에 이르기를, 법의 이름이 열반이다. 거기는 희론이 없는 세계다. 성품은 본래부터 분명하게 있어온 종자다. 마치 황색 돌에는 금의 성분이 들어 있고 백색 돌에는 은의 성분이 들어 있는 것과 같이 일체의 법 가운데에는 열반의 성품이 들어 있다. 그래서 법계의 성품이라고 하는 것이다고 하였다.

성사는 성품을 설명하시면서 **대지도론**을 인용자료로 선택하셨다. **지도론**은 용수보살이 **마하반야바라밀경**을 해설한 100권 분량의 방대한 논서다. 이 논서는 일체 법의 본질을 정확히 꿰뚫고 있다. 그러므로 본성을 규명하는 데는 이것보다 더 정확한 논서는 없다고 해도 과언이 아니다.

법의 본질, 즉 법계의 본질은 열반이다. 그것은 정지다. 정지되어 있는 상태는 말이 필요 없다. 생각도 붙지 않는다. 그러므로 말장난으로 파헤쳐질 그런 세계가 아니다. 그래서 희론이 없는 세계라고 한다.

텔레비전 속의 세계는 움직이고 있다. 산이 나오고 들이 나오고 하늘이 나오고 온갖 물상들이 쏟아져 나온다. 그런 현상들은 언제나 정지하고자 한다. 하지만 정지할 수가 없다. 계속해서 전기가 들어가고 프로그램이 연속되기 때문에 정지할 수가 없다.

하지만 완전히 꺼버리면 정지가 된다. 그때에는 검은 화면 하나가 나온다. 그것이 텔레비전의 본성이다.

그처럼 산하대지 일월성신 남녀노소 산천초목 모두가 다 열반이 만들어 낸 가짜 현상이다. 그것들은 잠시도 가만히 있지 않고 다음

인연을 끌어들이고 또 엮고 또 끌어들여 법계를 중중무진으로 나열시키고 있다.

그렇게 나타나는 것만큼 또 한편으로는 계속 정지하고자 한다. 그 본성은 정지에서 시작되었기에 정지로 귀결되고자 하기에 그렇다. 그러므로 현상의 귀착점은 정지고 그것이 열반이다. 그렇게 하고자 하는 것이 대승의 작용이다.

이제 정리를 한다. 세상은 인연 따라 요동한다. 하지만 그 본성은 정지다. 그 상태를 열반이라고 한다. 열반일 때 가장 안전하고 가장 편안하다. **법화경** 말씀이다.

諸法從本來
常自寂滅相
佛子行道已
來世得作佛

움직이는 모든 것들은 본래부터
변함없이 그 자체가 정지인 것이다.
불자가 이런 법을 알고 수행하면
다음 생애에는 부처가 될 것이다.

海東疏 言眞如者 無遣曰眞 無立曰如 如下文云 此眞如體 無有可遣 以一切法 實皆眞故 亦無可立 以一切法 皆同如故
진여라고 말한 것은, 버릴 것이 없음을 眞이라 하고 만들 것이 없음을

如라고 한다. 저 아래 글에 말하기를, 이 진여의 본체는 버릴 것이 없다. 일체의 법이 모두 다 참되기 때문이다. 또 새로이 만들 것이 없다. 일체 법이 모두 다 한결같기 때문이다고 하였다.

진여라는 말은 보신부처님의 속성이다. 본체는 법계의 성품이고 모습은 우주의 공덕상이다. 위에서는 본체에 대해 설명하였으니 이제는 공덕상인 모습에 대해 풀이한다.

모습은 속성이다. 즉 본체가 갖고 있는 내용물이다. 알기 쉽게 인간의 여인으로 비유하자면 본체는 만물을 생성하는 어미고 법성은 어미가 원천적으로 갖고 있는 모성애다. 그리고 어미는 아름다움을 갖고 있는데 그것이 모습인 진여다.

진여는 참되고 한결같은 것을 말한다. 중생세계에서는 참되고 한결같은 것은 아무것도 없다. 모두 다 거짓되고 변화한다. 하지만 그 속에 영원한 진여가 깊이 숨어 있다는 사실을 알아야 한다.

진여는 이미 완성된 상태다. 이것은 **능엄경**에서 말씀하신 일곱 가지 영원한 것 중의 하나다. 그 일곱 가지들은 모두 본래물이거나 결과물들이다. 그러므로 현상 속에서는 그것들을 억지로 노력해서 가질 수는 없다.

진여는 열반의 속성이다. 그것을 법계의 공덕상이라고 표현했다. 생멸하는 중생 속에 열반이 들어 있는데 그것이 법성이고 그 자태가 진여라고 하는 것이다.

이 진여는 무엇을 새롭게 만들 것도 없고 무엇이 필요 없어서 버릴 것도 없다. 그처럼 진여 쪽에서 보는 이 세상은 완성되어져 있는 상태다. 모든 공덕이라는 공덕은 벌써 다 구비하여 있고 모든 지혜라는 지혜는 이미 다 갖추어져 있다. 그러므로 새롭게 만들 것도 없고 헌 것이라 해서 버릴 것도 없다.

전체로 보면 일체는 근본적으로 이미 충족되어져 있다. 우주는 거대한 살아 있는 기계다. 그 기계의 부품들이 바로 보신부처님이 갖고 있는 공덕과 지혜이다. 이것이 중생의 마음속으로 들어왔을 때 그 완벽한 부분만을 진여라고 한다.

그것은 꼭 몸속에 들어 있는 사리와도 같다. 몸으로 보아서는 다른 이물질이 들어와 있는 것이지만 사리의 작용은 몸을 끊임없이 이롭게 하고 있다.

그처럼 진여는 언제나 중생을 이롭게 하고 있다. 결코 중생을 힘들게 놔두지 않는다. 인간이 진정으로 살려고 하면 이 진여의 속성을 찾아내면 된다. 이것만 제대로 찾아내면 살기 위해 머리가 타는 번뇌를 일으킬 필요가 없다.

그러나 인간은 그렇지 않다. 자기들의 저열한 생각으로 그 기계 안에서 언제나 다른 기계를 만들고 또 틀렸다고 버린다. 만든다는 뜻은 부족하다는 말이고 버린다는 것은 만족하지 못하다는 뜻이다.

그래서 인간은 쉴 새 없이 머리를 써서 세상을 새로 만들고 오래된 헌것을 부수는 데 여념이 없다. 하는 일이 매양 그렇다.

화면이 잘 나오는 새 텔레비전을 심심하다고 분해해 놓고 다시 끼워 맞추다가 여의치 못하면 욕을 하고 팽개쳐 버리는 것과 같다. 참 돈 안 되는 짓거리로 일부러 고생을 사서 힘들게 사는 삶을 연속해서 하고 있는 것이다. 이것이 범부중생의 일반적인 삶이다.

海東疏 當知 一切法 不可說 不可念 故名爲眞如

마땅히 알라. 일체의 법은 말로써 표현할 수 없고 생각으로써 알아지는 것이 아니다. 그렇기 때문에 그것을 진여라고 한다.

마땅히 알라고 하는 것은 반드시 알아야 한다. 성사가 이 대목에서 이런 말씀을 하는 것은 분명히 여기에 마땅히 알아야 할 만한 가치가 있다고 생각하셨기 때문이다. 그러므로 지나치지 말고 이 부분을 분명 짚고 넘어가야 한다.

일체 법이라고 하는 것은 인간의 사고와 언어가 미치지 않은 절대의 진리세계를 말하고 있다. 이것은 바로 보신부처님이 작용하고 있는 우주 본연의 모습이다.

그런 세계는 인간이 알 수 있는 세계가 아니다. 인간은 인간이 만들어 놓은 인간세계만 알 수 있고 그것만 생각할 수 있다. 그 세계는 인간의 사념 너머에 있다. 그러므로 인간이 그 세계를 건드리면 건드릴수록 더 혼란스러워지고 더 아득해진다.

그래서 그 세계를 알려고 하면 인간의 언어를 버리고 인간의 사고를 멈춰야 한다. 그래서 도를 닦는 사람들은 어떻게 하든 방정스런 입을 닫고 연무의 망념을 쉬고자 한다.

하지만 인간들은 쉽게 자신의 무지를 인정하려 하지 않는다. 계속해서 그 세계를 연구하고 파헤친다. 이것은 맑은 물을 얻기 위하여 물을 휘젓는 것과 같다. 노력하면 노력할수록 근본과 천양지차로 벌어진다.

그래서 옛 선사들은 하나같이 입만 벌리면 틀리고 생각만 하면 어굿난다고 하였다. 그 소리를 듣고도 거기다가 또 토를 달고 또 다른 생각을 일으킨다.

그 밑의 사람은 또 그 사람이 정의한 논문에 의거하여 또 다른 무엇인가를 분석하고 또 다른 논문을 작성한다. 인간들이 학문이라 하는 이름하에 저지르는 짓거리가 이런 것이다.

그런 것을 잘했다고 상을 주고 또 그렇게 열심히 하라고 격려한다. 그런 것이 지식이고 그런 것이 지성이다며 계속해서 그렇게 하라고 격려한다.

자기들끼리 학위를 주고 자기들끼리 전문가라고 북을 치고 장구를 친다. 사람들을 모아놓고 지식이라는 굿판을 벌인다.

어리석은 사람들은 그런 자들을 보고 유명하다고 하고 박식하다고 한다. 이거야 말로 아무 짝에도 필요 없는 코 닦은 휴지자랑과 같아서 손발이 오그라들도록 부끄럽기만 하다. 그래서 선종 사찰 입구에는

入此門來입차문래
莫存知解막존지해

라는 경고석이 세워져 있다. 즉 이 불교의 세계에 들어오려면 세속에서 배운 그런 쓰레기지식 같은 것들은 들고 들어오지 마라고 한 것이다.

진여의 속성을 알려 하는가? 입을 닫고 생각을 멈추면 그 속성이 내 안에서 일어난다. 책상에 앉아 봄바람에 대해 천날 만날 상상으로

글을 쓰고 언어로 수식해도 봄바람은 알 수가 없다.

 봄바람은 문자와 언어로부터 벗어나 있기에 그렇다. 창문을 열고 들에 나가면 봄바람이 나를 부드럽게 휘감는 것을 느낄 수 있다.

 그로 인해 내가 황홀함에 빠져 들더라도 그것을 범부의 글과 생각으로 남에게 고스란히 전달할 방법이 없다. 나만 느끼는 부드러운 체감일 뿐이다.

 그래서 이 진여는 수행의 체험에 의해 알아지는 공덕상이지 언어와 상상에 의해 이해되고 전달되는 물건이 아니라는 사실을 분명히 명심해야 한다는 것이다.

[海東疏] 所言海者 寄喻顯法 略而說之 海有四義 一者甚深 二者廣大 三者百寶無窮 四者萬像影現

바다라고 말한 것은 비유로 법을 나타낸 것이다. 간략하게 말할 것 같으면 바다에는 네 가지 뜻이 들어 있다. 첫째는 깊고 깊다. 둘째는 넓고 크다. 셋째는 백 가지 보물이 무궁하게 들어 있다. 넷째는 오만가지 형상의 그림자가 그대로 나타난다.

 부처님이 설법을 하실 때는 온갖 비유를 예로 드셨다. 어떻게 하면 제자들이 쉽게 이해할 수 있을까를 생각해 아주 다양한 비유와 은유를 적절히 사용하셨다.

 그중에서 가장 크다는 것을 말씀하실 때는 허공을 비유로 드셨고 가장 깊다는 것으로는 바다를 언급하셨다. 그리고 작용이 가장 여실하다 하실 때에는 거울을 드셨다.

옛날 사람들에게 나타난 바다는 영원한 미지의 세계였고 쉽게 범접할 수 없는 경외의 구역이었다. 그런 바다를 **열반경**에서는 불가사의하다고 표현하셨다. 그러면서 거기에는 8가지 공덕이 있다고 하셨는데, 그 여덟 가지란,

첫째는 끝없이 넘실대며 크고 넓다.
둘째는 물결이 때를 맞추어 오고 가면서 조수의 소리를 낸다.
셋째는 안 좋은 것들은 모두 해안가로 밀어내어 버린다.
넷째는 칠보가 무궁무진하다.
다섯째는 친소를 가리지 않고 모든 물들을 다 받아들인다.
여섯째는 온갖 물들이 다 들어가도 불고 줄음이 없다.
일곱째는 거대한 생명체들을 키운다.
여덟째는 어떤 경우라도 항상 본성인 짠맛을 잃지 않는다고 하셨다.
화엄경에서도 열 가지 공덕을 말씀하셨는데, 그 내용은 대략 위와 같이 설명되어져 있다.

어쨌거나 마명보살은 귀경게에서 법보를 설명할 때 마지막으로 바다를 인용하였다. 그분은 바다를 비유로 삼아 법의 본질인 법성과 속성인 진여를 기가 막히게 회통시키고자 하였다. 그래서 앞에서 성사가 마명보살의 글재주를 찬탄하신 것이다.
다시 말하면 그분은 보신부처님의 몸체를 법성으로 표현하였고 그 모습은 진여로써 나타내었다. 이제 몸체와 모습인 **體相**을 법신의 바다로 정리하신 것이다.

바다는 일단 하염없이 깊고도 깊다. 그 밑바닥을 알 수가 없다. 도대체 그 밑바닥이 어디인지 가늠이 되지 않는다. 둘째는 넓고도 크다. 이것은 지평선 너머 바다에 나가보지 않으면 상상조차 할 수가 없다.

셋째는 바다 속에는 수만 가지의 보물들이 무궁무진하게 들어 있다. 바다에 없는 것은 지상 어디에도 없다. 넷째는 바다가 조용해지면 하나의 거대한 거울과도 같이 비추는 작용을 한다. 그래서 세상의 오만가지 그림자가 그대로 나타난다고 하였다.

海東疏 眞如大海 當知亦爾 永絶百非 苞容萬物故 無德不備故 無像不現故 故言 法性眞如海也

진여 대해도 또한 그렇다는 것을 마땅히 알라. 영원히 시비가 끊어져서 만물을 포용한다. 공덕이라는 공덕은 구비하지 아니함이 없고 형상이라는 형상은 나타나지 아니함이 없다. 그래서 말하기를 법성과 진여의 바다라고 한 것이다.

眞如大海라고 읽고 眞如의 큰 세계라고 생각해야 한다. 바다 海자라고 해서 바다로만 보면 안 된다. 대단히 크면서 살아 움직이는 부처의 세계를 표현하는 데는 바다만큼 적당한 그 무엇의 단어가 없기에 법신불의 세계를 바다로 비유를 삼았던 것이다.

"굿모닝이 무슨 뜻인가?"
"좋은 아침입니다."

"나는 그것을 안녕하십니까로 번역하는데."

우리의 진짜마음은 바다처럼 깊고 깊다. 아니 그보다도 더 깊다. 그래서 옛 말에 열 길 물속은 알아도 사람의 마음은 모른다고 했다. 그만큼 우리의 진짜마음은 깊다. 이 말은 상대적으로 높다 라는 말을 끼고 있다. 그러므로 우리의 진짜마음은 수직으로는 땅 밑에서 하늘 끝까지 뻗혀있고 수평으로는 동서남북 천지에 안 퍼져 있는 것이 없다.

하지만 가짜의 우리 마음은 너무 작고 너무 얕다. 마치 접시에 담긴 물과도 같이 너무 작은 부피로 얕다. 뭐 하나 좋고 안 좋고가 들어가면 바로 반응한다. 얕은 그릇에 떨어지는 물방울처럼 밖으로 다 튀어나온다. 풍덩 하면서 잠기는 것이 없다.

그러다 보니 서로서로의 마음을 바로 알아차린다. 즉시 사랑이 일어나고 즉각 미움이 나타난다. 일시의 따뜻함과 순간의 차가움이 즉시 교차한다. 그렇게 얕은 감정을 서로 섞어가면서 살아가려니 진짜 죽을 맛이다.

우리의 진여자성이 살아 숨 쉬는 세계는 법신이다. 법신은 바다처럼 모든 시비로부터 벗어나 있다. 부분이 아닌 전체로 보는 세상엔 분별할 것이 없다. 이것은 꼭 건강한 몸에는 어디를 분별할 것이 없는 것과 같다. 하지만 조금이라도 어떤 부분에 문제가 생기면 바로 전체인 한 몸이 나누어져 분별이 시작된다.

예를 들어 치아가 건강하면 치아와 내 몸이 나눠지지 않는다. 한 덩어리로 살아가므로 치아가 특별히 있는지 없는지 구분이 가지 않는다. 그러나 치아에 문제가 생기면 그때부터 내 몸과 치아가 분별되고 나눠지기 시작하는 것과 같다.

내 진짜마음의 세계 법신에는 분별이 없다. 원래부터 한 덩어리다 보니 분별로 시빗거리가 생길 일이 없다. 그렇지만 현재는 그렇지 않다. 분별로 시작해서 분별로 끝나는 현상의 삶을 산다. 그 결과는 고통의 삶이다.

상대적 분별은 먼저 有無로 시작한다. 그리고 다시 一異로 나뉜다. 있나 없나와 하나냐 많으냐. 이것이 모든 분별의 기준이 된다. 그래서 이 네 가지를 차례대로 벌려 나가면 마지막에는 백 개나 나온다. 법신의 세계는 그런 분별로 증명되어지는 것이 아니다. 그래서 원문에서 百非라고 표현한 것이다.

6조대사는 분별로 인한 시비가 끊어지면 바로 득도가 된다고 하였다. 그 시비를 일으키는 분별을 대사는 3종 36개로 나누었다. 이것을 분별하면 고통이 따르고 분별을 없애면 안락이 따른다고 하면서 단경에 열거하였다.

그것을 분별하도로 가르치는 곳은 학교고 분별하지 말라고 하는 곳은 수도원이다. 분별교육을 받으면 중생의 세계로 나아간다. 그 삶은 고통스러움에 있고 그 끝은 죽음에 이른다.

그래서 4조 승찬대사는 신심명에서 이와 같은 분별을 떠나면 불도에 다다른다고 하였다.

至道無難지도무난
惟嫌揀擇유혐간택

但莫憎愛단막증애
洞然明白통연명백

불도의 세계에 들어간다는 것은 어렵지 않다.
오직 분별만 안 하면 된다.
미워하고 사랑하는 마음을 내지 않는다면
자연스러움에 통하여 앞길이 훤하게 보인다.

하지만 현상 속에 있는 범부가 분별하지 않고 살아갈 수가 있을까. 그것은 불가능하다. 분별을 떠나려면 적어도 십지의 계위까지 올라가야 한다. 그 계위는 성자의 자리이다. 범부는 분별하니까 범부다. 자기 뱃속으로 낳은 여러 자식도 분별하는데 다른 것들이야 말할 게 뭐 있겠는가.

그러므로 위에서 말한 육조대사나 승찬대사의 말씀은 우리에게 해당되는 이론이 아니다. 그냥 진여의 세계에 들어가려면 저런 분별을 반드시 버려야 되는구나 하는 정도로 받아들이면 된다. 말씀과 내용이 좋다고 백만 번을 외워도 분별로 사는 우리에게는 직접적인 이익은 없다.

범부는 모든 것을 분별과 친소로 나눈다. 거기서 고통이 생긴다. 이 사람을 사랑하면 저 사람이 싫어지고 이것을 좋아하면 저것이 싫어진다. 그래서 범부는 천날만날 그 사이에서 선택의 갈등을 한다. 거기서 침이 마르고 애가 탄다. 그게 고통이고 괴로움이다.

바다는 분별하지 않는다. 어떤 강물이 들어와도 그대로 다 받아들인다. 그러면서 자기의 본성인 짠맛은 잃지 않는다. 우리의 법신도 마찬가지다. 무슨 죄업의 영상들이 밤낮으로 다 들어와도 마음 그 자체의 본성은 변하지 않는다.

허공도 마찬가지다. 모든 것을 다 끌어안고 있지만 광활함의 본성은 그대로 있다. 절대로 변하지 않는다. 변하면 그것은 본성이 아니다. 그것은 가짜다.

그러므로 우리의 마음 본성은 바다처럼 아래로 내려가는 지상의 모든 물들을 다 받아들이고 허공처럼 하늘로 올라가는 모든 물상들을 그대로 다 포용한다. 그것이 우리에게 부처가 가르치고자 하는 원래의 우리 마음, 법신의 크기이고 용량이다.

하지만 죄업으로 병든 현재의 우리 마음은 그렇지 않다. 아무도 포용하지 못한다. 자신도 포용 못해서 자신이 밉다고 넋두리한다. 누가 내 마음을 알아주고 누가 내 처지를 이해해 주랴. 누구도 그러지 않는다.

내가 남을 포용하지 않는데 남이 나를 어떻게 포용하겠는가. 모두가 다 적이고 경쟁자며 괄호 밖이다. 차라리 내 말 잘 듣고 나를 배신하지 않는 애완동물이나 키워야 되겠다 싶어서 개나 고양이를 키우는 사람들이 빠르게 늘어나고 있다.

그들은 사람부터 우선 포용해야 하는 공간에 동물을 담기 시작했다. 그러면서 동물애호가라는 명함을 가졌다. 인간도 사실은 동물인데 무정하게도 사람은 거기서 빼버렸다. 그것은 동물편애다. 편애는 불화를 낳는다. 불화가 커지면 전쟁이 일어나고 더 나아가면 죄 없는 자연계가 인간에 의해 쑥대밭이 된다.

스쳐보는 쥐의 눈은 무섭다. 하지만 가만히 사랑스럽게 그 눈을 응시하면 까맣고 동그란 눈동자가 말똥말똥해서 더없이 귀엽기만 하다.

얼마나 까만 것이 찰지고 짙었으면 쥐눈이콩이라는 콩 이름까지 나왔을까. 더러운 동물, 병균을 옮기는 동물, 지저분한 하수구 같은 선입견을 버리고 가만히 쥐의 눈동자를 바라보면 초롱초롱하게 빛나는 것이 샛별같이 맑고 영롱하게 반짝이며 촉촉하게 젖은 까만 눈동자를 발견하게 된다.

그뿐만이 아니다. 매끈하게 잘 빠진 곡선의 꼬리, 부드러운 털, 앙증맞은 귀, 분홍색깔을 가진 네 발바닥이 있다. 까만 발바닥을 가진 쥐는 없다. 있다면 틀림없이 게을러서 발을 안 씻고 다니는 쥐일 것이다.

고양이 새끼가 저런 선홍색의 발을 가졌다고 해서 애묘인들은 찹쌀떡같다고 감탄을 연발한다. 그런데 쥐는 평생 그런 색깔의 발을 지니고 있다. 거기다가 날씬한 몸매, 자유롭게 움직이는 유연한 몸의 동작, 뭐 하나 흠잡을 데 없는 완벽한 포유동물의 체형을 가지고 있다. 거기다가 똥도 적게 싼다. 싸는 즉시 젤리처럼 쫀득거려 치우기도 쉽고 대추씨만 해서 냄새도 거의 없다.

하지만 전과가 그렇게 좋지 않은 것이 흠이다. 흑사병과 페스트병의 숙주로써 과거 인간들에게 엄청난 고통과 시련을 주었다. 그것 때문만이 아니다. 우리에게는 곡식을 파먹는 도둑이기도 하였다. 양식이 넉넉하지 못할 당시 주인의 허락없이 그 양식을 축내는 동물로 취급되어 시처를 가리지 않고 인간에게 무자비하도록 죽임을 당했다.

그렇지만 이제 세상이 바뀌었다. 양식은 남아돌고 감염은 백신으로 해결하는 시대가 왔다. 어릴 때 농촌에서 먹은 것들은 모두 건강에 문제를 가져왔다고 하고, 먹지 말아야 했던 것들은 이제 다 몸에 좋은 약이다 하면서 일부러 찾아먹고 다닐 정도로 세상이 많이도 변하였다.

그처럼 음지에 있던 것들이 양지로 나오고 양지에 있던 것들이 음지로 들어가고 있다. 희소식을 전해 준다는 까치가 유해조수가 되고 검은 마귀라던 까마귀가 선호조류로 바뀐 것만 봐도 그렇다.

그러므로 어둠에 있던 쥐도 이제 밝음으로 나와야 한다. 고양이도 처음에는 얼마나 많은 사람들이 혐오하고 두려워했던가. 왠지 모르는 불안감을 조성한다는 마녀같은 동물로 인식되어 참혹하게 학대되었다.

그래서 동서 어디를 가든 악령을 가진 동물로 오인하여 세기를 이어 무수한 혹사를 가하였다. 하지만 이제는 그 죄 값음에서인지 인간에게 애완동물 1, 2위의 자리를 차지하고 있지 않는가.

그에 비하면 쥐는 참 불공평하게 치부되어 왔다. 쥐는 한민족과 떼놓을 수 없는 인연을 가지고 있다. 12간지 중에도 고양이는 없지만 쥐는 으뜸으로 자리매김 되어 있다. 쥐의 상징은 다산과 풍요다. 그러면서 우리에게 건방짐을 경계해 주는 소심함과 조심성을 일깨운다. 예감이 날카로우며 재치 있는 장난과 민첩함의 동작을 행동으로 가르쳐 주기도 한다.

그뿐만이 아니라 과거에는 배고프고 추운 겨울을 무사히 넘겨주던 보양식 노릇을 해 주기도 했다. 그러기에 굶주린 쥐가 먹을 것을 찾아 주위에 나타났다고 해서 지레 겁을 먹고 숨이 넘어갈듯 한 호들갑을 떨 필요는 없다.

꼭 쥐 예찬론을 펼치고자 하는 것이 아니다. 자기의 기호로 한두 종의 애완동물을 기른다고 해서 그 동물만이 최고로 귀엽고 괜찮다고 하는 분별의 협소한 주장을 완화시키려고 흔한 쥐를 예로 들었을 뿐이다. 목숨은 어떤 동물이라도 다 소중하고 어떤 짐승이라도 다 고귀하기 때문에 그렇다.

그러므로 인간의 시각과 편견에 의해 동물이 갖고 있는 고유의 가치를 애완과 혐오의 대상으로 차별해서는 안 된다. 동물을 사랑한다는 생각만 조금 더 넓히면 쥐라고 해서 고양이만큼 사랑받지 못할 일이 없다는 것이다. 궤변이 아니라 사실이다.

초식성의 까만 눈과 육식성의 갈색 눈으로 비교를 해 보아도 우선이다. 공격적인 몸동작보다 움츠려드는 모습이 더 측은하게 느껴지는 것도 우선이다. 앙칼지고 음흉하게 우는 소리보다 찍찍대는 소리가 더 불쌍하게 다가오는 것을 보아도 다른 생명보다 먼저 보호해야 할 동물이고 지켜줘야 할 목숨이다.

동물은 인간들처럼 배신하지 않는다. 해 주는 것만큼 반드시 돌려주는 의리를 갖고 있다. 핑계도 없고 잔꾀도 부리지 않는다. 초조와 불안이 사라진 쥐는 이제 경계심이 없다 보니 인간이 부르면 총알같이 달려온다. 다수의 고양이처럼 멀뚱멀뚱하게 바라보며 못됐게 버티지 않는다.

쥐는 인간을 위해 아주 다양한 재롱을 부릴 것이다. 때로는 토실토실한 몸매로 영아들의 배게도 되어줄 것이고 가느다란 꼬리로 참기름을 찍어 올려 나물 무치는 것을 도와주기도 하며 볍씨를 이빨로 신선하게 도정해서 그날의 양식을 만들어 주기도 할 것이다.

그러함으로 해서 이제 안방에서 인간의 귀여움을 쥐가 다 차지하는 날이 올 것이다. 그래서 쥐는 또 세세생생 고양이에게 끝없이 쫓기는 신세가 될 것이다. 야생이 아니라 인간의 안방에서 그렇게 또 다시 미움을 받게 될지도 모른다.

앞으로 문화가 더 발달되면 핸드백 속에 핑크빛 리본을 단 사랑스런 쥐 한 마리씩이 다 들어 있는 것을 보게 될 것이다. 전철을 타거나 운전을 하게 될 때 쥐가 내는 소리와 심장의 박동소리를 이어폰으로 연결해 생명의 끊임없는 진동을 느끼게 하는 힐링을 하게 되는 날이 머지않아 다가올 것이다.

그런 세월이 반드시 올 것이다. 개와 고양이를 제치고 쥐가 인간의 첫 번째 선호동물이 될 날도 멀지 않을 것이다. 그러므로 개와 고양이를 사랑하는 동물애호가는 쥐도 같이 사랑해야 진정으로 동물애호가가 될 자격이 있는 것이다. 그렇지 않다면 자기의 작물을 수확하기 위해 들판에다 제초제를 뿌리면서 자연사랑을 외치는 농부와 별반 다를 바가 없는 것이다.

이런 시각은 비단 동물에 국한되는 문제만 아니다. 난초와 수석을 키우며 그 오묘함과 신비로움을 찬미하는 자들도 마찬가지다. 기이하게 생긴 돌과 고명하게 이름 붙여진 몇 포기의 고급 풀에 집착하는 그 협소한 분별만 크게 넓히면 산천초목이 모두 다 난초급들로 다가오고 석계들판이 모두 다 수석전시물들로 나타나게 될 것이기 때문이다.

어쨌거나 다시 돌아와서 우리의 진짜마음은 공덕이라는 공덕은 구비하지 아니함이 없다. 완벽하게 모두 다 갖추고 있다. 그런데도 지금의 나는 빈털터리다.

 그렇다면 나는 문제가 있다. 분명히 나에게는 이런 공덕이 구비되어 있다고 했는데 현재의 내가 가진 것이 아무것도 없다면 나에게 문제가 있다는 거다.

이럴 때 사람들은 그렇게 말하는 부처를 부정하고 자기를 변호한다. 그렇게 하는 자가 범부다. 그러므로 범부는 내면의 공덕을 두고 밖에서 평생을 벌어먹는다.

형상이라는 형상이 나타나지 아니함이 없다는 말은 마음이 맑으면 그 작용이 거울과 같다는 뜻이다. 맑은 거울은 모든 형상을 비춘다. 그처럼 우리의 진짜마음은 태초부터 맑고 깨끗해서 사물을 있는 그대로 완전하게 다 비쳐볼 수 있는 능력을 가지고 있다. 그러므로 세상에 대해 모르는 것이 있다면 난무하는 정보를 받아들이기보다 마음의 거울부터 먼저 닦아야 한다.

거울이 더러우면 어떻게든 닦고 본다. 지저분하면 잘 안 보이기 때문이다. 그래서 일단 입김을 불고 소매로 닦고 본다. 하지만 잘못 닦으면 얼룩이 진다. 그래서 더 깨끗하게 닦으려고 노력한다.

그런데 왜 세상이 잘 보이지 않을 때는 마음을 닦고 보려고 노력하지 않을까. 아, 안경을 닦고 보는구나. 마음을 닦고 보면 안경은 필요 없는 건데 범부들은 줄기차게 안경만 닦고 있다.

이 시점에서 스마트폰을 만지고 있는 사람이라면 새롭게 생각을 해야 한다. 더러워진 액정을 닦을 때마다 마음도 닦아야 된다는 사실을 자각하는 것이다. 눈앞의 세상이 어두워 보인다면 마음부터 우선 닦아야 한다는 도리를 잊어서는 안 된다.

마음을 닦으면 닦여지는 부분만큼 세상은 밝게 보인다. 왜냐하면 세상의 모든 이치가 깨끗한 마음에 그대로 나타나지 않음이 없기 때문이다. 그래서 형상이라는 형상은 도장 찍히듯이 그대로 다 나타난다고 한 것이다.

그러므로 어리석은 범부는 거울을 닦아 자신의 얼굴을 다듬고 현명한 사람은 마음을 닦아 세상을 깨끗하게 보는 것이다.

海東疏 如華嚴經云 譬如深大海 珍寶不可盡 於中悉顯現 衆生形類像 甚深因緣海 功德寶無盡 淸淨法身中 無像而不現故 歎法寶竟

저 화엄경에 말씀하시기를, 비유하자면 거대한 바다에 보물이 한량없이 들어 있어도 다 밖으로 드러나는 것처럼, 중생의 유형과 형상들이 깊고 깊은 인연의 세계에서 가없는 공덕의 보물을 가진 것이 청정한 법신 가운데서는 그 형상이 나타나지 아니함이 없다고 하셨다. 법보를 찬탄하는 것을 마친다.

성사는 이 법보의 설명을 정리하기 위해 **화엄경** 속의 한 게송을 끌어오셨다. 바다가 처음부터 많고 많은 보물을 갖고 있듯이 중생이 원천적으로 갖고 있는 공덕은 많고도 많다고 하셨다.

바다의 보물이 햇빛에 의해 나타나듯이 중생이 갖고 있는 공덕은 법신에 의해 고스란히 다 나타나고 있다. 하지만 자신의 법신이 무명과 죄업에 덮어버린 중생의 눈에는 이 공덕이 보이지 않는다. **화엄경**

에서 설령 보석이 있다고 해도 빛이 없으면 보석을 볼 수가 없다고 하셨는데 바로 이 말씀이 그 뜻인 것이다.

하지만 범부의 눈에 보이지 않는다고 해서 없어진 것은 아니다. 우리의 몸속에 온갖 내장들이 다 들어 있지만 범부의 눈에는 보이지 않는다. 그렇다고 해서 없는 것은 아니다. 그것들이 움직여서 나를 살아가게 하고 있다.

그처럼 법신의 작용은 보이지 않게 우리에게 작용하며 우리를 살리고 있다. 그것이 법성이고 진여인 법이다. 그러므로 살고자 하는 자는 이 법을 반드시 배워야 한다. 이 법을 배우지 않으면 고생을 바가지로 덮어쓰고 살아야 한다.

그런 거 안 배워도 다 잘 살고 있지 않느냐는 자들이 있다. 그들은 아직도 본인이 번뇌의 고뇌와 신체의 통증 속에 있다는 것을 모르고 있는 가련한 사람들이다.

그런 사람들은 이가 없으면 까짓것 잇몸으로 살아가면 된다고 하는 자들이다. 사는 게 조금은 불편하지만 그래도 견딜 만은 하다고 하는 사람들이다.

임플란트나 틀니의 시술을 받으면 지금보다 확실히 삶의 질이 좋아진다고 해도 무작정 괜찮다고 한다. 도리어 이미 잇몸이 있는데 그런 게 왜 또 필요하냐고 의아하게 되묻기도 한다. 이런 인간들은 도대체 어떻게 해야 하나. 그러면 그렇게 살아야 한다. 그래서 복이 없거나 머리가 둔하면 세상을 고생으로 덤터기 싸서 산다고 하는 것이다.

인생이란 이상적인 안락의 집을 목표로 두고 전혀 모르는 길을 헤쳐 나가는 것이다. 목표가 정해졌다면 거기로 가는 행로를 알아야 한다.

그 길을 가려면 최신 업데이트 된 네비게이션이 있어야 한다. 그렇지 않으면 평생 도로 위를 끝없이 헤매게 된다. 같이 헤매는 범부에게 아무리 물어도 그 목적지는 알 수가 없다.

그러므로 고성능의 최신 네비게이션이 있어야 한다. 그 역할을 해 주는 것이 지금까지 설명한 법이고 그것이 불법이다. 불법은 밝음의 세계로 이끄는 가르침이라는 뜻이다.

이로써 법보의 설명은 먼저 보신부처님의 본체와 그 성품과 속성을 언급하고 난 뒤 그 바탕이 되는 법신불을 거대한 바다로 비유해 마무리하였다.

바다가 수많은 보물을 갖고 있듯이 법신은 무량한 공덕을 함유해 있으니 그것을 수행으로 찾아내면 생사의 고통을 벗어나 열반의 세계에 도달하게 된다. 그것을 가르쳐 준 것이 바로 법보다고 한 것이다. 이제 법보를 찬탄하는 설명은 여기서 끝낸다.

(3) 승보에 대하여

海東疏 此下二句 歎其僧寶 言無量功德藏者 舉德取人

그 밑에 두 구절은 승보를 찬탄하는 내용이다. 무량공덕장이라고 한 것은 공덕을 갖고 있는 분을 말하고 있다.

이제 귀경게 중에 남은 두 구절은 무량공덕장과 여실수행등이다. 이 두 구절은 승보의 뜻을 말하고 있다. 僧승은 수행자의 공동체다. 공동체는 복수의 무리다. 그러므로 수행하는 무리들이라고 한다. 그래서 僧은 사람에게 더해졌다고 해서 사람 亻변에 더할 曾증자를 쓴다.

사람은 혼자서는 아무것도 할 수가 없다. 그래서 사람 人자도 둘이 붙어 있다. 인간은 집단생활을 해야 한다. 혼자보다 집단생활은 많은 효과를 창출해 낼 수 있기 때문이다. 뜻이 맞고 의기가 투합한 사람들이 제대로 모이면 아무리 어려운 일이라도 쉽게 해 낼 수 있는 장점이 있다.

여기서의 아주 큰일은 방향을 바꾸는 일이다. 중생 모두는 죽음의 대열에 있다. 그 대열의 기세가 얼마나 센지 혼자의 힘으로는 결코 멈출 수가 없다. 앞으로 안 가고 싶어도 뒤에서 밀어오기 때문에 불가항력으로 앞으로 나가게 된다. 그렇게 조금만 더 밀려가면 죽음의 절벽이 나온다는 것을 뻔히 알면서도 맥없이 앞으로만 밀려갈 뿐 어떻게 빠져 나올 도리가 없다.

이때 단체의 힘이 필요하다. 혼자서는 그 대열에서 빠져 나올 수 없지만 주위의 무리가 한꺼번에 돌면 그 회전하는 힘에 의해 같이 유턴할 수 있다.

작은 무리는 곧 밀려 나가 버리겠지만 큰 무리라면 분명 유턴이 가능하다. 그 큰 무리가 공신력을 얻으면 더 많은 사람들이 합세를 한다. 그러면 그만큼 죽음의 위험이 줄어든다. 그래서 수행자는 반드시 무리를 지어야 살아날 수가 있다.

마음의 근원으로 환원을 하려고 하는데 수많은 장애와 마군이 지키고 있다. 그들이 나를 자유롭게 두지 않는다. 어떻게든 막으려고 한다. 한 사람이라도 죽음의 고리로부터 이탈하는 자를 막아야 자기들의 세계가 보존된다. 하지만 이런 상가의 무리가 강하면 그들이 쉽게 막아서지 못한다. 막아봐야 그들에게 별 승산이 없다는 것을 잘 알기 때문이다.

그러므로 그들은 누구든지 처음부터 중생의 세계에서 이탈하지 못하도록 기를 쓰고 막고자 한다. 그들의 방해공작 때문에 설령 천신만고 끝에 유턴한다 하더라도 혼자서는 쉽게 안락의 집에 돌아가지 못한다. 그 길에 얼마나 많은 마군의 복병이 나를 공격하게 될지 모른다. 그들에게 지면 다시 생사를 겁내지 않는 중생의 무리에 들어가야 한다.

이것은 꼭 산적이 많은 험준한 산 고개를 넘어가는 것과 같다. 혼자서는 두려움으로 인해 산을 넘어갈 수가 없다. 여럿이 모인다 해도 안전을 보장할 수 없다. 하지만 사람들이 무리를 지으면 넘어가는 데 문제가 없다. 모두 다 안전하게 산 고개를 넘어 집으로 돌아갈 수 있다. 산적들은 나름대로 계산을 다 한다. 자기들이 덤벼봐야 별 소득이 없다 싶으면 구태여 나타나지 않는다.

그래서 우리는 사람을 모으고 있다. 산적이 우글거리는 魔의 산을 넘어 안락의 집으로 무사히 돌아가기 위해 사람을 모으고 있다. 진정으로 가족이 기다리는 정든 집으로 돌아가려고 하는 사람들만 모으고 있다. 물론 사람이 모이면 반드시 그 사람들을 이용하고자 하는 장사꾼들이 따라붙는다.

"저도 **기신론**을 다 배웠으니 부서로 들어가 신행을 하고자 합니다."
"안 됩니다."
"왜 안 됩니까?"
"부서를 돕지 못하기 때문입니다."

수행자들의 공동체를 상가Sangha 라고 한다. 그 상가에 들어가는 조건이 있다. **기신론**을 다 배웠다고 해도 모두 상가의 일원이 될 수는 없다. 아니 팔만장경을 전부 다 외웠다고 해도 상가에 들어갈 자격이 주어지는 것은 아니다. 상가에 들어가는 자격은 자기가 그 무리에 들어가 자기에게 주어진 역할을 제대로 감당할 때라야만 가능하다.

생사의 강을 넘어가는 데는 모두가 힘을 모아 노를 저어야 한다. 그런데 그중 한 사람이 N분의 1 역할을 하지 않는다면 다른 사람들이 힘들어진다. 잘못하다가는 그 한 사람 때문에 전체의 무리가 위험에 빠질 수가 있다.

그러므로 그런 사람은 상가의 일원으로 받아들일 수 없다. 상가를 이용해 개인의 안위를 취하고자 하는 사람은 반드시 막아야 한다. 그래야만이 기존의 상가가 상처를 입지 않는다.

무거운 봉체조를 한다. 10명이 한 조가 되어 한 개의 나무봉을 힘겹게 들고서 좌우로 움직인다. 이때 한 명이라도 꾀를 부려 주어진 힘을 쓰지 않으면 나머지 9명이 그 한 명의 몫까지 나누어 들어야 한다. 그러면 그 한 명은 다른 동료들에게 보이지 않은 피해를 준다. 이런 사람을 걸러내 주는 것이 제자를 데리고 있는 스승의 역할이다.

그러면 그런 사람은 어떻게 해야 한단 말인가. 상가에서 버린단 말인가. 아니다. 그런 사람들은 복을 더 짓도록 해야 한다. 복을 지을 수 있는 장소는 세상천지 어디 아닌 데가 없다. 그곳에서 복을 지어야 상가가 소중하게 보인다. 상가가 본인 자신처럼 느껴져야 비로소 상가에 들어올 자격이 된다.

그러면 상가가 나를 살려주는 거룩한 집단이구나 라고 여기게 된다. 그래야 성심성의껏 상가를 위해 힘을 쓸 수가 있다. 그럴 때 자기도 살고 상가도 살 수 있게 되는 것이다.

[海東疏] 謂地上菩薩 隨修一行 萬行集成 其一一行 皆等法界 無有限量 積功所得 以之故言 無量功德

이를테면 지상보살이 한 개의 수행을 닦을 때마다 만 가지의 수행이 동시에 이루어진다. 그 하나하나의 수행이 모두 법계에 가득해서 한량이 없다. 그렇게 쌓아온 공덕을 무량한 공덕이라고 한다.

지상보살이라는 말은 십지보살들을 말한다. 십지라는 말은 열 단계의 공덕을 키워내는 땅이라는 뜻이다. 땅은 모든 생명체의 바탕이다. 살아 있는 생명치고 땅을 딛지 않는 것은 없다. 모두 다 땅을 의지하고 있다.

봄이 되면 땅의 공덕이 절정을 이룬다. 자세히 살펴보면 땅 속에서 온갖 초목들이 하루하루 우묵우묵하게 솟아오른다. 그처럼 십지보살의 공덕은 땅에서 초목이 끊임없이 올라오듯이 그 공덕이 쉴 새 없이 올라온다고 해서 땅 地자를 썼다.

잔잔한 웅덩이에 돌 하나를 던지면 그 여울이 웅덩이 전체에 고루 퍼진다. 이것과 마찬가지로 십지보살이 한 개의 수행을 하면 그 공덕의 여파가 시방허공계에 고루 번진다.

관세음보살은 십지보살이다. 그분에게 가피를 입은 자가 작은 공덕이라도 베풀면 그 베풂이 그 한 사람에게서 끝나는 것이 아니라 그 사람에게 신세를 진 사람이 또 베풀고 또 그 사람이 또 베풀고 해서 그 베풂이 끝나지 않는다. 그 공덕이 시방의 허공계에 가득 차게 된다. 그러므로 십지보살의 공덕은 봄날에 새싹이 땅에서 돋아나듯이 나날이 나날이 불어나게 되는 것이다.

이렇듯 십지보살은 무량한 공덕을 갖고 있다. 그들은 이미 십신을 지나 삼현을 거쳐 왔다. 그 사이에 한량없는 공덕을 무량하게 지어왔다. 그것을 바탕으로 십지에 올라 또 하염없는 공덕을 지어나간다. 그러니 그 공덕이 얼마나 대단하겠는가. 그래서 무량공덕이라고 한 것이다. 그 공덕은 다음에 중생을 제도하는 데 모두 다 아낌없이 쓰이는 물량이 된다.

海東疏 如是功德 總屬菩薩 人能攝德 故名爲藏

이와 같은 공덕은 오로지 보살에게만 속해져 있는 것은 아니다. 사람들도 능히 그 공덕을 갖고 있다. 그렇기 때문에 공덕을 감추고 있다는 뜻으로 藏장이라고 하였다.

무량공덕은 십지보살이 갖고 있다. 하지만 범부중생들도 그 씨는 있다. 아직 그 공덕의 씨를 키워내지 못하고 있을 뿐이지 없는 것은 아니다.

아이들은 커서 어른이 된다. 아무것도 할 수 없을 정도로 유약한 어린이들이지만 제대로 크면 세상을 일으키는 어른이 된다. 그러므로 아이들을 얕보거나 깔볼 수가 없다. 그들은 무한한 성장의 동력을 갖고 있기 때문이다.

세상에서 조심해야 할 것들이 있다. 물과 불, 그리고 사문과 왕자를 잉태한 거지여인이다. 물은 연약하지만 자기들끼리 뭉치면 무서운 힘을 가진다. 불도 마찬가지다. 작은 불이라고 소홀이 생각 했다가는 사바세계 전체가 잿더미로 변할 수 있다.

사문은 수행자다. 지금은 집집마다 걸식을 하며 겨우 자기 한 몸을 연명하는 데 그치지만 복덕과 지혜를 갖추어 깨달음을 얻는 날에는 우주의 제왕이 된다. 그러므로 함부로 하대해서는 아니 된다.

마지막으로 거지여인이다. 비록 겉으로 드러난 행색이 초라하고 볼품없어도 그 뱃속에 임금의 씨앗이 자라고 있다면 정말 조심해야 한다.

그 씨가 후일 보위를 계승했을 때에는 그들을 핍박하고 무시한 사람들을 절대로 가만 두지 않을 것이다. 사람들이 그나마 편하게 잠을 자려면 위에 있는 이 네 가지는 정말 조심해야 한다. 그렇지 않으면 후일 그들에게 단잠이라는 것은 없어지고 말 것이다.

그처럼 불성을 갖고 있는 범부들도 잘만 하면 무량공덕을 일으킬 수 있는 무한한 가능성을 갖고 있다. 그래서 범부들을 지목해 공덕이 아직 감추어져 있다고 해서 감출 藏장자를 쓰신 것이다. 즉 십지보살의 후보들이라는 말씀이다.

그러므로 이 대목은 이미 무량한 공덕을 가진 보살들과 무량한 공덕의 가능성을 지니고 있는 초심자들 모두를 통칭하고 있다는 사실을 알아야 한다. 즉 바로 수행자들의 공동체인 상가들을 통칭한 말이다.

상가Sangha는 비구와 비구니 남자신도와 여자신도들로 구성된 수행자의 공동체다. 이 상가에 의해 불교의 흥망이 나뉜다. 상가가 수승하면 불교가 존귀한 대우를 받고 상가가 잘못하면 불교가 세속 사람들에게서 지탄을 받는다.

쉽게 말하자면 불자들이 모범되게 처신하면 불교가 대우를 받고 불자들이 저급하게 처신하면 불교가 대신 욕을 얻어먹는다는 말이다. 그러므로 불교의 흥망은 불자들이 어떻게 처신하느냐에 달려 있는 것이다.

海東疏 此言 如實修行等者 正歎行德

다음에 말한 여실수행등이라는 것은 올바르게 수행하는 공덕을 찬탄한 대목이다.

여실수행이라는 말은 한결같이 진실되게 수행하는 것을 말한다. 等등이라는 말은 그렇게 계속 같은 방향으로 정진해 나가는 것을 뜻한다.

위 문단에서 말한 무량한 공덕을 가진 자들은 여실수행을 해 나갈 수 있는 힘을 가지고 있다. 하지만 藏장을 가진 자들은 그 뒤를 이어 지칠 줄 모르는 수행을 계속해 나가야 한다. 그래야 等이 된다. 그럴 때 상가의 몫을 야무지게 담당하는 것이다.

즉 무량공덕과 여실수행은 하나가 되는 것이고 藏과 等이 또 하나가 되는 것이다. 그래서 거의 부처가 되어 가고 있는 보살마하살과 지금 바로 발심한 초심자까지 모두를 묶어서 상가 전체로 표현하고 있다.

이것은 꼭 바다에 거의 들어간 강물과 이제 시냇물 꼬리에 겨우 달라붙은 물방울을 하나의 강물로 보는 것이다. 나아가는 쪽으로 보면 앞뒤의 차별이 있겠지마는 몸통으로 보면 결국 하나의 물줄기라는 셈이다.

이렇게만 줄기차게 나아간다면 누구든 열반의 세계에 들어가지 못하는 자가 없다. 그러므로 그런 분들을 찬탄하는 의미에서 원문에 올바른 분들이라고 正을 넣었다. 즉 한결같이 진실되게 끝까지 수행해 나가는 수행자들 모두를 찬탄하고 있는 것이다.

이런 수행자라야 목숨을 바쳐 귀의할 만한 가치가 있다. 그렇지 않고 중도에 머물러 버린 수행자나 옆길로 빠져버린 수행자는 이름만 스님일 뿐 사실 귀의의 대상인 승보라고는 하지 못한다. 참고로 **불조통기**에 스님이 가지거나 해서는 안 될 여덟 가지를 밝혀준다.

1. 논밭을 가지면 안 된다.
2. 농사를 지으면 안 된다.
3. 양식을 쌓아놓으면 안 된다.
4. 노예를 데리고 있으면 안 된다.
5. 가축을 기르면 안 된다.
6. 돈이나 보물을 갖고 있으면 안 된다.

7. 금은보화로 자기가 탈 코끼리를 꾸미는 일을 해서는 안 된다.

8. 신이나 귀신에게 제사상을 차리거나, 또는 제사를 지내기 위해 그 공물을 다듬어서는 안 된다.

첫 번째는 땅이다. 즉 토지나 임야, 건물 같은 부동산을 말한다. 두 번째의 뜻은 수행 그 자체가 이미 농사이기 때문에 새삼 농부처럼 땅을 일구고 씨를 뿌리는 일을 해서는 안 된다는 것이다. 중국의 백장스님을 특별히 거론할 필요는 없다. 그 스님 정도 되면 농선일미의 경지를 터득하신 분이기에 그렇다.

그분이 농사일을 강조한 것은 뒤 이어지는 유교의 억불공격 조짐을 미리 예견했던 것이다. 그 예견은 정확히 맞아떨어졌다. 그분의 사찰은 서슬 퍼런 황제의 억불조칙에 천만다행히 살아남을 수가 있었다.

그로 인해 스님들도 농사를 짓는다는 명분으로 불교의 존속이 정당성을 얻게 되었고, 한편으론 게으른 스님들에게 시주의 공덕이 얼마나 큰 것인지를 가르쳐 주는 계기가 되었다.

세 번째는 먹을 것을 쌓아두는 것을 금지하였다. 세상에는 예나 지금이나 배를 곯는 사람들이 부지기수다. 그런데 수시로 먹을 것들이 산중 절에 쌓여 있다고 한다면 궁핍한 자들이 가만있지를 않는다. 사실 배고픈 자들의 눈에는 보이는 것이 없다. 잘못하다가는 그들에게 약탈이나 방화의 빌미를 제공해 줄 수 있다.

그러므로 율장에서는 그런 불상사를 미연에 방지하기 위해 먹을 것들을 쌓아두는 것을 금지하였다. 그럴 때 사찰과 수행자는 스스로의 안전을 보장 받는다.

네 번째는 노예다. 불교의 특색은 신분의 고하가 없다는 것이다. 중생도 부처가 된다는 가르침인데 어찌 계층 간에 귀천이 있을 수 있겠는가. 모든 생명들은 다 존귀하고 더없이 존엄하다.

이 만생평등의 법 때문에 인도에서는 사제인 바라문들에게 불교가 망했고 중국에서는 유교의 삼강오륜 때문에 불교가 핍박을 받았고 조선에서는 성리학의 양반들 때문에 불교가 박해를 당했다.

그러므로 불교 교리에는 수직적 관계인 노예가 있을 수 없다. 하지만 신라와 고려시대 때는 사찰에 노예들이 있었다. 까무러쳐질 정도로 놀랄 일이지만 엄연한 역사적 팩트다.

그럴 정도로 그 시대의 불교는 속속들이 부패하였다. 그래서 불교가 일으킨 왕조들이 불교가 타락하는 속도와 궤를 같이해 쇠퇴할 수밖에 없었던 것이다.

다섯 번째는 가축이다. 비구는 그 어떤 축생이든지 직접 가축을 기르면 안 된다고 **불유교경**이나 율장에 나와 있다. 하지만 지금 절에서는 거의가 다 개 또는 고양이를 키운다. 하기야 조사선이 꽃피던 중국 당대에도 고양이 소유권을 두고 반거충이 스님들이 서로 심하게 다툰 적이 있었다.

남전스님이라는 유명한 선사가 있었다. 그분은 법당을 중심에 두고 동당과 서당이라는 선원을 나누어 지도하였다. 그런 어느 날 어디서 누가 싸우는지 도량 내에서 왁자지껄한 소리가 들려왔다. 소란의 진원이 무엇인지 알아보고자 방장실을 나선 선사는 그 이유를 알고 아연실색할 수밖에 없었다.

문제는 고양이 한 마리였다. 네 발 달린 짐승이 동서 어디를 임의대로 들락거리지 못하겠느냐마는 동당과 서당의 스님들은 그 고양이에게 집착하여 소유권 싸움을 벌이고 있었던 것이다. 결과적으로 그들은 축생인 고양이보다도 더 자유롭지 못한 집착의 마음을 갖고 있다는 것이었다.

이것을 직접 목격한 방장스님은 억장이 무너지는 기분이 들었다. 그래서 그 고양이를 이리 내어 놓으라고 했다. 고양이를 넘겨받은 스님은 고양이를 공중에 높이 들어 올리고 대중들에게 큰소리로 일갈했다.

"말하라. 이 고양이를 살릴 수 있는 적절한 선구 한마디를 일러라."

하지만 아무도 그 다그침에 답변을 내놓지 못하였다. 결국 남전스님은 부엌칼로 고양이를 두 동강 내어 씩씩대던 동서 대중들에게 한 쪽씩 던져 주고 방장실로 들어가 버렸다.

저녁이 되어 외출했던 수제자 조주스님이 귀환 인사차 방장실로 들어왔다. 남전스님은 오늘 낮에 있었던 일을 언급하며 자네 같으면 어떻게 하겠느냐고 물었다.

그 소리를 듣고 조주스님은 즉각 짚신을 벗어 머리 위에 올리고는 나가 버렸다. 그러자 뒤이어 스승의 탄성이 들려왔다.

"오! 자네가 있었다면 그 고양이를 살릴 수 있었을 텐데, 정말 아쉽다."

 조주는 그 소리를 듣는 순간 대중들이 참 어이없는 짓거리로 스승을 화나게 했다고 생각했다. 고양이에 대한 쓸데없는 집착은 곧 다 떨어진 짚신을 맹목적으로 신봉하는 어리석음과 같은 것이라고 에둘러 표현하였던 것이다.

 시대가 바뀌면 사람도 바뀌고 사람이 바뀌면 사람 사는 방법도 바뀌게 마련이지만 어느 스님은 개를 넘어 이제 토종닭도 키우고 있었다.
 뚫어진 닭장 그물을 만지며 하도 툴툴거리길래 그 이유를 물었더니 족제비가 아끼던 닭 몇 마리를 죽였다고 했다. 그 스님의 얼굴에는 죽은 닭보다도 없어진 닭에 대한 애석함이 더 짙게 느껴지는 것을 볼 수 있었다.
 여섯 번째로 몸에 돈이나 보물은 지니지 말라는 계율은 수행자에게 공통적으로 내려진 금계다. 수행자는 혼자서 산다. 특히 군중을 떠나 홀로 외진 곳에서 살아야 하는 신분이다 보니 금은 등을 지녔을 때는 언제나 강도들의 표적이 될 수 있다.
 그러므로 수행자는 보석이나 화폐를 지니면 안 된다. 세상사람들이 스님에게도 훔쳐갈 돈이 있다고 생각한다면 그때부터 수행자의 처소와 신변은 대단히 위험해진다.
 그래서 부처님이 수행자의 신분을 보호하기 위해서라도 아예 그런 것들을 몸에 지니지 마라고 하셨다. 덕분에 예로부터 절에는 도둑이 들어오지 않았었다. 들어와 봐야 스님 자체가 찢어지게 가난한 신분이라서 따로 가져갈 것이 없었기 때문이었다.

료간이라는 선승이 산 속 깊은 곳 토굴에 살고 있었다. 어느 달 밝은 보름날, 그가 마루에 앉아 보름달의 아름다움을 즐기고 있는데 도둑 하나가 그 깊은 토굴까지 들어와서 그의 살림살이를 뒤지고 있었다.

여기저기를 아무리 찾아보아도 가져갈 만한 것이 없었다. 빈손으로 내려가는 그를 보다 못해 료간스님이 불러 세웠다.

"가엾은 친구. 이 먼 곳까지 힘들게 왔는데 그냥 가면 어쩌나?"
"가져갈 게 뭐 아무것도 없네요."

되받아치는 도둑의 말에 허탕으로 인한 실망이 가득 담겨 있었다.

"그래도 그냥 가면 어쩌나. 내 떨어진 옷이라고 벗어 줌세."

료간스님이 일어나 허리띠를 풀자 그는 정색을 하면서 도망치듯이 산을 내려갔다. 그것을 보고 선사는 안타까운 듯 혼자서 중얼거렸다.

"저렇게 밝은 달을 놔두고 그냥 빈손으로 가네."

일곱 번째는 장식품 전체를 말한다. 코끼리는 옛날 귀족들이 탔다. 그냥 타는 것이 아니라 그 코끼리에 온갖 보화의 장식품들을 다 달았다. 요즘 같으면 고급승용차에 다양한 형식으로 튜닝한 꼴이다. 수행자에게 고급승용차는 그 어떤 이유를 갖다 대어도 적절한 변명이 되지 못한다.

그것은 마치 불량한 젊은이가 배기통을 늘려 굉음을 울리면서 도로를 누비는 것과 같다. 수많은 운전자들이 그들을 욕하지마는 그들은 도리어 그것을 즐기고 있다.

그처럼 고급승용차를 몰고 다니는 돈 많은 스님들은 모든 사람들이 손가락질을 하는데도 정작 본인은 그것을 눈치 채지 못한다. 도리어 그 대형차를 자랑하면서 허세를 부리고 있다. 언젠가 철이 들면 지난날의 그 골빈 부끄러움 때문에 쥐구멍조차도 크게 느껴질 날이 올 것이다.

여덟 번째는 새롭게 언급할 필요조차 없는 당연한 말씀이다. 하지만 그렇게 안 하는 말세의 스님들은 사실 드물다. 거의가 다 그런 방식으로 절 생활을 영위하고 있다.

부끄러운 일이다. 부끄러움도 오랫동안 지속적으로 계속하게 되면 만성이 되어 부끄러움을 잃어버린다. 우리가 지금 그 상태까지 와 있는지도 모른다.

열반경소에도 나오는 위 여덟 가지 말씀은 이 시대에 사는 스님들은 누구든 한 번쯤 새겨봐야 할 대목인 것만은 확실하다.

[海東疏] 依寶性論 約正體智 名如實修行 其後得智 名爲徧行 今此中言 如實修行 擧正體智 次言等者 取後得智

보성론에 보면 간단히 말해서 정체지를 여실수행이라 하고 후득지를 변행이라고 했는데, 기신론의 말은 여실수행을 하면 정체지를 얻는 것이고, 다음에 말한 등이라는 것은 후득지를 얻는다는 말이다.

보성론은 구경일승보성론의 준말이다. 이것의 내용은 여래장인 自性은 언제나 청정무구하다는 뜻을 밝히고 있다. 성사는 이 논서를 해동소에서 몇 번을 언급하시고 있다.

그러므로 **보성론**을 볼 때마다 이상하게 성사가 이 **보성론**의 내용을 참 좋아하셨던 것 같은 느낌이 든다. 그 이유를 딱 꼬집어 말할 수는 없어도 자꾸 그런 느낌이 드는 것은 왜인지 알 수가 없다.

정체지라는 말은 근본지라고 한다. 즉 우리 마음속에 들어 있는 원래의 지혜다.

불성이라고 하면 불성 속에 들어 있는 본각을 말한다. 이것은 닦아서 얻어지는 것이 아니라 원래부터 갖고 있는 지혜이다. 그래서 모든 지혜의 원천이라고도 한다. 이것을 증득하면 부처가 된다. 그러므로 한결같이 진실되게 수행을 계속하면 결국 자기 마음속에 들어 있는 정체지인 근본지를 찾게 된다는 뜻이다.

후득지는 중생을 위해 쓰는 지엽적인 방편지다. 근본지를 증득하고 나서 중생의 근기와 수준을 알아 그에 알맞은 가르침을 내리는 지혜를 말한다. 이것은 중생을 제도하겠다는 서원 아래 수많은 바라밀을 닦아야 얻어진다. 그래서 두루 모든 수행을 행해야 한다 라는 뜻으로 변행이라고 한 것이다.

기신론에서는 변행 대신 等이라는 글을 넣었다. 等을 넣은 마명보살은 참 절묘한 글자 선택을 하신 것 같다. 이 한 글자 속에 3대겁 아승기야 플러스알파의 세월을 압축시켜 버렸기 때문이다. 범부로부터 시작하여 부처가 될 때까지 지속적인 연속의 수행을 말하는 데 이 글자만큼 잘 맞아떨어지는 글자가 사실 없기 때문이다.

等은 두 가지 뜻을 가지고 있다. 하나는 지금처럼 계속해서라는 뜻이다. 즉 초심을 가지고 마무리하는 초지일관의 정진이다. 또 하나는 꽉 차게 라는 뜻이 있다. 이 말은 자기를 위한 직선만의 수행이 아니라 다른 중생을 위한 횡선으로의 수행도 같이 겸해서 닦는다는 뜻이다. 그래야 그 공덕이 종과 횡으로 모두 가득 찰 수 있기 때문이다. 정말 기가 막힌 문자 선택이다.

그러므로 여실수행등이라고 한 말씀은 한결같이 진실되게 수행하되 끝까지 옹골차게 매진해 나가는 뜻이라고 정리할 수 있다.

海東疏 若依法集經說 總括萬行始終 通爲二句所攝 謂如實修行及不放逸 如彼經言 如實修行者謂發菩提願 不放逸者謂滿足菩提願

법집경의 말씀에 의하면, 수많은 수행의 시작과 끝을 모아 묶으면 두 개에 다 들어간다. 이를테면 여실수행과 불방일이다고 하셨다. 이어서, 여실수행은 깨닫고자 하는 마음을 일으키는 것이고 불방일이라고 하는 것은 깨달음을 완성하는 것이다고 하셨다.

법집경은 보리유지 삼장법사가 번역한 6권짜리 경전이다. 이 경전은 대승의 보살들과 소승의 성문들이 부처님 앞에서 자기들에게 주어진 불법이 더 훌륭하고 더 수승하다는 것을 천양한 내용들로 구성되어 있다.

불교의 수행은 깨달음을 목적으로 한다. 목적이 없는 수행은 그저 소일하기 위한 취미생활에 그친다. 그러므로 진정한 수행은 깨달음을 목전에 두고 시작할 수밖에 없다.

그러려면 게으름은 적이다. 게으름은 마왕이 보낸 특급 강적이다. 이 적을 이기지 못하면 모든 공력이 허사로 돌아간다. 이것은 원시인들이 불을 피우기 위해 나무를 비비다가 중간에 그만두는 것과 같다. 생활에 불이 필요하다는 절박감에서 다시 시작하지만 그 고됨의 고비를 넘기지 못하면 또 그만두어 버린다. 그러면 평생 불을 얻지 못하고 만다.

수행자도 마찬가지다. 시작은 좋은데 중간에서 흐지부지하게 그쳐 버린다. 어느 날 보면 또 시작해 있다. 그러다가 또 언제 그랬냐 할 정도로 그만두어 버린다. 그러면 중단의 내성이 생겨 언제든지 중단할 수 있다는 자기최면에 걸린다.

그런 각오로 수행을 하면 평생 가도 진전이 없다. 그냥 광대처럼 사람들에게 수행의 품새만 보여주고 있을 뿐이다. 그래서 부처님이 **법구경**에서 소수라는 뜻으로 이렇게 말씀하신 게송이 있다.

Few among men are they
who cross to the other shore.
All the others only run up
and down the bank on the side.

수많은 사람들이 열반의 세계로
나아가고자 해도 소수만이 그 세계로 간다.
수많은 사람들은 준비단계에서
그쳐 버리거나 그 자리에서 넘어져 버린다.

방일은 수행의 선상에서 자신을 놓아 버린다는 뜻이다. 그러면 가야 할 노선에서 탈선하는 것이다. 탈선한 열차는 진짜 머리가 아프다. 사람들의 이목을 집중시키는 뉴스거리는 될지 몰라도 철도당국이나 승객들에게는 상당히 골치 아픈 사고다. 다음 열차의 시각이 계속해서 틀어지고 승객은 승객대로 계획이 어긋나 너무나 큰 불편을 초래한다.

깨달음의 궤도로 나아가다가 중간에서 누가 이탈해 버리면 뒤따르는 무리들이 와르르 무너지는 수가 있다.

그러므로 앞에 가는 사람들은 뒤에 오는 사람들을 위해 정확한 발자국을 남겨 놓아야 한다. 그래야만이 뒤따르는 자들의 수행이 안전하게 된다.

그러나 그들도 아직 이기적인 사람들인지라 그것까지 염려하지는 않는다. 그냥 자기가 하기 싫으면 주저 없이 그만두어 버린다. 자기가 처한 자리와 위치를 망각해 버리고 자기 혼자 살려고 한다. 이것은 떼를 지어 풍금을 들고 가던 국민학생들 중 한 명이 팔이 아프다고 갑자기 풍금에서 손을 떼어 버리는 경우와 같다.

그런 결과로 정진 잘하던 수행자가 어느 날 갑자기 세속 일에 나서기 시작한다. 정당에 가입하고 정치를 하거나 학교에 들어가 세속학문을 익힌다. 아니면 복지나 행정 쪽으로 나아가 직업적 월급쟁이가 되어 버린다.

또는 염색과 요리를 연구하고 예술이나 풍류를 즐기며 자기 기호에 맞는 취미활동을 자기의 본분으로 삼아 버린다.

그러면 철도가 탈선되듯이 사람들에게 뉴스거리로 이름이 오르내리게 된다. 이제 그것들에 재미를 붙이고 그것들을 즐기기 시작한다. 수행자가 졸지에 세속 사람들에게 흥밋거리가 되고 연예인이 되어

버리는 순간이다.

이렇게 수행자를 이탈케 하는 것은 魔가 그렇게 하는 것이다. 조금이라도 원력이 부족하거나 신심이 견고치 못하면 바로 이런 魔가 침범한다.

선가귀감에 갈라진 벽에는 바람이 들어오고 마음이 성글면 魔가 들어온다고 했다.

이런 폐해를 너무 잘 예견하셨던 원효성사는 **해동소** 6권에서 마가 어떻게 작용하는지에 대해 아주 상세하게 서술해 놓으시면서 뒤따라오는 수행자를 경계하셨다. 그리고는 그 魔를 물리치는 대치법까지 아주 자세하게 매뉴얼을 만들어 魔에 빠지는 일이 없도록 인도하셨다. 그렇게까지 걱정해 주신 그분의 자비가 그저 고마워서 머리가 숙여질 뿐이다.

방일의 魔가 득세하면 다른 수행자들도 정도를 포기하고 邪道사도 쪽으로 방향을 잡게 된다. 魔는 그것을 노린다. 그러면 깨달음의 궤도로 끝까지 계속해서 나아가는 자가 아주 희귀할 수밖에 없다. 요즘이 정확하게 딱 그런 풍조다.

거의가 다 무슨 특기생처럼 기술 하나씩을 가지고 세속적 삶을 도모하는 시대가 되었다. 자기의 본분이 수행인데 이제 수행하고는 전혀 다른 삶을 거의 다 살고 있다. 참으로 안타까운 일이다.

카메라를 평생동안 들고 다니는 스님이 한 분 있다. 핸드폰은 나날이 더 가벼워지는데 그들이 들고 다니는 카메라는 왜 그리도 크고 무겁게 만들어 놓았는지 보는 사람이 도리어 힘이 들어 안쓰러울 때가 있다.

카메라 하나는 들고 또 하나는 어깨에 걸치고 다닌다. 거기다가 큰 배낭까지 어깨에 메고 있다. 뭐냐고 물었더니 필름뭉치라고 했다. 디지털시대에도 사진작품은 아날로그씩 필름으로 찍어야 제 맛이 난다고 했다.

수십 년 동안 국내와 외국을 쉴 새 없이 다니면서 셔터를 눌렀지마는 아직도 그럴싸한 유명세를 타지 못하고 있다는 말을 듣고 딱해서 기어이 한마디 하고 말았다.

"한순간에 뜨는 방법이 있습니다."
"뭡니까?"
"여자 누드사진을 찍으십시오. 그러면 졸지에 유명해집니다. 출가 수행승에 비친 여체의 신비함이라는 이름으로 전시회를 여십시오. 대박이 터질 겁니다. 으하하하."
"?!"

부처님은 대 소승 경전을 망라하고 수행자의 방일을 엄하게 경고하셨다. 방일은 죽음이다는 말씀은 어느 경전에서도 쉽게 접할 수 있는 강력한 경고음으로 메아리치고 있다. 하다못해 그분은 돌아가시면서까지 이 방일인 게으름을 아주 강하게 경고하셨다. **열반경**의 말씀이다.

Behold now, Bhikkhus, I exhort you:

All compounded things are subject to vanish.

Strive with earnestness.

This is the Last word of the Tathagata.

잘 들어라. 비구들이여. 강력히 권고한다.

세상은 무상하다.

열정을 다해 정진하라.

이것이 나 부처가 남기는 마지막 훈시다.

海東疏 復此 如實修行者 謂修行布施 不放逸者 謂不求報 如是持淨戒 成就不退 或修忍辱行 得無生忍 求一切善根 而不疲倦

다시 또 여실수행이라는 것은, 이를테면 보시를 행하는 것이다. 불방일이라는 것은 거기에 대한 과보를 바라지 않는 것이다. 이와 같이 청정한 계율을 가지고 불퇴의 신심을 성취한다. 혹은 인욕행을 닦아 무생인을 증득한다. 그처럼 일체의 선행을 쌓아가되 지치거나 게으르지 아니함을 말한다.

대집경의 말씀은 계속된다. 성사는 이 말씀이 좋으셨던 것 같다. 앞의 인용 정도로 끝내도 충분한데도 계속 인용하시고 있다. 어쨌거나 여실수행과 불방일의 뜻은 육바라밀 전체를 감싸고 있다.

6바라밀 중에서 먼저 보시에 대해 설명한다. 보시를 하면 과보를 바라서는 안 된다고 하지만, 없는 것 가운데서 베푸는 사람이거나 남아돌아서 베푸는 사람이거나 간에 일단 범부는 보시를 한 이상 그것을 그냥 잊어버리지 않는다. 반드시 그 베푼 생각이 마음속 깊이 남아 있다. 그것이 범부다.

자꾸 범부를 현자 이상으로 취급하려 하는데 그러면 안 된다. 범부는 결코 범부의 생각으로부터 벗어나지 않는다. 그렇게 생각하지 마라는 것은 똥개더러 낯선 사람이 오더라도 짖지 말고 가만히 있으라 하는 것만큼 어렵다.

그러므로 범부의 보시는 언제나 일종의 생색내기 행위다. 하지만 있는 자들은 그렇게 해서라도 자기 것을 풀어 주어야 한다. 분명 보시라고 밝히는 이상 그것은 고리대금이 아니다. 도움이 필요한 사람은 나중을 따지지 않는다. 우선이 급하기만 하다. 목구멍이 포도청이므로 그 보시를 고맙게 생각하면서 일단 받아들여야 한다. 후일 그에 상응하는 것 이상으로 갚겠다는 전제하에 그것을 감사하게 받아쓰면 된다.

보통사람들은 가까운 자들이 자기에게 베푸는 행위를 매우 쉽게 생각하는 경향이 있다. 부모나 형제 아니면 친척들이 자신을 위해 베풀어주는 고마운 행위도 일종의 보시다. 이것을 결코 소홀하게 생각하면 안 된다. 이것 역시 상호간에 또 다른 인과를 계속해서 만들어 내기 때문이다.

그렇다면 이 세상에서 가장 아름다운 보시의 행위는 무엇일까. 마하마야경에 보면 여덟 곳에 보시를 하는 것이 가장 가치 있는 행위라고 하셨다. 그 가운데 부처님은 말할 것도 없고 부모님이 거기에 속해 있다는 데 대해서는 새삼 놀랄 일이다.

"부모가 아직 살아계십니다."

"우와! 복 밭을 갖고 계시는군요. 한턱내십시오."

진정한 수행자는 보시를 하되 그 과보를 바라지 않는다. 이 말은 범부나 일반스님들에게는 해당되지 않는다. 여기에서 말하는 수행자는 초발심 이상의 수준을 가진 삼현보살들을 말하고 있다. 그들은 적어도 1만겁 이상의 세월 동안 선행을 쌓아 온 자들이다.

그 결과로 그들은 재물이 상상을 초월할 정도로 많다. 그래서 어디 베풀 곳을 이리저리 찾고 있다. 베풀어야 마음속에 들어 있는 탐욕의 불순물을 제거할 수 있다. 그것이 있으면 법계와 하나가 되는 데 장애가 된다.

그러므로 그들은 일부러 보시할 곳을 찾아 베풀려고 한다. 그들이 베푸는 보시는 큰 나무가 개미 한 마리에게 내어주는 먹이 공간 정도밖에 되지 않는다. 그러므로 그들은 결코 범부에게 보시의 대가를 바라지 않는다.

다음으로 계율을 가지는 이유가 무엇인가? 세속에서 도덕적인 삶을 살기 위함인가? 그렇지 않다. 계율을 가짐으로 해서 믿는 마음이 굳어지기 때문이다.

파계는 신심을 파괴한다. 대신 지계는 신심을 보호한다. 그러므로 파계한 사람은 더 이상 불교에 신심이 없다. 신심이 있다면 파계할 수가 없다. 부처님이 금계를 내리신 이유가 여기에 있다. 그러므로 신심을 굳세게 하려 한다면 우선적으로 계율부터 굳건히 지켜야 한다.

세 번째는 인욕이다. 인욕은 무생인을 증득하도록 한다. 무생인은 나고 죽는 죄업의 작용을 그치는 단계다. 이 지위를 증득하면 이제 생사의 고통은 없다.

생사의 고통이 진저리나는 사람은 이 무생인을 증득해야 한다. 그러면 열반의 즐거움을 맛볼 수 있다. 이 무생인이 그렇게 쉽게 증득될 리가 없다. 세상에 힘 안 들이고 좋은 것을 구할 수는 없다. 하다못해 만 원짜리 하나 버는 데도 한 시간 동안 쉼 없이 일해야 하고 장미 한 송이를 꺾는 데도 가시에 찔리는 고통을 겪어야 한다.

그런데 천하에 제일가는 무생인을 그리 쉽게 얻을 수 있겠는가. 태산 같은 마음을 가지고 천만 년보다도 더 많은 세월을 견뎌야 하고 바다 같은 마음을 가지고 억만 년보다도 더 많은 세월을 기다려야 한다.

시간에 놀랄 필요도 없고 겁먹을 이유도 없다. 인욕이 길면 그만큼 기쁨이 비례한다. 적금의 투자는 시간에 의해 그 이윤이 현격하게 벌어지는 법이다. 1년짜리와 10년짜리 정기예금을 비교해 보면 대번에 알 수가 있다.

제대로 된 인욕은 반드시 찾을 수 있는 고금리의 적금과도 같다. 이것은 절대로 헛된 투자가 아니다. 이것만 이해하면 왜 길고 긴 인욕이 필요한지 당방 수긍이 가고도 남는다.

네 번째는 정진이다. 짓다가 그만 둔 집은 흉물스럽다. 무엇이든 하다가 버린 것은 쓰레기다. 쓰레기는 뒤처리가 힘이 든다. 살다가 죽어버리면 그 모습이 추하고 치우기가 골치 아프다.

늙어서 죽는 건 괜찮지 않으냐고 한다. 인간은 원래 젊어서거나 늙어서거나 죽는 자가 아니다. 영원히 완벽하게 산다. 아무러한 고통도 없이 한없이 아름답게 산다. 하지만 현재는 그렇지 않다. 삶 자체가 문제투성이고 존재 자체가 고통 덩어리다. 그러다가 죽는다.

자기 자신이 갖고 있는 영원의 세계를 얻기 위해서는 반드시 수행의 여정에 올라야 한다. 그리고 중단이 없는 선업을 지어나가야 한다. 그것이 바로 정진이다. 그러면 자신이 원래 부처였으므로 죽을 필요가 전혀 없는 존재라는 사실을 깊이 알아차리게 된다.

재활을 전문적으로 도와주는 정형외과에 가면 아주 무자비한 데가 있다. 깁스가 풀리고 나면 이제 정말 죽었다 생각해야 한다. 그들은 팔을 비틀고 다리를 꺾으면서 인정사정을 봐주지 않는다. 골절이 꺾일 때마다 외마디 비명이 터져 나오고 골육이 비틀릴 때마다 혼쭐이 나간다.

무지막지하게 가하는 우악스러움에 사지를 벌벌 떨며 공포에 서린 절규를 쏟아낸다. 그때 얼굴은 눈물과 콧물이 범벅이 된다. 이것은 정말 테러고 호러다. 그런데도 환자는 그 신극의 고통을 끝없이 감내하고 있다. 그것은 바로 마비되어 비틀어진 근골을 제자리로 돌려놓는 데 동의하였기 때문이다.

금생의 육신도 제 기능을 벗어나면 원래의 자리로 돌아가기가 이렇게 고통스러운데 억겁을 비틀게 살아온 중생이 제자리인 부처로 환원하는 데야 뭐 말할 게 있겠는가.

정말 범부의 상상을 초월하는 아픔과 길고 긴 교정의 시간을 보내지 않고서야 어디 이것이 가능할 수가 있겠는가. 거기서 인욕과 정진이 필요한 것이다.

그러므로 아프고 힘들어도 끊임없이 줄기차게 마음의 재활을 해야 하는 것이다. 대충하거나 게을러서는 결코 제자리에 돌아가지 못하기 때문에 그렇게 할 수밖에 없는 것이다.

마음의 근원으로 돌아가는 데는 수많은 공덕이 필요하다. 저수지를 만들 때 조밀함을 소홀히 하면 수압에 의해 둑이 터져 버린다. 그러면 정말 큰일이 난다.

안전하게 많은 물을 모으려 하면 부지런히 차근차근 게으름을 피우지 말고 쉴 새 없이 공력을 쏟아 부어야 한다. 그러면 마지막에 크고 안전한 저수지가 완성된다. 이제 온갖 생명들이 그 속에서 자유롭게 살아간다.

그처럼 한량없는 공덕을 적집하는 데는 마음의 거대한 포대가 필요하다. 그것이 클수록 오래 담기고 많이 쌓인다. 그러면 더 이상 거지노릇은 안 해도 된다.

거짓 신은 언제나 거지같이 궁핍한 자들을 겨냥하고 있다. 뭘 해주겠다는 유혹으로 자신의 노예를 쉽게 만들 수 있기 때문이다. 이제 가진 것이 많기 때문에 그런 신들의 말장난으로부터 해방된다. 그런 열정과 자세로 목적지를 향해 쉬지 않고 나아가는 것이다. 그것이 정진이다.

海東疏 捨一切所作事 修禪定不住禪定 滿足智慧 不戲論諸法 如其次第 如實修行及不放逸 乃至 廣說

쓸데없는 일은 그만두고 선정을 닦아야 한다. 하지만 선정에만 안주하지 않아야 한다. 지혜를 열심히 닦아 모든 법을 희론하지 말아야 한다. 이렇게 여실히 수행하면서 게으르지 말아야 한다고 널리 설하시었다.

6바라밀 중에서 앞의 네 개를 설하였다. 이제 다섯 번째인 선정이 나온다. 선정은 참선의 결정체다. 참선을 하면 선정에 들어간다. 참선이 방편이라면 선정은 결과라고 말할 수 있다. 하지만 보통은 알기 쉽게 같이 쓰일 때도 있다.

선정의 수행은 우선 사람을 한 자리에 묶어 놓는다. 움직이면 그만큼 번뇌의 반향이 많아지기 때문이다. 하지만 계속 그 스타일을 고집하면 사람이 기운이 없어지게 보이고 활기가 가라앉아질 수 있다. 그러므로 선정에 들지 않을 때에는 동적 바라밀을 닦아 선업을 짓도록 해야 한다.

선정에 들기 위한 참선은 고난도의 정신노동이다. 손발이 만드는 작품도 잘못될 수 있듯이 마음이 만드는 선정도 언제나 실패할 수 있다. 그럴 때마다 정신을 똑바로 차리고 다시 마음을 모으는 작업을 야멸차게 계속해야 한다.

마음은 움직이는 성질이 아니다. 그런데 지금은 야생마처럼 뛰고 나부댄다. 그것을 붙들어 자기 것으로 만드는 데는 엄청난 어려움이 따른다. 잘못하다가는 밟히거나 차이는 수가 있다. 그럴 때 정신적으로 큰 상처를 입는다. 이것을 불교에서는 마魔의 공격이라고 한다. 魔는 가만히 있지를 않는다. 절대로 그냥 두고 보지 않는다.

魔는 수행자를 공격한다. 태생적으로 수행자를 그냥 두지 않는다. 그러므로 道가 올라가면 올라갈수록 魔의 공격이 그만큼 심해진다.

이 魔를 이기지 못하고 져버리면 이제까지 쌓아 왔던 모든 수행이 물거품이 되어 버린다.

그러면 지어 왔던 선정을 전부 해체하고 다시 처음부터 시작해야 한다. 그러므로 이 魔를 조심해야 한다. 잘못하다가는 수행하는 인생 전체를 망가뜨릴 수가 있다.

한국불교는, 시비가 있을 수 있겠지만 양적으로 봤을 때 조계종을 기준으로 하고 있다. 조계종은 선종이다. 선종은 참선을 하는 종파라는 뜻이고, 그 참선을 이은 종맥을 가지고 있는 종파라고 말할 수 있다.

그러므로 한국불교는 참선과 불가분의 관계를 가지고 있다. 다른 말로 하자면, 참선 없는 조계종은 단추 없는 와이셔츠고 물 없는 웅덩이라 해도 과언이 아니다.

그런데 이렇게 중요한 종파에서 魔를 상대하다 다친 치유센터가 없다는 것은 정말 놀랄 만한 일이다. 참선에는 반드시 魔의 폐해가 따르기 마련이기 때문에 그렇다.

세상에 가공할 적은 두 방면에서 공격한다. 하나는 외부의 침입이고 또 하나는 내부의 공격이다. 외부의 적은 적국의 침범이고 내부의 적은 魔의 공격이다. 외부의 적은 병사들이 지키고 내부의 적은 수행자들이 맡는다.

나라를 지키는 병사들이 있으면 군인병원이 있다. 그런데 인간의 정신건강을 책임질 수행자들의 치유센터는 없다. 즉 육신의 상처를 치료하는 군인병원은 엄연히 있는데 마음의 상처를 치유하는 수행자의 치유센터는 어디에도 없다는 것이다.

그 이유에 대해 두 가지를 유추해 볼 수 있다. 하나는 魔가 달려들 정도로 참선수행을 하지 않는다는 것을 전제로 치유센터가 없는 것이고, 또 하나는 魔의 심각한 공격에 대한 방어인식이 절대 부족해 그것이 있어야 하는 당위를 느끼지 못하고 있다는 것이다.

많은 스님들이 진지하게 수행을 하다가 중도에서 포기를 해 버린다. 그 중에서 魔를 불러들일 정도로 용맹하게 수행하는 스님들은 틀림없이 마의 공격과 맞닥뜨린다. 이것은 절대로 피할 수 없는 정면승부다.

요행 같은 것은 없다. 반드시 그 과정을 건너야 다음 단계로 넘어가고 그 다음 단계에서는 또 다른 강한 魔가 대기하고 있다가 더 세게 공격해 온다. 그렇게 내 수행이 높아질수록 그에 맞는 강한 魔가 칼을 들고 내 앞길을 더 굳세게 막아선다.

이 魔는 부처가 되기 직전까지 나를 공격한다. 그러므로 부처가 되고자 수행하는 자가 있다면 이 魔를 상대하는 매뉴얼이 반드시 구비되어 있어야 한다. 그렇지 않으면 이것은 정말 독사자루에 머리를 집어넣는 것만큼이나 대책 없는 수행을 하고 있는 셈이다.

그러므로 집단 수행을 하는 종단 차원에서는 무조건 용맹스럽게 참선을 수행하라고 독려만 할 일이 아니라 그에 상응하는 비상조치를 항상 대비시켜 놓아야 된다. 그리고 나서 아무 걱정 말고 수행에 임하라고 해야 구색이 맞춰지고 순서가 맞는 것이다.

나는 어릴 때부터 절에서 살았었다. 그래서 참선을 하다가 돌아버린 스님들을 참 많이도 보아왔다. 그들은 하나같이 모두 다 미치광이 취급을 받았다. 그들은 수행자들이었다. 그들이야말로 진정한 스님들이었다. 魔와 맞붙은 용기 있는 스님들이었다.

魔는 수행하지 않는 자들은 건드리지 않는다. 그냥 둬도 魔의 행위를 하고 있기 때문에 구태여 어렵게 힘을 빼가면서 魔의 식구로 만들려고 하지 않는다. 魔가 그렇게 할 일 없거나 우둔하지 않다는 사실을 좀 알았으면 한다.

魔에 의해 수행이 좌절된 스님들은 여러 아픔들을 안고 기구하게 살아간다. 피폐해진 그들의 모습을 보면 차마 눈뜨고 볼 수 없을 정도로 안쓰럽고 측은했다. 그런 스님들은 보편적으로 오랫동안 씻지 않아 위생이 대단히 불결했다. 그러면서 무슨 한이 가슴에 많이 서려 있는지 언제나 입으로 중얼중얼거리며 다녔다.

어떤 분은 앉았다 하면 머리를 쥐어뜯으며 두통을 호소하는 스님도 있었다. 어떤 분은 자신의 육체가 죄업의 덩어리라며 신체를 무시로 자해하는 그런 이상한 스님도 있었다. 보다 못해 말려 보고 달래 보아도 치매 걸린 노인처럼 다시 반복하곤 하는데, 그것을 볼 때마다 내 어린 마음이 너무 아프고 가슴이 쓰렸다.

제멋대로 자란 머리는 한 번도 감지를 않아 검은 실타래 뭉치처럼 산발이 되어 어깨까지 내려오는 스님도 있었다. 계절이 여름인데도 누비 누더기를 입고 있다 보니 온몸에서 쓰레기 썩어가는 역겨운 냄새가 배어 나오는 가여운 스님도 있었다.

앉았다 하면 거북 龜자를 쓰는 스님도 있었고, 겨울인데도 양말은커녕 짝이 다르고 문수가 다른 고무신을 신고 다니는 스님도 보았다.

총기 없어진 눈동자에 그래도 사물이 비치는지 어린 나를 보고 씩 웃기라도 하면 정말 무서운 것은 둘째치고라도 마음이 아파서 눈물이 일렁거리기도 하였다.

작년에 갔다가 다시 찾아온 어느 스님은 눈동자 옆에 흰자위만 하얀색을 띠고 있었다. 그 외는 전부 검은색이었다. 검은 무명옷을 입은 상태로 한 번도 씻지 않다 보니 손등도 손톱도 모두 다 까만 색깔이었다. 어디서 어떻게 혹한의 삼동을 지냈는지 몰라도 살아왔다는 것만으로도 정말 신기하였다.

주름이 깊게 팬 이마에는 어디에 부딪쳤는지 피딱지가 두텁게 붙어 있었고 살점 하나 없는 여윈 볼에는 깊게 파인 뼈골이 그대로 드러나 있었다.

그분이 흐늘거리는 걸음으로 내가 빨래하고 있는 수각에 와서 배가 고프니 물을 좀 달라고 했다. 꾸부정하게 물 한 바가지를 단숨에 들이키는 그 초라한 모습을 보니 그 스님의 삶이 너무 불쌍하게 보여 눈시울이 뜨거워지기도 하였다.

치아 관리를 제대로 하지 않다 보니 치아가 부실하였을 것이고, 그로 인해 수반되는 잇몸병이나 충치로 인해 얼마나 극심한 고통을 혼자서 견뎌야 했을까.

긴긴 겨울 밤 눈도 내리고 바람도 차가운데 배는 얼마나 고팠으며 거처하는 잠자리는 어디에 편하고 따뜻하였었겠나. 사람들 눈길이 없는 어느 냉방이나 구석진 흠에 쭈그리고 앉아 밤새도록 혼자서 견뎌야 했던 쓰라린 아픔과 참지 못할 고통을 겪으면서 三冬을 보냈다고 생각하니 그저 가슴이 먹먹하기만 하였다.

어떤 스님은 이상하게 미쳤었다. 치마를 입은 여자만 보면 음기가 발동한다고 했다. 그것도 긴 치마만 그렇다고 했다. 젊은 여자의 짧은 치마는 거들떠보지 않는데 긴 치마로 허리를 감은 중년여인만 보면 사그라진 음기가 도진다고 하였다.

지금 생각해 보면 어릴 때 어미의 정을 제대로 못 받았든지 아니면 그런 모습에 이상한 인과의 감정이 맺혀서 그런 것일거라고 생각이 든다.

그들은 늘 사찰 주위를 맴돌았다. 평생을 사찰에서 생활했던 사람들이다 보니 사찰이 자기 집같이 느껴졌기 때문이다. 하지만 이제 더 이상 사찰에서 살 수가 없다. 권세있는 스님들에 의해 쫓겨나야 했다.

그래도 그들은 그곳을 떠나지 못하였다. 오랫동안 살아온 터전이 사찰이고 익혀온 행습이 사찰이기 때문에 그곳을 두고 특별히 갈 데가 없었던 것이다. 더러는 마을로 내려가 거지생활을 하거나 더러는 등산로 입구에서 등산객들이 던져 준 김밥을 얻어먹으며 목숨을 부지하기도 하였다.

고향 친척 부모형제, 이런 말들은 오래전에 출가한 사람들에게는 이미 까마득히 잊혀 진 아픈 추억 속의 속절없는 언어들이 되어 버렸다.

절에서 재를 지내거나 법회가 열리면 목탁소리에 이끌려 사찰로 들어왔다. 하지만 사찰이 아무리 크고 넓다 해도 그들이 발붙일 장소는 없었다. 들썩이던 재가 완전히 끝나도록 조용히 한쪽 구석에 쭈그리고 있으면 파장 후에 유랑거지에게 먹을 것을 던져주듯 대충 챙겨

주기도 하였다.

 찬바람이 소나무 가지를 윙윙 울리며 지나가는 음지에 시식대가 있었다. 시식대라는 곳은 제사를 지내고 난 뒤 아귀나 미물들에게 제사음식을 얼마간 떼어내 주는 장소를 말한다.
 제사가 끝나가게 되면 부엌에서 큰 양은그릇을 들고 법당으로 올라간다. 그 양은그릇에 영가가 마시던 물을 붓고 그 위에다 사과나 배 같은 과일 조각과 과자 몇 개 콩나물 고사리나물 숙주나물 같은 나물류 몇 젓가락, 거기다가 두부 한쪽에 이어 전 몇 조각을 잘라 넣는다.
 이제 모든 음식들이 범벅이 된다. 그것을 시식대에 가서 휙 뿌려 버린다. 그러면 더러는 얼어버리고 더러는 산새들이 쪼아 먹고 더러는 시식바위에 눌러 붙어 있다.
 그래서 그곳은 언제나 봐도 음침하고 스산하다. 특히 숙주나물 같은 나물류들이 서로 엉겨 붙어 있다 보니 그냥 스쳐 지나가도 기분이 영 더럽고 께름칙한 장소이기도 하다.
 그날도 49재 제사가 있었다. 법당과 영당에서 종을 치고 요령을 흔들고 북을 두드리고 목탁을 교대로 치더니 점심시간을 훌쩍 넘겨 하나의 재가 끝나는 모양이었다.
 절에 기숙하는 노파 한 사람이 제시간에 맞추어 양은대접에 시식거리를 담아 총총히 시식대로 나아가 그것을 휙 버리고 바삐 돌아갔다.
 그렇게 빨리 돌아가야 할 정도로 절 한쪽 으슥한 구석에 놓여 있는 시식대는 늘 춥고 음침한 기운이 서려 있었다.

그때 행색이 완전 상거지 같은 비루한 스님 한 분이 허덕이며 다가가 그 시식물을 주워 먹기 시작하였다. 사과 한 쪽과 배 한 조각, 물러터진 전 한 장과 콩나물 같은 나물류들을 허겁지겁 집어먹고 있었다.

얼마나 배가 고팠으면 客床객상을 더 이상 기다리지 못하고 차가울 대로 차갑고 더러울 대로 더러워진 저런 음식들을 거침없이 주워 먹을까 생각하니 마음이 쓰라려서 차마 더 이상 볼 수가 없었다.

그런 스님들은 무슨 생각을 하고 있었을까. 수행을 하다가 魔에 의해 그렇게 된 자기들은 차가운 구석에 내팽겨 두고 죽은 영가를 위한답시고 요령을 흔들고 목탁을 두드리며 따뜻한 음식을 올리는 그 미신행위들에 대해 그들은 무슨 생각을 하고 있었을까.

나는 그들이 아니었기 때문에 도저히 그들의 심정을 이해할 수가 없었다. 하지만 그들의 눈에 비친, 죽은 자들을 위한 제사 법회는 과연 어떠한 생각을 하도록 하였을까가 오랫동안 내 머리를 떠나지 않았다.

한 나라의 국토를 지키기 위해 불의의 사고를 당하면 국가가 그냥 내버려두지 않는다. 국가가 그들을 책임진다. 국가는 그들을 국가유공자로 지정하여 그들을 보호한다. 그리고 국민이 그들의 고마움과 희생을 잊지 않도록 한다.

그렇다면 어두운 중생계에 깨달음의 불빛을 주고자 수행하다가 魔의 군대에게 일격을 당한 수행자는 누가 보호하고 누가 그 인생을 책임져 줘야 하는 것인가. 내 떡 너 몰라라 하는 것인가. 그것은 네 사정이니 네가 알아서 하란 것인가. 아니면 이제 와서 세속의 네 집으로 돌아가라는 말인가. 미치고 병들었다고 세속의 네 집으로 가라고?!

하다못해 단거리마라톤 행사에도 비상사태를 대비해 앰블란스와 의료진이 대비하고 있는데, 魔가 뻔히 공격할 줄 아는 참선을 하라고 종용해 놓고 무대책으로 방치하고 있다는 것은 아무리 좋게 봐줘도 도통 이해가 가지 않는 무책임한 처세라 아니할 수 없다.

사정이 이럴진대 누가 마음 놓고 수행에 매진하려 한단 말인가. 그런데도 사람들은 눈 밝은 명안도인이 나타나길 기대하고 있다. 이거야말로 아스팔트 위에 콩 싹이 돋아나기를 기다리는 심보가 아니고 도대체 뭐란 말인가.

내가 본 미친 스님만 해도 대강 이런데 나에게 보이지 않고 사라져 간 스님들은 또 얼마나 많을까. 모두가 다 청운의 뜻을 품고 출가한 귀한 집 자식들이었을 텐데 그 남은 삶이 얼마나 처절하고 비통했을까.

내 나이가 이렇게 많이 되었는데 그들은 이제 분명 어디서든 다 죽었을 것이다. 쓸쓸히 죽었을 것이다. 나도 그럴 것이겠지만 누구 하나 보살핌 없이 그렇게 그들은 이 땅을 서글프게 떠나갔을 것이다. 그분들은 평생 죄라는 죄는 짓지 않고 죄업만 털고 가셨을 것이다. 아마 그분들은 분명 천상의 세계 정도에는 태어나셨을 것이다. 거기서라도 안락하게 사셨으면 정말 좋겠다고 생각한다.

이 땅에서의 고독한 삶이 얼마나 거칠고 고단하였을까. 그들의 영혼이 있다면 다시 또 위로하고 싶다. 진정으로 그들의 영혼에게 절을 하고 싶다.

그분들을 모시는 종단 차원의 중앙영가당이 있었으면 좋겠다. 그분들의 종적을 알 수 없는 세속 가족들이나 그분들의 동료들이 언제든 찾아가 숙연히 추모할 수 있는 그분들만의 영가당 한 곳이 정해져 있으면 정말 좋겠다는 생각을 해 본다.

다시 본문에 돌아와서 마지막 지혜에 대해서 설명한다. 이 지혜는, 여섯 가지 방법으로 중생의 고통세계를 떠나는 6바라밀 중에서 가장 중요한 수행이다.

그런데 사실 이 바라밀에 대해서 정확하게 아는 불교인들이 그리 많지가 않다. 신자는 물론 스님들조차도 이 최종 바라밀에 대해 물으면 순간 머뭇거리기 일쑤다. 그래서 나는 누구에게든 이 지혜를 정확히 설명해 주는 스님이 있다면 그 스님을 모셔도 마지막까지 후회는 없을 것이다고 한다.

6바라밀의 마지막인 지혜는 **해동소** 마지막 권에 잘 설명되어져 있다. 그것은 세상을 정확히 보는 법을 말한다. 삼법인도 그 중 하나다.

    Sabbe samkhara Anicca
    Sabbe samkhara Dukkha
    Sabbe dhamma Anatta

    세상은 무상하다.
    세상은 고통이다.
    세상은 실체가 없다.

All conditioned things are impermanent
All conditioned things are unsatisfactory
All Dhamma are without a Self.

    희론하지 말라는 말씀은 말장난하지 말라는 뜻이다. 입을 닫고 조용히 있으면 등수가 없지만 알지도 못하면서 떠벌리면 등수가 매겨진다. 그리고 입으로 오염물질만 뱉어내게 된다.
    바탕이 없는 인간일수록 언어로 많이 떠들고 난해한 글을 많이 쓴다. 그렇게 해서라도 사람들에게 나서고 싶지만 실은 그런 사람일수록 자기가 자기를 빨리 죽이는 실수를 한다. 그것은 자기의 빈곤한 내면을 적나라하게 보여주기 때문이다.
    가만히 있으면 상대가 나를 몇 근이나 되는지 시험해 볼 수가 없다. 하지만 입을 벌리는 순간 그는 상대방의 저울에 제 발로 올라가게 된다. 그러므로 모르면 일단 입을 닫고 말을 삼가해야 한다.
    즉 수행에서 얻어진 법력이 아니고 정보로 얻어들은 지식으로 순간 유명세를 타는 경우가 생기면 바로 책부터 내려고 하는 자신을 먼저 돌아보아야 한다는 것이다.
    불교는 생사를 벗어나게 하는 가르침이다. 그런데 사람들에게 그 내용이 잘못 전달되게 한다든지 그 가르침에 흥미를 잃게 만들어버리면 간접적으로 그 사람들을 생사의 굴레에 깊숙이 밀어 넣는 마구니의 일을 하게 되니 그런 것이다.
    그러므로 어떻게 해서든지 사람들이 불교와 좋은 인연을 맺을 수 있도록 노력해야 하고 올바른 법을 전해서 신심을 일으키도록 해야 한다.

그럴 때 자기도 살고 남도 죽지 않는 방법을 찾게 된다. 이것이 보살행이고 이타행이다. 그렇게 하려면 절대적으로 돼먹지 않은 말 장난의 희론은 삼가야 하는 것이다.

海東疏 今言 如實修行者 卽攝發菩提願 乃至 滿足智慧

지금 여기서 여실히 수행한다는 말은 깨닫고자 하는 마음을 일으켜서 지혜가 만족될 때까지 일관되게 나아가는 것을 뜻하는 것이다.

대집경의 말씀은 끝났다. 이제 마명보살이 말씀하신 여실수행에 대한 정의를 성사께서 내려주시고 있다.

여실수행등을 설명하기 위해 **보성론**과 **대집경**을 인용하셨는데 생각보다 성사께서는 이 부분에 대해 많은 지면을 할애하셨다. 하기야 불교 전체가 여실수행하도록 하는 가르침이기 때문에 그럴 수밖에 없으셨을 것이다.

참고 자료로 인용한 그런 경론의 여실수행은 그렇다 치고 이제 **기신론**의 여실수행은 무슨 뜻으로 말씀하셨는가를 알아본다.

성사는 그 내용을 다음과 같이 정리하고 있다. 즉 한결같이 진실되게 수행하는 여실수행은 처음 발보리심으로부터 시작한다.

발보리심에서부터 지혜가 만족될 때까지 수행하는 전체를 여실수행이라고 한다고 하신 것이다. 이 수행은 위에서 말했다시피 정확하게 3대겁 아승기야 곱하기 알파의 무량한 세월을 말한다. **법구경**의 말씀이다.

Empty this boat, O bhikkhu!
Emptied by you it will move swiftly.
Cutting off lust and obsess,
to Nibbana you will thereby go.

배 안을 비워라. 비구여.
비우면 빨리 갈 것이다.
욕망과 집착을 끊어라.
그러면 열반으로 나아간다.

무거운 배는 앞으로 잘 나아가지 못한다. 어쩌면 좌초할지 모른다. 목적지가 분명 정해졌다면 무사히 그곳에 가 닿아야 한다. 프로펠러에 엉켜 있는 찢어진 그물뭉치 같은 탐욕과 어리석음은 어떻게든 과감히 끊고 앞으로 직진해야 한다. 그래야만 魔의 장애를 완전히 넘어 안전하게 목적지에 도착할 수 있다.

海東疏 次言等者 取不放逸 卽時滿足菩提願 乃至 不戲論諸法也 歸敬三寶竟在前

다음에 말한 等이라는 뜻은 불방일을 말한 것이다. 깨달음의 원을 만족시킬 때까지 모든 법을 희론하지 않는 것을 말한다. 삼보에 귀경하는 대목은 앞의 설명으로 마친다.

이제 마지막으로 여실수행 等이라고 한 等을 풀이한다. 이 等은 지금까지 연속해서 장구하게 설명해 오고 있다.

성사가 말씀하신 等이라는 뜻은 깨달음을 이룰 때까지 쓸데없는 말에 휘둘리지 말고 계속 그 발원대로 줄기차게 앞으로 정진해 나가는 것을 의미한다.

그러므로 3대겁 아승기야를 넘어가는 세월 동안 좌고우면하지 않고 직진으로만 나아가려 하는 데는 보통의 근기로써는 절대 불가능하다. 그래서 끝까지 나아가고자 하는 等을 하자면 일단 무량한 복과 한량없는 덕을 바닥부터 굳건히 지어야 한다.

금생에 시작해서 죽을 때까지도 한길로 나아가는 자가 드문데, 아니 금생에 늦게 시작해서 금생에 빨리도 그만둬 버리는데 3대겁 아승기야를 넘어가는 시간까지 그 속도와 그 일관성으로 계속해서 밀어붙인다는 것은 정말 대단하고 굉장한 구도자들만이 할 일이라는 것을 새삼 느낄 수 있다. 그만큼 그분들은 원력과 공덕이 충만해져 있는 상근기의 수행자들인 셈이다.

그분들은 정말 훌륭한 수행자들이다. 그분들이 바로 억만금보다도 더 값지고 숭고한 삼보 중에 승보가 된다. 그래서 그분들께 하나밖에 없는 귀중한 목숨을 바쳐 귀의하는 것이다. 그 정도 되어야 불쌍한 중생들의 목숨을 담보할 수 있는 승보의 자격이 주어지는 것이다.

이제 우리에게 다가온 삼보가 어떤 힘을 가지고 중생을 끝없이 제도하고 있는지 잘 아셨을 것이다. 불법승 삼보는 중생이 최종적으로 목숨을 걸고 귀의해야 하는 중생계의 피난처라는 사실을 이제 확실히 잘 이해하셨을 것이다.

어린이가 궁지에 몰리면 제일 먼저 자기 어미의 치맛자락을 잡는다. 그러면 모든 것이 해결된다. 그처럼 범부가 누구든 삼보의 피난처에만 정확히 들어가면 영겁으로 받아야 하는 고통과 액난으로부터 완전히 벗어날 수 있다. 물론 그 결정은 이 글을 읽는 범부 자신이 하는 것이지만 삼보가 자체적으로 가지고 있는 효력은 이렇게 어마어마하도록 굉장하다는 사실은 결코 잊지 말아야 한다.

그래야만이 언젠가는 이 삼보에 의해 죽음의 바다에서 구원의 손길을 만날 수 있는 행운을 얻을 수 있을 것이다. 삼보에 대한 설명은 이것으로 마친다.

- 2권으로 계속 -

공파 스님 (국제승려)

현재 원효센터에서 『대승기신론해동소』 32번째 강의 중

cafe.daum.net/wonhyocenter

zero-pa@hanmail.net

대승기신론 해동소 혈맥기 1

초판 1쇄 발행 2018년 10월 10일 | **초판 2쇄 발행** 2020년 2월 3일
공파 스님 역해 | **펴낸이** 김시열
펴낸곳 도서출판 운주사

   (02832) 서울시 성북구 동소문로 67-1 성심빌딩 3층
  전화 (02) 926-8361 | 팩스 0505-115-8361

ISBN 978-89-5746-529-5 04220 값 20,000원
ISBN 978-89-5746-528-8 (세트)

http://cafe.daum.net/unjubooks 〈다음카페: 도서출판 운주사〉